Robert Grimm

Bernard Degen, Hans Schäppi,
Adrian Zimmermann (Hg.)

Robert Grimm

Marxist, Kämpfer, Politiker

Wissenschaftliche Tagung und Druck wurden unterstützt durch Beiträge von
– Bank Coop
– Swisslos/Lotteriefonds Kanton Bern
– Schweizerischer Gewerkschaftsbund
– Unia

Weitere Informationen zum Verlagsprogramm:
www.chronos-verlag.ch

Umschlagbild: Robert Grimm spricht auf dem Jugendtag der Sozialistischen Jugend der Schweiz (Pfingsten 1931) auf der Piazza Indipendenza in Bellinzona. Daneben am Tisch sitzt der sozialistische Staatsrat Guglielmo Canevascini (mit Sonnenbrille).

© 2012 Chronos Verlag, Zürich
ISBN 978-3-0340-0955-3

Inhalt

Einleitung *Bernard Degen, Hans Schäppi, Adrian Zimmermann*	7
Robert Grimm: Persönlichkeit, Leitbilder, Politik *Hans Ulrich Jost*	13
Robert Grimm und die deutsche Arbeiterbewegung 1914–1933 *Josef Mooser*	27
«Der Sozi-Mann». Ehen und Lieben eines Arbeiterführers *Caroline Arni*	39
Theorie und Praxis des Generalstreiks *Bernard Degen*	51
Eigenmächtig und visionär. Bauherr des Berner Staatsarchivs am Falkenplatz *Peter Martig*	63
Eine internationale Führungsfigur des Sozialismus *Marc Vuilleumier*	69
Kampf, Trost und Heilsversprechen. Grimm als Historiker *André Holenstein*	93
Der Experte *Brigitte Studer*	107
Die Anti-Grimm-Kampagne von 1926 *Andreas Thürer*	121

Zwischen Markt und Plan. Energiebewirtschaftung
im Zweiten Weltkrieg 137
Simon Wenger

Schweizerische Sozialdemokratie und Westintegration
nach dem Zweiten Weltkrieg 155
Jakob Tanner

Zur politischen Aktualität von Robert Grimm 173
Hans Schäppi

Biographischer Nachtrag 185
Bernard Degen

Die Schriften Robert Grimms. Bibliographischer Bericht 199
Andreas Berz

Der Nachlass Robert Grimm 225
Urs Kälin

Einleitung

Bernard Degen, Hans Schäppi, Adrian Zimmermann

Robert Grimm: Marxist, Kämpfer, Politiker – unter diesem Titel fand am 7. März 2008 in Bern anlässlich des fünfzigsten Todestages eine wissenschaftliche Tagung statt. Sie wurde im Rahmen der Abteilung Schweizer Geschichte des Historischen Instituts der Universität Bern von den Historikern Bernard Degen, Hans Schäppi und Adrian Zimmermann organisiert. Das grosse Interesse machte es nötig, den Tagungsort kurzfristig vom Staatsarchiv, das unter Grimm als kantonalem Baudirektor erbaut worden war, in die benachbarte Universität zu verlegen. Im vorliegenden Band werden in einem Hauptteil die überarbeiteten Referate dieser Tagung, ergänzt durch zwei weitere Beiträge, publiziert. Zur Abrundung des Sammelbandes tragen ein biographischer Nachtrag sowie die erste ausführliche Bibliographie der Schriften und eine Übersicht über die Archivbestände von Grimm bei. Für Titelbild und Illustration konnten wir auf das Fotoalbum der Familie Grimm zurückgreifen.
Grimm stieg schon in jungen Jahren zu einem der interessantesten, umstrittensten und bedeutendsten Politiker der Schweiz im 20. Jahrhundert auf. Im Landesgeneralstreik vom November 1918 stand er an der Spitze der breitesten Massenbewegung und damit im Mittelpunkt des bisher grössten Machtkampfs in der Geschichte des schweizerischen Bundesstaates. Erschien der Generalstreik vielen zunächst als Niederlage, so wurden die meisten Forderungen zum Teil unmittelbar danach, zum Teil in den folgenden Jahrzehnten verwirklicht. Vor allem aber wurde die Arbeiterbewegung schnell in nie gekanntem Masse in die politischen Entscheidungsprozesse einbezogen und von Unternehmerseite zumindest in Einzelfragen als Verhandlungspartner anerkannt. Während Grimm eine Regierungsbeteiligung lange ablehnte, setzte er sich unter dem Eindruck der faschistischen Bedrohung nach der Machtübernahme Hitlers und der Errichtung der Diktatur Dollfuss in Österreich für die Beteiligung der Sozialdemokratie an der Regierungsverantwortung ein. Ab 1938 amtete er als Berner Regierungsrat und während des Zweiten Weltkriegs leitete er die Sektion Kraft und Wärme der Kriegswirtschaft. Als Experte für Krisenbekämpfung und Arbeitsbeschaffung war er massgeblich daran beteiligt, dass der Staat zunehmend aktiver in die Wirtschaft eingriff. Auch hatte Robert Grimm die grösste internationale Aus-

strahlung aller schweizerischen Arbeiterführer. Während des Ersten Weltkriegs war er es, der die den Krieg ablehnende Opposition innerhalb der europäischen Sozialdemokratie in Zimmerwald und Kiental versammelte. Später vertrat er auf internationaler Ebene einen konsequent demokratisch-sozialistischen Weg zwischen rechtem Reformismus und Bolschewismus. Seinen demokratischen und sozialistischen Überzeugungen blieb Robert Grimm immer treu. In seinen späten Schriften blickte er zwar stolz auf das Erreichte zurück, mahnte die Arbeiterbewegung aber auch vor Illusionen über die Dauerhaftigkeit der Hochkonjunktur und über die Segnungen des Kapitalismus.

Robert Grimm war nicht nur Praktiker und Politiker. Er hinterliess auch ein ausserordentlich breites, von historischen Studien über scharfsinnige politische Analysen bis zu heftigen Polemiken und Streitschriften reichendes publizistisches Werk, dessen Lektüre sich in weiten Teilen noch heute lohnt. Es ist sehr zu bedauern, dass, abgesehen von zwei historischen Werken, seine Schriften nie in einer neuen Edition erschienen sind. Viele erweisen sich heute als schwer greifbar. Es ist sicher kein Zufall, dass Aktivistinnen und Aktivisten der 68er-Bewegung Grimm als Marxisten und demokratischen Sozialisten wiederentdeckten und seine *Geschichte der Schweiz in ihren Klassenkämpfen* und seine *Geschichte der sozialistischen Ideen in der Schweiz* im Limmat Verlag neu aufgelegt haben. Für eine Herausgabe seiner politischen Schriften fehlten die finanziellen Mittel. Damit geriet dieses Anliegen wieder in Vergessenheit. Im Gegensatz dazu steht etwa die editorische Leistung der österreichischen Linken, welche die wichtigsten Werke Otto Bauers – ein Freund und Gesinnungsgenosse von Grimm – in einer neunbändigen Werkausgabe 1975–1980 neu aufgelegt hat. Heute stehen wir vor einer veränderten Situation. Zwar schien sich nach dem Zusammenbruch der Sowjetunion und des dortigen Staatssozialismus sowie infolge der Integration und Übernahme neoliberaler Ideen und Konzepte durch die sozialdemokratischen Parteien Grossbritanniens und Deutschlands zu bestätigen, was Margaret Thatcher propagierte: "There is no alternative." Ein solches die Demokratie lähmendes Fehlen von Alternativen stellen heute insbesondere Vertreterinnen und Vertreter der jüngeren Generation in Frage. Wenn aber der Sozialismus neu definiert werden soll, so ist dies nicht möglich ohne kritische Auseinandersetzung mit Positionen der Vergangenheit. Mit unserem Buch hoffen wir, über ein rein historisches Interesse an Grimm hinaus auch einen Beitrag zur aktuellen politischen Debatte zu leisten.

Den vorliegenden Sammelband eröffnet ein Beitrag von Hans Ulrich Jost zum Thema *Robert Grimm: Persönlichkeit, Leitbilder, Politik*. Jost beschäftigt sich mit dem vor allem von Gegnern des Arbeiterpolitikers in Umlauf gesetzten Bild einer widersprüchlichen Persönlichkeit. Durch seine Analysen konkreter Verhältnisse mit marxistischen Begriffen gelang es Grimm, wesentliche Richtungsänderungen der Sozialdemokratie stimmig zu begründen, was Gegner als opportunistisch, Freunde als taktisch geschickt bezeichneten. Grimms historische Werke seien nicht, wie oft unterstellt, vulgärmarxistisch, sondern anregende Arbeiten, die leider von der etablierten Geschichtswissenschaft lange kaum zur Kenntnis genommen worden seien. Jost wirft abschliessend die Frage auf, ob bei einem bürgerlichen Politiker nicht gerade die bei Grimm negativ bewerteten Eigenschaften ausdrücklich als positiv gewürdigt würden, und verweist damit auf die andauernde Marginalisierung der sozialistischen Tradition in der schweizerischen Politik und Geschichtsschreibung.

Unter dem Titel *Robert Grimm und die deutsche Arbeiterbewegung 1914–1933* beschäftigt sich Josef Mooser mit dem Verhältnis Grimms zur deutschen Sozialdemokratie. Geprägt vom Marxismus der Vorkriegs-SPD, hatte sich Grimm unter dem Eindruck der Zustimmung zu den Kriegskrediten 1914 und der auf halbem Wege steckengebliebenen Novemberrevolution 1918 zu einem scharfen Kritiker der rechten Mehrheitsströmung innerhalb der deutschen Sozialdemokratie entwickelt. Angesichts des Zusammenbruchs der Weimarer Republik 1932/33 erneuerte er seine Vorbehalte gegenüber der SPD, differenzierte sie aber gleichzeitig. Grimms Kritik war nach Mooser geprägt von einem mit Sensibilität für die historische Kontingenz durchsetzten marxistischen Denken und blieb den Strömungen der nichtkommunistischen sozialistischen Linken in der USPD und ihren Vorläufern und Nachfolgern stets solidarisch verbunden.

Bei Caroline Arni steht für einmal nicht die öffentliche Person, sondern Grimm als Vater und Ehemann im Zentrum. Unter dem Titel *«Der Sozi-Mann». Ehen und Lieben eines Arbeiterführers* beleuchtet Arni die Spannungen, die zum Scheitern von Grimms erster Ehe mit der russischen Emigrantin Rosa Grimm-Schlain führten. In einer Ehe, die als Arbeitsgemeinschaft für politische Tätigkeit entworfen worden war, entwickelten sich die Partner zunehmend zu Rivalen. Grimms zweite Ehe entsprach dagegen eher der klassischen Rollenteilung und gab seinem Bedürfnis nach Erholung von der politischen Alltagsarbeit mehr Raum. Auch Jenny Grimm-Kuhn war eine engagierte Sozialistin und keineswegs ein «Heimchen am Herd», stand aber nicht wie Rosa Grimm im politischen Rampenlicht. Letztere wurde nach der Parteispaltung vorübergehend eine der führenden Figuren der Kommunistischen Partei, bevor sie mit der zunehmend bolschewisierten Parteilinie in Konflikt geriet. Der Beitrag von Arni bringt damit Aspekte ans Licht, die heute überholt erscheinen, insbesondere Grimms familienpolitisch konservative Vorstellungen.

Der Landesstreik bildet das prägendste Ereignis der schweizerischen Innenpolitik im 20. Jahrhundert. Die Rolle Grimms als Streikführer in diesem Grosskampf ist deshalb immer wieder Thema in der Literatur gewesen. Bernard Degen setzt sich in seinem Beitrag unter dem Titel *Theorie und Praxis des Generalstreiks* mit Grimms Konzeption des Generalstreiks auseinander, die vor dem Hintergrund der grossen Streikwelle der Vorkriegszeit und der sie begleitenden lokalen Generalstreiks sowie der laufenden internationalen Massenstreikdebatte entstand. Er hielt politisch motivierte Streiks auch in der Demokratie für zulässig und gelegentlich sogar für nötig. Den syndikalistischen Generalstreik lehnte er ab und sprach sich für eine geordnete Massenbewegung aus, wie er sie erstmals im lokalen Zürcher Generalstreik 1912 zu erkennen glaubte. Diese Erfahrung leitete auch den Aufbau und die Aktivitäten des Oltener Aktionskomitees bis zum Abbruch des Landesstreiks. Richtig erkannte Grimm, dass dessen Ausgang nicht als Niederlage gewertet werden darf, sondern sowohl kurzfristige Forderungen wie die Einführung der 48-Stunden-Woche als auch langfristige wie die stärkere Stellung der Arbeiterbewegung im politischen System und in dem der industriellen Beziehungen förderte.

Peter Martig stellt unter dem Titel *Eigenmächtig und visionär. Bauherr des Berner Staatsarchivs am Falkenplatz* Grimms Rolle in der Entstehungsgeschichte dieses markanten, im Stil der neuen Sachlichkeit gestalteten Gebäudes vor. Kaum als erster Sozialdemokrat zum kantonalen Baudirektor gewählt, stoppte Grimm eigenmächtig das bewilligte Projekt für ein neues Staatsarchiv in der Altstadt. Die Nähe zur Universität, die grosszügig eingeplanten Reserven, die später für Magazinerweiterungen genutzt werden konnten und die streng der Funktion des Gebäudes folgende Form verweisen auf den visionären Charakter des von Grimm bis in Einzelheiten mitgeprägten Baus.

Marc Vuilleumier widmet sich unter dem Titel *Eine internationale Führungsfigur des Sozialismus* der Rolle Grimms in der Internationale. Weniger die gut erforschte Zimmerwalder Bewegung als die wenig bekannte Zeit danach bilden den Schwerpunkt des Beitrages. Grimm war einer der führenden Köpfe der sich zwischen der kommunistischen Dritten und der sozialdemokratischen Zweiten Internationale positionierenden Internationalen Arbeitsgemeinschaft sozialistischer Parteien. Er widersetzte sich 1923 zunächst der Wiedervereinigung dieser bis heute unter dem Spitznamen «2½. Internationale» bezeichneten Organisation mit der Zweiten Internationale zur Sozialistischen Arbeiter-Internationale (SAI). Nach dem 1926 dennoch erfolgten Beitritt der SPS spielte er bis Mitte der 1930er Jahre eine wichtige Rolle auf dem linken Flügel der SAI.

Unter dem Titel *Kampf, Trost und Heilsversprechen. Grimm als Historiker* stellt André Holenstein die durchaus pionierhaften Deutungen Grimms zur Entstehungsgeschichte der Eidgenossenschaft, der Reformation als sozialer Bewegung – Zwingli war für ihn die prägendste Gestalt – und der Untertanenaufstände im

Ancien Régime vor. Grimm eignete sich die Schweizer Geschichte mit dem marxistischen Instrumentarium an. Da er dabei den Weg zum Sozialismus als logische Folge der vergangenen Klassenkämpfe sah und der Arbeiterschaft lehren wollte, auch aus Niederlagen Kraft zu schöpfen, wirft Holenstein die Frage auf, ob Grimms Geschichtsbild letztendlich eine heilsgeschichtliche Tendenz aufweise.
Brigitte Studer beleuchtet in ihrem Beitrag *Der Experte* eine der am wenigsten beachteten Facetten der vielfältigen Tätigkeit Grimms: Er wirkte wiederholt als Gutachter und in Expertenkommissionen. Den Höhepunkt dieser Tätigkeit stellt sicher das Gutachten zur Krisenbekämpfung und Arbeitsbeschaffung dar, das Grimm zusammen mit dem bürgerlichen Bauingenieur Ferdinand Rothpletz 1934 im Auftrag des Eidgenössischen Volkswirtschaftsdepartementes verfasste. Das Gutachten zielte auf eine Abwehr des Faschismus und eine politische Stabilisierung mit dem Mittel der Arbeitsbeschaffung. Von der für die Bekämpfung der Arbeitslosigkeit bei jungen Akademikern vorgeschlagenen Wissenschaftsförderung führt eine direkte Linie zur Gründung des Schweizerischen Nationalfonds 1952.
In seiner kürzlich abgeschlossenen Dissertation behandelt Andreas Thürer ausführlich die Kampagne des Schweizerischen Vaterländischen Verbandes und seiner Verbündeten gegen die Wahl Grimms zum Nationalratspräsidenten. Für unseren Band hat er das umfangreiche Kapitel zum Thema unter dem Titel *Die Anti-Grimm-Kampagne von 1926* zusammengefasst. Die erfolgreiche Kampagne wurde 1929 bei der Kandidatur des Sozialdemokraten Emil Klöti für den Bundesrat in bescheidenerer Form, aber wiederum mit Erfolg, wiederholt. Der Aufsatz dokumentiert den Hass der extremen Rechten und der von ihnen beeinflussten Bürgerlichen auf Grimm.
Im ebenfalls nach der Tagung entstandenen Beitrag *Zwischen Markt und Plan. Energiebewirtschaftung im Zweiten Weltkrieg* beleuchtet Simon Wenger Grimms Tätigkeit während des Zweiten Weltkriegs. Der Nationalrat und Berner Regierungsrat leitete zwischen 1939 und 1947 zusätzlich die Sektion Kraft und Wärme im Kriegs- und Industriearbeitsamt (KIAA). Diese war im Zweiten Weltkrieg unter den Bedingungen der verknappten Importe von Energieträgern zuständig für die Versorgung der Wirtschaft und der Bevölkerung mit Energie. Der Beitrag zeigt, dass Grimm nicht nur in der Lage war, politische Kämpfe hartnäckig und auf Biegen und Brechen auszufechten, sondern auch den Kampf um Kraft und Wärme.
Einen letzten Abschnitt von Grimms politischer Biographie behandelt Jakob Tanners Beitrag mit dem Titel *Schweizerische Sozialdemokratie und Westintegration nach dem Zweiten Weltkrieg*. Er stellt Grimms Haltung zum Marshallplan vor, die zwar die Tendenzen des Plans zu einer stärker staatlich gelenkten

Wirtschaft begrüsste, ihn aber auch als Instrument des amerikanischen Imperialismus kritisierte. Im Unterschied zum politischen Mainstream auch der Sozialdemokratie stellte sich Grimm gegen die faktische Westintegration der Schweiz und plädierte für einen historisch gesehen illusorischen dritten Weg zwischen Sowjetkommunismus und Kapitalismus nach US-Vorbild. Im Beitrag wird die starke Übereinstimmung dieser Position eines dritten Wegs mit der offiziellen Haltung der Neutralität der Schweiz herausgearbeitet, was durchaus mit einem «Zugewinn an politischer Respektabilität» verbunden sein konnte. Andererseits betont Tanner auch, dass Grimm damit in kritischer Distanz zur Mehrheitsströmung in der Sozialdemokratie und den Gewerkschaften blieb, welche sich stärker an den USA orientierten und sich mit dem Kapitalismus arrangiert hatten.

Die rege Beteiligung an der Grimm-Tagung vom März 2008 zeigte, dass es nicht nur ein rein historisches, sondern auch ein politisches Interesse an der Person von Grimm gibt. Hans Schäppi schloss so die Tagung ab mit einigen Überlegungen zur politischen Bedeutung Grimms in der heutigen Zeit. In seinem Beitrag *Zur politischen Aktualität von Robert Grimm* sind diese Überlegungen festgehalten und vertieft. Wenn es heute gerade auch bei jungen Leuten ein verstärktes Interesse an Alternativen zum neoliberalen Kapitalismus gibt, so bleibt Grimm aktuell, weil er Sozialismus nicht als Beseitigung, sondern als konsequente Verwirklichung der Demokratie verstand und er bei aller Mitwirkung in staatlichen Institutionen immer die Notwendigkeit sozialer Bewegungen und sozialer Kämpfe betonte. Gerade für die heutige Diskussion stellt das Fehlen einer kritischen Ausgabe der Schriften Grimms ein politisch-kulturelles Manko dar.

Verschiedene Aspekte kommen im vorliegenden Band zu kurz, namentlich Grimms Wirken als Verkehrspolitiker und als Kommunalpolitiker. Kleinere Lücken schliesst ein *Biographischer Nachtrag* von Bernard Degen. Abgeschlossen wird der vorliegende Band durch zwei Beiträge zur Quellenlage. Andreas Berz hat die bisherigen bescheidenen Bibliographien zu Grimms Werken zusammengefasst, durch zusätzliche Recherchen wesentlich erweitert, wo nötig korrigiert und auch formal den heutigen Standards angepasst. Urs Kälin beschreibt kurz die wichtigsten Archivbestände zu Grimm.

Robert Grimm: Persönlichkeit, Leitbilder, Politik

Hans Ulrich Jost

Robert Grimm ist wohl eine der umstrittensten Persönlichkeiten der schweizerischen Politik der ersten Hälfte des 20. Jahrhunderts. Die einen sahen in ihm einen abenteuerlichen Revolutionstribun, die andern einen willensstarken Taktiker und geistigen Führer der schweizerischen Sozialdemokratie. Doch in den Augen vieler Bürgerlicher blieb Grimm eine charakterlich und politisch fragwürdige, aber meist gefürchtete Person. Markus Feldmann, Chefredaktor der *Neuen Berner Zeitung* und künftiger Bundesrat der Bauern-, Gewerbe- und Bürgerpartei (BGB), hielt 1928 in seinem Tagebuch fest: «Ich hatte von Grimm den deutlichen Eindruck einer innerlich nicht ganz gefestigten, sehr abenteuerlich, wenn nicht gar zynisch eingestellten Persönlichkeit.»[1] Immerhin meinte dann dieselbe Berner Zeitung in einem Nachruf nach dem Tode Grimms: «Ein mächtiger Kämpfer von erstaunlicher Vitalität, ein politisches Phänomen, zu dem es in der schweizerischen Geschichte der letzten Jahrzehnte kaum einen Vergleich gibt [...].»[2]

In einer 1942 unter dem Titel *30 Jahre Grimm* veröffentlichten Streitschrift fällt das Urteil noch viel härter aus: «Dass ein Saulus zu einem Paulus wird, ist erfreulich. Ungewöhnlich ist aber, dass der Prophet je nach der ‹Konjunktur› bald als Saulus, bald als Paulus auftritt. In einem solchen Fall liegt der Vorwurf der Gesinnungslosigkeit, Grundsatzlosigkeit und Charakterlosigkeit nahe.»[3]

Beinahe noch schlimmer als die Bürgerlichen äusserte sich die extreme Linke. Lenin, um einen seiner prominentesten linken Kritiker zu zitieren, soll nach der ersten Begegnung im September 1914 gesagt haben: «Ein fähiger, energischer, nicht dummer, aber ganz in seiner Alltagsarbeit versumpfter Mann! Mit Fragen der grundsätzlichen Theorie beschäftigt er sich nicht. Er versinkt in den engen Verhältnissen der Partei seines spiessbürgerlichen Landes [...].»[4] Wenig später

---

[1] Markus Feldmann, Tagebuch 1923–1958, bearb. von Peter Moser, Bd. 1, Basel 2001, S. 149, Eintrag vom 29. Februar 1928.
[2] Zitiert in Voigt, Christian: Robert Grimm. Kämpfer, Arbeiterführer, Parlamentarier. Eine politische Biographie, Bern 1980, S. 259.
[3] Baechi, W.: 30 Jahre Grimm. Ein Beitrag zur politischen Lage, Affoltern am Albis 1942, S. 43.
[4] Zitiert in Gautschi, Willi: Lenin als Emigrant in der Schweiz, Zürich, Köln 1973, S. 115.

nannte er ihn in seiner bekannten masslosen und vulgären Sprache «ein[en] Spitzbube[n], vor dem man auf der Hut sein muss», oder noch gröber, einen «unverschämten Lump[en]».[5]
Demgegenüber fallen die Urteile seiner Kampfgenossen differenzierter aus. Fritz Giovanoli beispielsweise, der als bernischer Parteisekretär Grimm aus nächster Nähe erlebte, versuchte nach dessen Tode die nicht einfach zu umschreibenden Charaktereigenschaften in einem positiven Bild zusammenzufassen. Er sah in Grimm einen der wichtigsten Ideenträger der sozialdemokratischen Partei, der «mit einem untrüglichen politischen Instinkt für das, worauf es ankam», ausgestattet gewesen sei. Er nannte ihn auch einen «wahren Meister» in Massenversammlungen, «wo die hinreissende Macht seiner Worte, blendende Formulierungskunst und seine dynamische Kraftnatur voll zur Geltung kamen».[6] Giovanoli betonte aber auch, dass er in der politischen Polemik «eine messerscharfe Klinge führte» und mit seinen Gegnern nicht zimperlich umging. «Er war überall ein geborener Regent, und er hat daraus auch nie einen Hehl gemacht», schloss Giovanoli.[7] Dieser Charakterzug wird auch von Angelica Balabanoff, der Kampfgefährtin in der Zimmerwalder Bewegung gegen die Kriegspolitik, hervorgehoben. «Er hatte sich gewöhnt», schrieb sie 1928 in ihren Erinnerungen, «seine Parteigenossen vor vollendete Tatsachen zu stellen, und da die Ergebnisse günstig waren, hat man ihm das undemokratische, unkollegiale Vorgehen verziehen.»[8] Fritz Marbach, elf Jahre jünger als Grimm, und nach einigen radikalen Jugendjahren am linken Flügel der Partei ein bestallter Professor an der Universität Bern, hat rückblickend geschrieben: «Ich will nicht sagen, dass Skrupel fehlten. Ging es aber ums ‹Ganze› oder um das, was Robert Grimm für das Ganze hielt, dann jedenfalls existierten sie höchstens andeutungsweise.»[9] Dieser Aspekt von Grimms Persönlichkeit wird oft herausgestrichen. «Der rasche politische Aufstieg», schreibt zum Beispiel sein Biograph Christian Voigt, «gab ihm ein Selbstvertrauen, das oft nahe ans Selbstherrliche grenzte und auch bei Parteifreunden auf heftige Kritik stiess.»[10] Dieser autoritäre Zug, gepaart mit einer intellektuellen Schlagfertigkeit, hatte offenbar nicht selten die zwischenmenschlichen Beziehungen und die parteipolitische Zusammenarbeit belastet.

5 Lenin, W.I.: Briefe, hg. vom Institut für Marxismus-Leninismus beim Zentralkomitee der SED, Bd. 4, Berlin 1967, S. 149 und 354.
6 Giovanoli, Fritz: Robert Grimm, in: Rote Revue 37 (1958), S. 65–70.
7 Giovanoli, Fritz: Kämpfer und Volkstribun, in: Robert Grimm, Revolutionär und Staatsmann, Zürich 1958, S. 100 und 103.
8 Balabanoff, Angelica: Erinnerungen und Erlebnisse, Berlin 1927, S. 163.
9 Marbach, Fritz: Der Generalstreik 1918. Fakten, Impressionen, Illusionen, Bern 1969, S. 60.
10 Voigt (wie Anm. 2), S. 259.

Fritz Marbach beklagte sich noch Jahre später, wie schwer ihm der Umgang mit Grimm gefallen war: «Durch rund 20 Jahre hindurch bin ich Robert Grimm nur selten ohne Angstgefühle oder Beklemmungen in Sitzungen und Konferenzen gegenübergesessen.»[11]

Aus der Sicht seiner breiten Anhängerschaft in Partei und Gewerkschaften, die immer zahlreich und meist begeistert seinen Reden und Vorträgen folgte, ergab sich ein etwas anderes Bild. Emmy Moor etwa erinnerte sich an den «immer zum Bersten volle[n] Volkshaussaal, in dem hundert und hundert Hände geschüttelt worden sind und man oben, auf der übervollen Empore, nach so und soviel vertrauten Gesichtern gespäht hat. [...] Niemand hat je die endlose Zahl dieser Reden Robert Grimms in seiner politischen Laufbahn gezählt. Aber jeder spürte den vollen, ganzen Menschen dahinter, spürte, dass Robert Grimm glaubte, was er sagte.»[12]

Es zeigt sich in allen Erinnerungen, Würdigungen und Biographien, dass Grimms Persönlichkeit und Charakter nicht in eine einheitliche Form gegossen werden können. Grimm war ein Mensch der Jahrhundertwende von 1900, der Belle Époque, einer Wechselzeit, in der sich über die alte industrielle Gesellschaft eine moderne Massenkultur schob, wobei sich die Traditionen und gesellschaftlichen Werte verbogen und veränderten. Grimm wurde so von einer rasanten, schliesslich gar apokalyptischen, in den Ersten Weltkrieg hineinführenden Zeit geprägt. Auch war es eine Zeit, in der die neuen Technologien eine unbegrenzte Zukunft versprachen. Als Grimm knapp über zwanzig Jahre alt war, 1903, erfolgte der erste Flug der Gebrüder Wright und 1908 verliess das erste in grosser Serie produzierte Auto, der Ford T, die Fabrik – 1912 fuhr jedoch auch der modernste Überseedampfer, die Titanic, auf einen Eisberg und versank, wobei zwei Drittel der Passagiere den Tod fanden. Die soziale Lage war, im In- wie im Ausland, noch nie so gespannt wie im letzten Jahrzehnt vor dem Ersten Weltkrieg. Die Zahl der Streiks hatte erheblich zugenommen und in radikalen Kreisen wurde die Idee des politischen Generalstreiks diskutiert. 1914, Grimm war 33-jährig, brach der Erste Weltkrieg aus und eröffnete das, wie Hobsbawm es nannte, «Zeitalter der Extreme»,[13] eine Epoche, in der Zukunftseuphorie und Weltkriegskatastrophe aufeinanderprallten.

Grimms Persönlichkeit trägt Spuren der Gegensätzlichkeiten und Ambivalenzen dieser Zeit. Die Beiträge in der mit *Robert Grimm. Revolutionär und*

---

11 Marbach (wie Anm. 9), S. 60.
12 Moor, Emmy: Der Redner, in: Robert Grimm. Revolutionär und Staatsmann, hg. vom Schweizerischen Verband des Personals öffentlicher Dienste, Zürich 1958, S. 116f.
13 Hobsbawm, Eric J.: Das Zeitalter der Extreme. Weltgeschichte des 20. Jahrhunderts, München, Wien 1995.

Staatsmann betitelten, 1958 vom Verband des Personals öffentlicher Dienste herausgegebenen Gedenkschrift bringen diese Widersprüchlichkeiten ebenfalls zum Ausdruck. Es scheint, als habe man sich nicht entscheiden können, ob die Verdienste Grimms mehr beim «Revolutionär» oder beim «Staatsmann» anzusiedeln seien, wobei je nach Standort der Autoren der eine oder der andere Teil offenbar leichtes Unbehagen ausgelöst hatte.

Wie kann man einer dermassen komplexen und widersprüchlichen Persönlichkeit gerecht werden? Und dies insbesondere dann, wenn auch die schwierigen Fragen persönlicher Art, die Beziehungen zu seinen Partnerinnen, die beiden Ehen und der Umgang mit seinen Kindern, mit einbezogen werden sollten? Die Lösung dürfte wohl darin bestehen, dass man die Ambivalenzen, die Widersprüche zwischen Theorie und Praxis, die Ungereimtheiten und politischen Schwenker nicht als befremdliche Hindernisse, sondern als erkenntnisfördernde Leitlinien bei der Betrachtung der Persönlichkeit und der Biographie Grimms einsetzt.

Robert Grimm hat sich verschiedentlich mit dem Zürcher Reformator Ulrich Zwingli beschäftigt und schien in diesem eine Art Alter Ego zu erkennen. So wird man den Eindruck nicht los, dass Grimm Zwingli Charakterzüge gibt, die er auch für sich beansprucht hat. «Zwingli», schrieb Grimm im Jahre 1920, «ist in gleichem Masse Theoretiker und Praktiker. Die Theorie bestimmt ursprünglich seine Praxis; die Praxis beeinflusst und modifiziert seine Theorie.» Und diesem Abschnitt hat Grimm folgenden, kursiv herausgehobenen Satz vorausgestellt: «Er gab den materiellen Zielen seiner Politik eine geistige Grundlage.»[14] War das vielleicht auch Grimms Ambition?

Biographische Hinweise und Randglossen

Grimm kam aus einer Arbeiterfamilie, machte eine Lehre als Buchdruckermaschinenmeister, begann als Neunzehnjähriger eine längere Wanderschaft, die ihn nach Frankreich und über Bayern ins österreichische Graz führte.[15] Er übernahm 1909 die Redaktion der *Berner Tagwacht* und leitete, 37-jährig, mit dem von ihm geschaffenen Oltener Aktionskomitee den Landesstreik von 1918. International bekannt wurde Grimm mit der Organisation von zwei internationalen Konferenzen dissidenter Sozialisten, die sich gegen die Kriegspolitik ihrer Regierungen stellten – 1915 in Zimmerwald und 1916 in Kiental. Er sass von

14 Grimm, Robert: Geschichte der Schweiz in ihren Klassenkämpfen, Bern 1920, S. 125; siehe auch «Huldreich Zwingli, der Klassenkämpfer», in: Berner Tagwacht, 10. Oktober 1931.
15 Voigt (wie Anm. 2); McCarthy, Adolf: Robert Grimm, der schweizerische Revolutionär, Bern 1989.

1910 bis 1938 im bernischen Grossen Rat und 44 Jahre, von 1911 bis 1955, im Nationalrat. Er war bis 1936 Mitglied der Geschäftsleitung der Sozialdemokratischen Partei der Schweiz, aber nie deren Präsident. Obwohl er schon 1918 in einer Exekutive, dem Berner Gemeinderat, Einsitz nahm und von 1938 bis 1946 als bernischer Regierungsrat mit Umsicht das Bau- und Eisenbahndepartement leitete, konzentrieren sich die meisten Kommentatoren und Biographen auf die ersten vierzig Jahre seines Lebens, als er in erster Linie als harter polemischer Kämpfer und Initiator des Generalstreiks in Erscheinung getreten war. Seine Verdienste als Regierungsrat oder als Leiter des kriegswirtschaftlichen Amtes Kraft und Wärme während des Zweiten Weltkrieges werden in der Regel nur kursorisch erwähnt.
Der Einsatz und die Tätigkeiten Grimms wurden nicht nur von seinen Feinden, sondern, trotz aller Bewunderung, auch von nahestehenden Genossen kritisch verfolgt. Doch es war auch den gehässigsten Kritikern unmöglich, Grimms intellektuelle Fähigkeiten, die journalistische Begabung und sein rhetorisches Geschick ernsthaft in Frage zu stellen. Schon in jungen Jahren, während der Lehre und der Wanderschaft, hatte Grimm als Autodidakt ein umfangreiches, meist auf der Lektüre sozialistischer Schriften beruhendes Wissen aufgenommen, das er nicht selten unmittelbar in eigene, rhetorisch wirkungsvolle Formen goss. Diese Fähigkeit, rasch theoretisches und historisches Gedankengut in populär geschriebene Aufsätze umzusetzen, zählt ohne Zweifel zu den Qualitäten, die seinen Ruf und seine Ausstrahlung mit begründeten.
Diese Praxisbezogenheit und das Eingehen auf die jeweils konkreten Umstände führten aber auch dazu, dass Grimm seine konzeptuellen Dogmen rasch beiseiteschob, wenn es darum ging, auf unmittelbare politische oder gesellschaftliche Veränderungen zu reagieren. Dadurch mochte der Eindruck entstehen, er wechsle seine Überzeugungen wie billige Kleider. Mit spöttischem Unterton wurde oft vermerkt, dass er, der Revolutionär und «Landesstreikgeneral», der am schweizerischen politischen System anscheinend keinen guten Faden liess, 1938 in die bernische Regierung eintrat und sich für den bürgerlichen Staat engagierte. Sein Parteikollege Guido Müller, Stadtpräsident von Biel, bemerkte dazu: «Die Art, wie Grimm sich und die Partei in die Regierung manövrierte, ist ein Glanzstück skrupelloser Regie.»[16] Gewiss, diese Beteiligung am bürgerlichen Staat kam Grimms Machtstreben und Ehrgeiz entgegen. Es ging ihm auch ebenso sehr darum, angesichts der Bedrohung durch den Nationalsozialismus und den Faschismus mit dem Eintritt der Sozialdemokraten in die Regierung die demokratischen Kräfte zu stärken. Er setzte damit ein deutliches Zeichen gegen

---

16 Müller, Guido: Erinnerungen, Reden, Schriften, Bern 1970, S. 517.

die damals forsch auftretenden Elemente, die die Schweiz im nationalsozialistischen oder faschistischen Sinne zu verändern oder zumindest entsprechend anzupassen trachteten.

Ganz im Gegensatz zu den oft gespannten Beziehungen zu Parteikollegen und Mitarbeitern arrangierte sich Grimm offenbar gelegentlich mit politischen Gegnern erstaunlich gut. Hermann Böschenstein berichtete, Grimm habe besonders enge Beziehungen zum konservativen, für die harte Flüchtlingspolitik im Zweiten Weltkrieg verantwortlichen Bundesrat Eduard von Steiger gepflegt.[17] In diesem Zusammenhang wäre, als Randglosse, auch zu erwähnen, dass Grimm 1944 der Bitte von Renée Schwarzenbach-Wille, der Tochter von General Ulrich Wille, nachkam und sich bei Bundesrat von Steiger dafür einsetzte, dass einer engen Freundin Renées, bekannt als begeisterte Mitläuferin der Nationalsozialisten, eine Aufenthaltsgenehmigung gewährt wurde.[18] Übrigens stand auch Ernst Nobs, der alte Kampfgefährte Grimms, mit von Steiger in einem vertrauensvollen Verhältnis.[19] Das kleinräumige helvetische «Ménage fédéral» führt halt gelegentlich zu seltsam widersprüchlichen Konstellationen.

Grundlagen der politischen Ideen

Um 1900, als Grimms politische und intellektuelle Bildung einsetzte, war in der internationalen sozialistischen Arbeiterbewegung der politische Massenstreik ein viel diskutiertes, aber auch umstrittenes Thema.[20] Es ging um die Frage, ob mit gross angelegten Streiks nicht nur wirtschaftliche, sondern auch politische Ziele zu erkämpfen seien. Doch bei der Anpassung dieses Kampfmittels an die schweizerischen Verhältnisse musste er zu erklären versuchen, warum trotz Demokratie und allgemeinem Stimmrecht der Massenstreik in Betracht gezogen werden müsse. Er entwickelte seine Argumente in der 1906 publizierten Schrift «Der politische Massenstreik», wo er mit einer fundierten Kritik des damaligen Majorzsystems, der willkürlichen Wahlkreisgeometrie und der gerade die Arbeiterschaft treffenden Einschränkungen des Stimmrechts die Defizite der schweizerischen Demokratie hervorhob und damit den politischen Massenstreik

---

17 Böschenstein, Hermann: Vor unsern Augen. Aufzeichnungen über das Jahrzehnt 1935–1945, Bern 1978, S. 297.
18 Schwarzenbach, Alexis: Die Geborene. Renée Schwarzenbach-Wille und ihre Familie, Zürich 2004, S. 405.
19 Kästli, Tobias: Ernst Nobs. Vom Bürgerschreck zum Bundesrat, Zürich 1995, S. 227–230.
20 Grunenberg, Antonia (Hg.): Die Massenstreikdebatte. Beiträge von Parvus, Rosa Luxemburg, Karl Kautsky und Anton Pannekoek, Frankfurt am Main 1970.

rechtfertigte. Er relativierte jedoch gleichzeitig diese grundsätzliche Schlussfolgerung mit der Bemerkung, es handle sich keineswegs um «das allein seligmachende Allheilmittel». Er stellt sich auch gegen einen revolutionären Kampf und verlangt ausdrücklich – im Text fett herausgestrichen –, auf «gewaltsamen Widerstand» zu verzichten.[21]

Diese erste grössere Schrift trägt schon die wesentlichen Züge von Grimms Art, ein theoretisch scharf entwickeltes Prinzip unmittelbar danach im Blick auf die konkrete Anwendung zu relativieren. Grimm versuchte in der Folge immer wieder, mit seiner eigenwilligen Dialektik von Theorie und Praxis Modelle und Leitlinien für die jeweils aktuellen gesellschaftlichen und politischen Entwicklungen zu konstruieren. In der 1911 aus einem Vortrag hervorgegangenen Schrift *Demokratie und Sozialismus*[22] kommt besonders gut zum Ausdruck, wie übergeordnete konzeptuelle, oft holzschnittartig vorgetragene Thesen den Zugang zu einer Diskussion über konkrete politische Verhältnisse, in diesem Falle die Parteiarbeit, öffnen sollten. Die starken, in der Regel dogmatisch vorgetragenen Stichworte der theoretischen Debatte bilden Leuchttürme, die zwar Grimms Positionen sichtbar machten, den politischen Kurs aber nur bedingt bestimmten. So durchzieht denn ein Argument Grimms vielfältige politische Diskurse: Die Prinzipien, Theorien und Fernziele seien den jeweils vorherrschenden Verhältnissen anzupassen und unterzuordnen. Seine Kritiker nannten dies Opportunismus, seine Freunde geschickte Taktik.

Wohl hielt sich Grimm mit Vorliebe an das gelegentlich sehr schematisch aufgenommene marxistische Gedankengut, aber er griff auch auf andere Vorbilder zurück, wie beispielsweise auf Albert Steck, den Gründer der Sozialdemokratischen Partei der Schweiz von 1888, dessen Schriften er wiederholt lobte. Grimm hatte sich zudem mit vielfältiger Lektüre und dem Besuch von Vorträgen und Vorlesungen ein breites, eklektisches Wissen erarbeitet. Wichtig scheint mir dabei sein Aufenthalt in Berlin im Winter 1905/06, wo gerade die Generalstreikdebatte auf ihrem Höhepunkt stand. Kurz danach kam die Zusammenarbeit mit der belesenen Rosalie Reichesberg-Schlain, mit der er sich im März 1908 vermählte. Rosa hatte nicht nur Literatur und Kunstgeschichte studiert, sondern kannte sich auch gut im Milieu des internationalen Sozialismus aus. Die Zusammenarbeit und die Ehe waren allerdings von kurzer Dauer und gingen im Jahre 1916 mit einer Scheidung zu Ende. In den Jahren 1906 und 1909 war Grimm in Basel als Arbeitersekretär tätig und hatte dort die Gelegenheit, neben den

---

21 Grimm, Robert: Der politische Massenstreik, Basel 1906, S. 38 und 42.
22 Grimm, Robert: Demokratie und Sozialismus. Ein Wort zur Krise in der schweiz. Sozialdemokratie, Zürich 1911.

Bildungskursen im Deutschen Arbeiterverein volkswirtschaftliche Vorlesungen an der Universität zu besuchen (vermutlich bei Theophil Kozak).[23] Sein frisch erworbenes ökonomisches Wissen gab er auch gleich in einem Schulungskurs und kurz darauf in der Broschüre *Die wirtschaftlichen Krisen und die Arbeiterklasse* weiter. Hier findet sich die später immer wieder aufgenommene Idee, die der Produktivität nachhinkenden Löhne bewirkten den Verlust der Kaufkraft und führten damit unweigerlich in die Krise. Obwohl Grimm wirtschaftliche Fragen oft in rasch hingeworfene Konzepte packte, erwies er sich in konkreten Situationen als durchaus kompetent. Das zeigt sich beispielsweise in dem zusammen mit Ferdinand Rothpletz 1934 verfassten Gutachten zur Wirtschaftspolitik der 1930er Jahre. Diese Schrift mit dem Titel *Krisenbekämpfung und Arbeitsbeschaffung* enthielt Ideen, die man wenig später auch in der *General Theory* von John Maynard Keynes finden konnte.[24]

In den Jahren bis zum Zweiten Weltkrieg hatte Grimm eine nicht unbedeutende Zahl von dreissig- bis fünfzigseitigen Broschüren publiziert, in denen er programmatische, politische und historische Themen behandelte, die er nicht selten zuvor in längeren Reden vorgetragen hatte.[25] Mit der Gründung der Monatsschrift *Neues Leben* im Januar 1915 und der *Roten Revue*, mit der im September 1921 die Nachfolge der 1917 eingestellten Vorgängerin aufgenommen wurde, verfügte er zudem über eine weidlich genutzte publizistische, über der Tagespresse stehende Tribüne.

Bei allen Ungereimtheiten in Grimms Denken und Tun darf jedoch nicht übersehen werden, dass er in entscheidenden Momenten bei politischen und historisch schicksalhaften Grundsatzfragen fähig war, überlegen und unzweideutig Stellung zu nehmen. So rief er beispielsweise am Parteitag der SP Bern vom 18. Februar 1940, als nicht wenige vom Nationalsozialismus und Faschismus geblendet waren, in den Saal: «Diese Diktaturen stellen in ihrer Gesamtheit einen Rückfall in die Barbarei dar. Sie vernichten die Grundrechte der Menschheit, zerstören die Freiheiten und Rechte der Bürger, zerschlagen Treu und Glauben als Grundlage der gesellschaftlichen und zwischenstaatlichen Beziehungen.»[26] Bekanntlich haben diese Worte General Guisan veranlasst, in seinem Rütli-

---

23 Dr. phil., Schüler von Bruno Hildebrand, Herausgeber von Schriften von Marx, Extraordinarius in Basel von 1891 bis 1913.
24 Grimm, Robert; Rothpletz, Ferdinand: Krisenbekämpfung und Arbeitsbeschaffung, Bern 1934; Keynes, John Maynard (1883–1946): The General Theory of Employment, Interest and Money, London 1936.
25 Vgl. dazu den *Bibliographischen Bericht* von Andreas Berz in diesem Band.
26 Zitiert in Voigt (wie Anm. 2), S. 243.

rapport vom 25. Juli 1940 Grimm persönlich scharf anzugreifen.[27] Das hinderte diesen 1946 aber nicht daran, dem General in einem Brief «à titre personnel ma gratitude pour les services que vous avez rendus au pays durant la mobilisation»[28] auszusprechen.

Ideologie und Geschichte

Die wohl am häufigsten von Grimm aus dem Marxismus übernommenen Begriffe waren Klassenkampf, Klassengesellschaft, Massenstreik und Revolution. Die Verwendung dieser Standardreferenzen verleitete viele Kritiker zur etwas übereilten Schlussfolgerung, Grimm sei ein simpler und undifferenzierter Vulgärmarxist. Die Sache war aber etwas komplizierter, wie es sich beispielsweise am Begriff Revolution zeigen lässt.
Als Grimm am 12. November 1918 in der Debatte im Nationalrat anlässlich des Generalstreiks angeklagt wurde, eine Revolution zu inszenieren, antwortete er, wie üblich temperamentvoll: «Jawohl, wir Sozialdemokraten sind Revolutionäre. Aber das bedeutet nicht, dass wir den Begriff der Revolution im Heugabelsinn des Wortes auffassen. Das bedeutet nicht, dass die Revolution charakterisiert werde durch ihren äussern Verlauf, sondern dadurch, dass eine neue Schicht in der Gesellschaft ans Ruder kommt und eine Umwälzung im Staate vollzieht.»[29] Etwas später erklärte er dann noch einmal: «Nicht im Heugabelsinn des Wortes, aber im Sinne seiner gesellschaftlichen Bedeutung wurde die Bewegung über ihren bisherigen Inhalt hinausgeschoben und entwickelte sich zum revolutionären Kampf.»[30] Und vierzehn Jahre später fügte er hinzu: «Der Begriff der sozialen Revolution hat zunächst mit Gewalt oder Gewaltlosigkeit überhaupt nichts zu tun.»[31]
Diese ausweichenden Erklärungen haben immer wieder zu kontroversen Interpretationen über Grimms wahre Ziele und Intentionen Anlass gegeben. Wenn man von Spekulationen absieht, muss man feststellen, dass Grimm seine radikalen Konzepte immer wieder den Erfordernissen einer pragmatischen und utilitaristischen Praxis unterwarf. Und wenn sich Grimm gar mit Gemeindepolitik

---

27 Dies ersieht man zumindest im Entwurf der Rede, vgl. Gautschi, Willi: General Henri Guisan. Die schweizerische Armeeführung im Zweiten Weltkrieg, Zürich 1989, S. 277.
28 Zitiert ebd., S. 679.
29 Zitiert in Voigt (wie Anm. 2), S. 186.
30 Grimm, Robert: Revolution und Massenaktion, Bern 1919, S. 15.
31 Grimm, Robert: Der Weg zur Macht, Zürich 1932, S. 32.

beschäftigte, verblasste der Klassenkampf beinahe gänzlich.[32] In der öffentlichen Wahrnehmung dominierte jedoch die radikale Rhetorik, die Grimm das Stigma des kompromisslosen Revolutionärs und Klassenkämpfers eintrug. Und da Grimm auch massgeblich die Programme der SPS von 1920 und 1935 geprägt hatte, übertrug sich diese Einschätzung auf die Partei.

Grimms Grösse lag möglicherweise gerade in seiner Fähigkeit, seine programmatischen Positionen den jeweiligen Verhältnissen anzupassen und damit wichtige Weichenstellungen durchzusetzen. Dies hat er 1935 mit der Revision des Parteiprogramms und 1938 mit dem Eintritt in die bernische Regierung eindrücklich bewiesen. Man hat möglicherweise die Bedeutung dieses Kurswechsels noch immer nicht ganz erfasst. Die Hinwendung der Arbeiterschaft zum freisinnigen Bundesstaat hat ohne Zweifel viel dazu beigetragen, die Fronten und rechtsradikalen Kräfte auf Distanz zu halten. Es sei diesbezüglich darauf hingewiesen, dass der von den Fronten und der konservativen Volkspartei (heute CVP) lancierten Initiative für eine Totalrevision der Bundesverfassung – mit dem Ziel der Errichtung eines Ständestaates – 1935 dank der geschlossenen Ablehnung der SPS eine deutliche Abfuhr erteilt werden konnte.

Geschichte als Erfahrung

Die Geschichte bildete das zweite wichtige Referenzfeld von Grimms Denken. 1912 gab er in Bern einen Kurs zur Geschichte der proletarischen Klassenkämpfe, 1913 veröffentlichte er die *Geschichte der Berner Arbeiterbewegung*, und in der ersten Nummer der Zeitschrift *Neues Leben* vom Januar 1915 schrieb er über *Klassenkampf und Nation*, gefolgt vom Aufsatz *Streifzüge durch die Schweizergeschichte*.[33] In der Folge erschienen *Aus den Anfängen der Parteigeschichte* (1916), *Die Reformation als Klassenkampf* (1917)[34] und schliesslich 1920 die während seines sechsmonatigen Gefängnisaufenthaltes geschriebene *Geschichte der Schweiz in ihren Klassenkämpfen*.[35] Dieses Buch wurde übrigens auch im Politischen Departement gelesen, schrieb doch Legationsrat Karl Egger, es handle sich um ein «grossangelegtes Mittel zur Revolutionierung der schweizerischen Sozialdemokratie» und habe zum Ziel, «durch geeignete, tendenziöse

---

32 Grimm, Robert: Sozialdemokratische Gemeindepolitik, Bern 1929.
33 In: Neues Leben 1 (1915), S. 1–11, 146–153 und 176–181.
34 Parteigeschichte: Neues Leben 2 (1916), S. 338–343, 365–375; Reformation: Neues Leben 3 (1917), S. 81–89, 97–107 (erschien 1917 auch als Broschüre).
35 Bern 1920, Reprint Zürich: Limmat Verlag, 1976.

Interpretation der Vergangenheit des Schweizervolkes die Berechtigung und Notwendigkeit einer Revolution nachzuweisen».[36]
Zwar ging die Zahl der historischen Beiträge in den folgenden Jahrzehnten zurück, doch zwei grössere Arbeiten zeugen vom bis zu seinem Lebensende wachen Interesse an der Geschichte: *Geschichte der sozialistischen Ideen in der Schweiz* (1931)[37] und *50 Jahre Landesgeschichte* (1955).
Auch in den historischen Studien überlagern sich verschiedene erkenntniskritische Ebenen. Grimm hielt sich, entsprechend seinem intellektuellen Bildungsgang, an den historischen Materialismus. Doch wenn er auch seine Arbeiten immer wieder mit dieser Folie überzog, so differenzierte er dennoch die jeweiligen historischen Momente anhand der vorliegenden Daten so, dass sich eigenwillige und durchaus diskutierbare Bilder ergaben. Es ist zu bedauern, dass die etablierten helvetischen Historiker sich kaum je mit diesen anregenden Arbeiten auseinandergesetzt haben. Eine rühmliche Ausnahme war Hans von Greyerz, der in seiner Studie *Nation und Geschichte im bernischen Denken* Grimm zwei Seiten widmete. Wohl meinte von Greyerz, Grimm sei in seinen historischen Essays «mit mehr Souveränität als Geschichtlichkeit des Urteils» vorgegangen, räumte aber ein, dass sich diese «Anschauungsweise einer gewissen radikalen Einheitlichkeit rühmen» könne.[38]
Natürlich ist Geschichte für Grimm ein wichtiges Mittel in der politischen Argumentation, und er griff häufig in seinen Voten und Reden auf historische Reminiszenzen zurück. So rief er beispielsweise am schon erwähnten 12. November 1918 seinen bürgerlichen Kollegen im Nationalrat, auf die Bundesstaatsgründung von 1848 verweisend, zu: «War es jener konservative, knorzerhafte Geist, den Sie hier vertreten, oder war es nicht der jugendliche, revolutionäre Radikalismus der dreissiger und vierziger Jahre? Vergessen Sie denn, wer Ihre Väter waren? Vergessen Sie, was die Geschichte unseres Landes lehrt? Vergessen Sie, dass nicht nur in einer Revolution, sondern in Dutzenden von Revolutionen die Entwicklung des Landes sich durchgesetzt hat?»[39]
Neben dieser Vorstellung von permanent auftretenden Revolutionen, die allerdings nach Grimm nicht «im Heugabelsinn des Wortes» zu verstehen sind, bildet vor allem die Idee der Klassengesellschaft die stärkste Leitlinie in seinem an der Praxis der Gegenwart immer wieder angepassten Denken. Wenn auch

---

36 Zitiert in Kunz, Hans Beat: Weltrevolution und Völkerbund. Die schweizerische Aussenpolitik unter dem Eindruck der bolschewistischen Bedrohung 1918–1923, Bern 1981, S. 184.
37 Zürich 1931; Neudruck Zürich: Limmat Verlag, 1978.
38 Greyerz, Hans von: Nation und Geschichte im bernischen Denken. Vom Beitrag Berns zum schweizerischen Geschichts- und Nationalbewusstsein, Bern 1953, S. 269.
39 Zitiert in Voigt (wie Anm. 2), S. 185.

nicht mehr holzschnittartig vorgetragen, durchzieht der nun domestizierte Klassenkampf auch die letzte historische Studie Grimms, der 1955 unter dem Titel *50 Jahre Landesgeschichte* publizierte Beitrag zur VPOD-Jubiläumsschrift.[40]

Ich habe schon eingangs angedeutet, dass Grimm vermutlich in Zwingli seine eigene Persönlichkeit hineinprojiziert hat. In Grimms Büro hing übrigens ein Porträt vom Zürcher Reformator, daneben allerdings auch eines von Marx. Neben Zwingli begleitete jedoch offenbar noch ein anderes Bild Grimms Leben: das Porträt der 63-jährigen Barbara Dürer, die weltberühmte Zeichnung, mit der Albrecht Dürer seiner Mutter ein Denkmal gesetzt hat. Dies ist für mich ein Zeichen, dass Grimm in seinem Innersten einer echten Humanität verpflichtet war. Klassenkampf und Revolution waren nicht unbedingt dominierende und unvermeidliche Zielvorstellungen, sondern Mittel, um die Arbeiterschaft zu emanzipieren und in der Gesellschaft der sozialen Gerechtigkeit zum Durchbruch zu verhelfen.

Bilanz

Es scheint mir sinnlos, in einem Schlusswort Grimms Leben und Person wie eine eiserne Statue in einheitlicher Form zu präsentieren. Man könnte sich jedoch fragen, wie das Bild Grimms heute aussehen würde, wenn er seine Fähigkeiten und seine Willenskraft nicht für die Arbeiterschaft und die Sozialdemokratie, sondern für die bürgerliche Gesellschaft und die freisinnige Politik eingesetzt hätte. Würde man dann vielleicht heute in positivem Sinne Willensstärke, Entschlusskraft, Durchsetzungsvermögen, natürliche Autorität, rasche Auffassungsgabe, geschickte Taktik, Männlichkeit und blendende Rhetorik loben – und so das Bild eines grossen Politikers und Staatsmannes konstruieren?

Wie eingangs erwähnt, wuchs Grimm in ein Jahrhundert hinein, in dem die traditionellen Werte zerfielen und insbesondere in der Politik extreme und menschenverachtende Konzepte Oberhand gewannen. Die Eindeutigkeit geistiger Positionen zerfiel und in der immer mehr durch die Massenmedien vermittelten Politik dominierten zunehmend Beliebigkeit und Populismus. Auch Grimm war von diesen Zeitströmungen beeinflusst, wie die hier thematisierten Ambivalenzen seines Denkens und seiner Tätigkeit zum Ausdruck gebracht haben. Dennoch lassen sich bei ihm Leitlinien feststellen, die zeigen, dass er an einigen

---

40 Grimm, Robert: 50 Jahre Landesgeschichte, in: Der VPOD im Spiegel des Zeitgeschehens. Jubiläumsausgabe in drei Bänden zum 50jährigen Bestehen des Verbandes des Personals Öffentlicher Dienste, Bd. 1: 1905–1955, Zürich 1955.

grundsätzlichen Werten und Einsichten bis an sein Lebensende festgehalten hat. Es ging ihm letztlich immer um die Existenz und Würde der Arbeiterschaft und um den Wert der Arbeit angesichts eines ungebändigten, nur die Eigeninteressen verfolgenden Kapitalismus. Grimm schloss seinen 1955 veröffentlichten Essay *50 Jahre Landesgeschichte* mit den Worten: «Das Ziel des Menschen ist ein Zustand, der das Leben lebenswert erscheinen lässt und ihm sichere Grundlagen gibt. Der demokratische Staat und die kapitalistische Gesellschaft vermögen vieles, und die humanitären Verbesserungen verdienen Lob und Preis. Aber das eine vermögen sie nicht – die Sicherung des Arbeitsplatzes und eines genügenden, auf die Dauer ausreichenden Einkommens. [...] Wir dürfen die heutige Zeit nicht als einen Abschluss oder gar als einen Stillstand der Entwicklung auffassen und die Hochkonjunktur nicht als bleibende, unabänderliche Erscheinung betrachten. Solange die Herrschaft des Kapitals, die kapitalistische Moral von der Bereicherung und vom Profitstreben besteht, währt die Unsicherheit der Existenz und der Lebensmöglichkeit der Arbeiter.»[41]

41 Ebd., S. 67 f.

Robert Grimm und die deutsche Arbeiterbewegung 1914–1933

Josef Mooser

Das Thema dieses Beitrags umreisst Adolf McCarthy in seiner massgeblichen Biographie in knappen und klaren Strichen: Robert Grimm setzte grosse Hoffnungen in die sozialdemokratische Arbeiterbewegung Deutschlands. Seine Erwartungen zerbrachen aber 1914, 1918 und 1933 zu den «grössten und grundsätzlichsten Enttäuschungen» seines politischen Lebens. Grimm schien, die deutschen Sozialisten hätten die «elementaren Grundsätze des Marxismus verraten» und seien «zu selbstgefällig und zu doktrinär [gewesen], um Seite an Seite mit den bürgerlichen Parteien den Nationalsozialismus zu bekämpfen». Er habe sich daher «entschlossen», nicht den gleichen Fehler zu machen und die politische Haltung der schweizerischen Sozialdemokratie zu ändern, um es ihr zu ermöglichen, «sich in der gesamtschweizerischen Gemeinschaft zu integrieren».[1]
Es ist in der Tat faszinierend, das politische Leben des jungen Buchdruckers und Sozialisten seit 1905 zu verfolgen. Damals erfuhr er in Berlin zum ersten Mal die Entfremdung des handwerklichen Lohnarbeiters in einem kapitalistischen Grossbetrieb und tauchte gleichzeitig tief in das politische und kulturelle Leben der Berliner Arbeiterbewegung ein. Wie für viele andere war sie für ihn eine Bildungserfahrung, die es ihm ermöglichte, mit dem kautskyanisch ausbuchstabierten Marxismus ein (scheinbar) sicheres Fundament für sein Verständnis der proletarischen Lebenswelt und deren Veränderung zu gewinnen. Grimm motivierte diese Berliner Erfahrung, den Beruf eines hochqualifizierten Facharbeiters aufzugeben und seine Kraft als Funktionär und Politiker der sozialistischen Arbeiterbewegung in der Schweiz einzusetzen. Offensichtlich verband er grosse Hoffnungen mit dieser Entscheidung.
Die Erwartungen knüpften sich an das Erleben der deutschen Arbeiterbewegung, die in dem Jahrzehnt vor 1914 einen Höhepunkt ihrer fulminanten Ent-

1   McCarthy, Adolf: Robert Grimm. Der schweizerische Revolutionär, Bern 1989, S. 19. Vgl. ferner Voigt, Christian: Robert Grimm. Kämpfer, Arbeiterführer, Parlamentarier. Eine politische Biographie, Bern 1980, und zum Kontext der SPS die immer noch sehr brauchbare Arbeit von Hardmeier, Benno: Geschichte der sozialdemokratischen Ideen in der Schweiz (1920–1945), Winterthur 1958.

wicklung seit 1890 zur Massenbewegung erreichte, scheinbar unaufhaltsam auf dem Weg war, bei Wahlen zum Reichstag die Mehrheit zu gewinnen. Die Sozialdemokratische Partei Deutschlands (SPD) stellte mit Abstand die stärkste Partei in der 1889 gegründeten Zweiten Internationale und war mit ihrer Organisationskraft, Mobilisierungsfähigkeit und marxistischen Programmatik seit dem Erfurter Programm von 1891 in Vielem ein Vorbild auch für die schweizerische Sozialdemokratie.[2] Allerdings stürzte die deutsche Arbeiterbewegung seit 1914 in innere Spannungen, die weit tiefer reichten als in der Vorkriegszeit, in die politische Spaltung zwischen Sozialdemokraten und Kommunisten, aber auch in eine soziale Spaltung zwischen den Führungsgruppen und den infolge des Krieges pauperisierten Arbeitermassen. Das setzte die Bewegung einer über Jahrzehnte anhaltenden Identitätskrise aus. Den politischen Inhalt dieser Krise bildeten die Spannungen und Gegensätze zwischen Sozialismus und Demokratie.[3]

Die Leistungen und Grenzen im politischen Leben Grimms wurzeln darin, dass er als ein grundlegend internationalistisch denkender Sozialist in einer engen Beziehung zur deutschen Arbeiterbewegung in exemplarischer Weise jene Spannungen erlebte. Das soll in der folgenden Skizze nachgezeichnet werden in einem Blick auf Grimms Wahrnehmung und Bewertung des Handelns der deutschen Arbeiterbewegung in jenen politischen Konstellationen, die seine eingangs erwähnte Enttäuschung angeblich begründeten und die auch unabhängig von der Person Robert Grimm häufig mit dem Verdikt des «Versagens» der deutschen Sozialdemokratie belegt werden. Es handelt sich um ihr Verhalten im Ersten Weltkrieg, in der Revolution 1918–1920 und am Ende der Weimarer Republik. Es geht mir dabei nicht um eine biographische, sondern um eine kontextualisierende historische Lektüre einiger Texte Robert Grimms.[4] Zuvor aber einige Beobachtungen zu seinen persönlichen Beziehungen zu wichtigen Akteuren der deutschen Arbeiterbewegung.

Grimm war mit der Arbeiterbewegung in Deutschland als politischer und journalistischer Beobachter von aussen vertraut, seit seiner Berliner Zeit auch durch

2   Vgl. im Überblick Grebing, Helga: Geschichte der deutschen Arbeiterbewegung. Von der Revolution 1848 bis ins 21. Jahrhundert, Berlin 2007; Vuilleumier, Marc: Die Sozialdemokratische Partei der Schweiz und die Zweite Internationale, in: Solidarität, Widerspruch, Bewegung. 100 Jahre Sozialdemokratische Partei der Schweiz, hg. von der Sozialdemokratischen Partei der Schweiz durch Karl Lang et al., Zürich 1988, S. 113–149.
3   Dazu allgemein Wehler, Hans-Ulrich: Deutsche Gesellschaftsgeschichte, Bd. 4: Vom Beginn des Ersten Weltkrieges bis zur Gründung der beiden deutschen Staaten 1914–1949, München 2003.
4   Die Textgrundlage kann nur exemplarisch sein. Eine vertiefte Untersuchung müsste die *Berner Tagwacht* systematisch auswerten. Zu bibliographischen Angaben, soweit nicht explizit genannt, vgl. den *Bibliographischen Bericht* von Andreas Berz in diesem Band.

vielfältige persönliche Kontakte. In der Zeit als Basler Arbeitersekretär engagierte er sich im badischen Nachbarland im Reichstagswahlkampf 1907 für die SPD[5] und zwischen 1910 und 1912 publizierte er mehrere Aufsätze in der *Neuen Zeit*, der führenden Zeitschrift des europäischen Sozialismus unter der Leitung von Karl Kautsky. Diese stellte auch das Vorbild dar für die – noch wenig gewürdigte – Zeitschrift *Neues Leben* mit dem charakteristischen Untertitel *Monatsschrift für sozialistische Bildung*, die Grimm vom Januar 1915 bis August 1917 herausgab und zum Forum für seine Opposition gegen den Krieg ausbaute. Seit 1906 wurde er als schweizerischer Delegierter auf den Kongressen der Zweiten Internationale und seit 1912 als Mitglied im Internationalen Sozialistischen Büro, dem Leitungsorgan der Internationale, unter anderen mit den führenden Repräsentanten der deutschen Arbeiterbewegung persönlich bekannt. Im Alter von rund dreissig Jahren bewegte sich Grimm also schon vor dem Krieg im Kreis der Elite der europäischen Arbeiterbewegung. In der Organisation der Zimmerwalder Bewegung seit 1915 nutzte er das zielstrebig in der Kommunikation insbesondere mit Akteuren der innerparteilichen Opposition gegen den Burgfriedenskurs der Mehrheit in der Reichstagsfraktion der SPD. Grimm hatte zum Beispiel engen Kontakt mit Karl Liebknecht, Clara Zetkin, Bertha Thalheimer, Georg Ledebour, Ernst Meyer und auch Hugo Haase, einem der beiden Parteivorsitzenden der SPD bis März 1916. Alle spielten in der 1917 sich von der «alten» SPD abspaltenden (beziehungsweise aus dieser verdrängten) Unabhängigen Sozialdemokratischen Partei Deutschlands (USPD) wichtige Rollen, einige später auch in der Kommunistischen Partei Deutschlands (KPD). Die Nähe Grimms zu Positionen der USPD und dann des linken Flügels in der 1922 wiedervereinigten SPD sollte bis 1933 anhalten. Bezeichnend ist, dass er im Januar 1921 einen Artikel über die Ablehnung des Beitritts der Sozialdemokratischen Partei der Schweiz (SPS) zur Kommunistischen Internationale im Organ der USPD veröffentlichte.
Grimms Nähe zur deutschen Arbeiterbewegung verwandelte sich im August 1914 nicht nur in Enttäuschung, sondern auch in aktive Kritik. Im Gegensatz zu vielen Warnungen vor einem Krieg und trotz Antikriegsdemonstrationen im Juli 1914 stimmte die SPD im Reichstag am 4. August den Kriegskrediten zu und verhielt sich – wie die Gewerkschaftsführung – loyal zur Reichsregierung, die angeblich keinen Krieg wollte.[6] Durch selektive Information und Manipulation war es der Regierung gelungen, die Sozialdemokratie von der Legitimität

---

5   Diese Form der internationalistischen Nachbarschaftshilfe war auch später noch üblich. Der Basler Friedrich Schneider machte im Juli 1932 Wahlkampf für die SPD; vgl. Schneider, Friedrich: Lehren der deutschen Reichstagswahlen, in: Rote Revue 12 (1932/33), S. 1–6, hier S. 3.
6   Vgl. im Detail Miller, Susanne: Burgfrieden und Klassenkampf. Die deutsche Sozialdemokratie im Ersten Weltkrieg, Düsseldorf 1974; Groh, Dieter: Negative Integration und revolutionärer

des Krieges als Verteidigungskrieg gegen Russland zu überzeugen. Im «Burgfrieden» mit der Regierung und den bürgerlichen Parteien standen wichtige Repräsentanten von Partei und Gewerkschaften auch in den folgenden Jahren hinter der Reichsführung. Obwohl faktisch ohne Einfluss, wurde die SPD von einer Oppositions- zu einer staatstragenden Partei. Einen solchen «Burgfrieden» schlossen – mit Ausnahme der Bolschewiki – auch die anderen sozialdemokratischen Parteien in Europa, ebenso die SPS. Die Kluft zwischen dieser Loyalität nach Kriegsausbruch einerseits, der traditionellen Fundamentalopposition gegen die Klassengesellschaft und den früheren Antikriegsprotesten andererseits war aber im deutschen Fall besonders schockierend angesichts der deutschen Kriegsführung, der Verletzung der belgischen Neutralität sowie der bald einsetzenden annexionistischen Spekulationen, die auch Sozialdemokraten am rechten Flügel nicht fremd blieben. Die Sozialdemokraten wurden bald als «Regierungssozialisten», «Sozialpatrioten» oder «Sozialimperialisten» gebrandmarkt; in Abgrenzung davon nannten sich die Oppositionellen sehr bewusst «unabhängige Sozialdemokraten», welche die Tradition der ‹alten› SPD fortsetzen wollten.

In Kreisen der schweizerischen Arbeiterbewegung stiftete diese Konstellation eine tief wirkende, lange wirksame Entfremdung von der deutschen Arbeiterbewegung.[7] In den vormals engen Beziehungen breitete sich Misstrauen aus. Eben wegen der alten Verbindungen reisten der Parteivorsitzende Friedrich Ebert und sein Kassier, Otto Braun, am 31. Juli 1914 nach Zürich, um die Parteikasse in Sicherheit zu bringen, da die SPD bei Kriegsausbruch ihre Unterdrückung fürchtete (am Basler Bahnhof traf Grimm zufällig auf die beiden). Am 31. August 1914 reiste Braun – später preussischer Ministerpräsident und nach 1933 im schweizerischen Exil, wobei Grimm Ferienkontakte mit ihm unterhielt – zusammen mit einem weiteren Emissär erneut in die Schweiz, um im Auftrag des Parteivorstands und mit Unterstützung der deutschen Regierung um Verständnis für die Politik der SPD zu werben. Sie stiessen, wie Braun in seinem Tagebuch festhielt, bei den Schweizer Genossen auf grosse Verständnisschwierigkeiten und den «Verdacht, deutsche Chauvinisten geworden zu sein». Sie besuchten am 3. September auch Grimm, der sich sehr zugeknöpft verhielt. Laut Braun hatte sich bei ihm «offenbar der Gedanke festgesetzt, dass von Deutschland der Krieg gewollt und auch herbeigeführt worden sei».[8]

Attentismus. Die deutsche Sozialdemokratie am Vorabend des Ersten Weltkrieges, Frankfurt am Main 1973.

7 Das betont zu Recht Wichers, Hermann: Im Kampf gegen Hitler. Deutsche Sozialisten im Schweizer Exil 1933–1940, Zürich 1994, S. 94.

8 Vgl. Schulze, Hagen: Otto Braun oder Preussens demokratische Sendung. Eine Biographie, Frankfurt am Main 1977, S. 171–180, Zitate S. 179 f.

Otto Braun konnte ihn nicht von der Haltung der SPD-Führung überzeugen. Grimm stellte sich vielmehr auf die Seite der innerparteilichen Opposition in der SPD gegen den Burgfriedenskurs. Nach der grundsätzlichen Verweigerung von Karl Liebknecht schon im August 1914 formierte sich diese Opposition seit Frühjahr 1915 im Protest gegen das Leiden im Krieg, gegen die Verarmung als Kriegsfolge und vor allem gegen die annexionistischen Bestrebungen, die imperialistische Kriegsziele erkennen liessen. Letztere desavouierten im Kern die Legitimation des Krieges als Verteidigungskrieg, auf die sich die Parteiführung am 4. August gestützt hatte. Grimm machte als Redaktor die *Berner Tagwacht* zu einem Forum der Kriegskritik, nicht nur, aber besonders auch für deren deutsche Vertreter. Im September 1916 wurde diesen auf der sogenannten Reichskonferenz, einem Quasiparteitag der organisatorisch noch nicht getrennten gespaltenen SPD, der die Gegensätze klären sollte, vorgehalten, sie würden nur wiederholen, was man schon in der *Berner Tagwacht* gelesen habe; im selben Jahr wurde die Zeitung im Deutschen Reich verboten.[9]

Die Kritik am Krieg nahm schnell eine sehr grundsätzliche Schärfe an, nicht zuletzt in Texten von Robert Grimm. Im ersten Artikel seiner Zeitschrift *Neues Leben* griff er im Januar 1915 den Burgfrieden an, indem er ideologiekritisch die Nation als bürgerliches Herrschaftskonstrukt und damit die nationale, patriotische Loyalität im Krieg in Frage stellte. Das richtete sich sowohl gegen die grütlianischen Kräfte in der SPS, in zugespitzter Weise aber gegen die Politik der SPD. Diese bezeichnete er verächtlich als «Hausknecht des Imperialismus», der sich von der Arbeiterbewegung verabschiedet habe.[10] Das kommt Lenins Verdikt vom «Verrat» im September 1914 sehr nahe; es bleibt aber auffällig, dass Grimm, wenn ich recht sehe, dieses Wort immer vermieden hat. Im März 1915 setzte Grimm in einem weiteren Text, mit Verweis auf eine berühmte, den historisch gebildeten Sozialisten bekannte Formel aus der jakobinischen Phase der Französischen Revolution, seine Kritik in Aktion um. Der Titel *Wir müssen wagen!* zitierte ein Wort von Saint-Just, das damals den Angriff auf das Eigentum der Revolutionsfeinde, jetzt den Angriff auf den Burgfrieden meinte. Gewissermassen als Statthalter des «innersten Wesens» des Sozialismus, des Internationalismus, ging es Grimm um eine Wiederbelebung der Zweiten Internationale, die seit dem Kriegsausbruch in regierungsloyale nationale Parteien zerfallen war. Ausdrücklich nahm er eine Parteispaltung in Kauf, da eine «falsch verstandene Hochachtung vor der Parteieinheit» nur den «Interessen der Kriegführenden, den Feinden des Proletariats» nütze. Mit Blick auf die

---

9 Miller (wie Anm. 6), S. 140; McCarthy (wie Anm. 1), S. 98.
10 Grimm, Robert: Klassenkampf und Nation, in: Neues Leben, 1 (1915), S. 1–11, hier S. 10.

jeweiligen oppositionellen Kräfte sollte eine Initiative ergriffen werden für eine «rasche Beendigung» des Krieges und die Krise genutzt werden für die «Aufrüttelung des Volkes […], [um] dadurch die Beseitigung der kapitalistischen Klassenherrschaft zu beschleunigen». Das waren auch die Worte im Manifest des Basler Friedenskongresses der Zweiten Internationale im November 1912.[11] Sie stellten nun die Weichen für die Zimmerwalder Bewegung, mit der Grimm unter anderem in der Kooperation mit Georg Ledebour die Rekonstruktion der sozialdemokratischen Internationale verfolgte, gegen den Kurs Lenins, der auf eine neue, die spätere kommunistische Internationale drängte und die oppositionellen Gruppen ausrichten wollte auf die Umwandlung des Krieges in einen Bürgerkrieg.[12] Mit diesen Zielen scheiterte die Zimmerwalder Bewegung, trug aber zur Vertiefung und Radikalisierung der Kritik des Krieges bei. In der SPS mündete das auf dem Parteitag 1917 in die Verweigerung der militärischen Landesverteidigung, in Deutschland seit 1917 in massive Streikbewegungen und die Bildung handlungsfähiger oppositioneller Gruppen in der USPD und in den Gewerkschaften.

Der Krieg endete auf deutscher Seite in massenhafter Zerstörung von Menschenleben, Hunger und Not, in der militärischen Erschöpfung, seit dem 3. November 1918 in einer Aufstandsbewegung und schliesslich am 9. November im Zusammenbruch der Monarchie. Das war eine politische Revolution, aus der 1919 die Weimarer Republik hervorging. Damit wurde die im Krieg loyale «Mehrheitssozialdemokratie» (MSPD) zur stärksten und staatstragenden Regierungspartei in einer Koalition mit der katholischen Zentrumspartei und der linksliberalen Deutschen Demokratischen Partei. Die MSPD war herausgefordert zu einer «sozialistischen» Neuordnung von Staat und Gesellschaft in einer Demokratie, allerdings ohne eigene Mehrheit. Dadurch spitzten sich die Spannungen zwischen Demokratie und Sozialismus zu, die 1919/20 zu bürgerkriegsähnlichen Auseinandersetzungen innerhalb der Arbeiterbewegung eskalierten. In Zusammenarbeit mit der Armeeführung und mit der korporatistischen Zentralen Arbeitsgemeinschaft von Grossunternehmen und Gewerkschaftsführung bekämpfte die sozialdemokratisch geführte Koalitionsregierung Massenstreiks sowie kommunistische und syndikalistische Aufstände und Bewegungen. Die Verhinderung von «Chaos» (mit der Gefahr einer Fortsetzung des ‹äusseren› Krieges) war die entscheidende Begründung für diese Politik. Unter diesen Bedingungen vertiefte sich die im Krieg entstandene politische und soziale Spal-

---

11 Grimm, Robert: Wir müssen wagen!» in: Neues Leben 1 (1915), H. 3, S. 65–70, Zitate S. 65, 70, 68; vgl. Degen, Bernard: Krieg dem Kriege! Der Basler Friedenskongress der Sozialistischen Internationale von 1912, Basel 1990.
12 Vgl. McCarthy (wie Anm. 1), S. 90–131; Miller (wie Anm. 6), S. 114–133.

tung der deutschen Arbeiterbewegung. Die USPD entwickelte sich 1920 zu einer an Mitgliedern und Wählern bald annähernd ebenso starken Partei wie die MSPD. Im Zwang zur Entscheidung über den Beitritt zur Kommunistischen Internationale brach sie allerdings im Oktober 1920 auseinander und ermöglichte so die Bildung einer (relativen) kommunistischen Massenpartei. Im Oktober 1922 vereinigte sich die verbliebene Rest-USPD wieder mit der MSPD und stellte innerhalb der SPD den linken Flügel.[13]
Die Massenproteste und revolutionären Bewegungen in Deutschland waren Teil eines europäischen Aufruhrs als Folge des Krieges. Ihre deutschen Anfänge hat Robert Grimm bei der Verteidigung des schweizerischen Landesstreiks in seiner Rede im Nationalrat am 13. November 1918 als Zeichen eines revolutionären Umbruchs verstanden.[14] Offensichtlich stand er der USPD nahe, nicht nur infolge der persönlichen Beziehungen mit Politikern dieser Partei in den Kriegsjahren. Das von Grimm mit geschriebene «radikale» Programm der SPS von 1920 zeigt in den zentralen Zügen deutliche Parallelen zum Selbstverständnis der USPD. Diese wollte den Massenprotesten und Streiks nach dem Krieg unter der Flagge der Sozialisierung und Rätedemokratie eine politische Richtung weisen, wobei die «Räte» – wie im SPS-Programm – als Form der durch eine Mehrheit legitimierten «Diktatur des Proletariats» verstanden wurden. Grimm musste allerdings mit dem Scheitern der USPD leben, bei fortgesetztem Misstrauen gegen die wiedervereinigte Weimarer SPD. Sie war die am Ende einsame staatstragende Partei der Republik, zugleich gegenüber der KPD die grössere Partei der Arbeiterklasse. Grimm wertete jene Funktion gering, weil die Arbeiterpartei immer eine Kampfpartei im Klassenkampf sein sollte. Im Jahr 1926, als er für den Beitritt der SPS zur nichtkommunistischen Sozialistischen Arbeiter-Internationale warb, sah er das gerechtfertigt, weil die nationalen Parteien dieser Internationale sich seit Kriegsende gewandelt hätten. Nur in der SPD fand er noch «eine starke Neigung zur Burgfriedenspolitik und zum Ministerialismus», aber «erfreulicherweise» auch eine wachsende Opposition am linken Flügel aufgrund der schlechten Erfahrungen mit der Regierungsbeteiligung.[15] Die Tragödie der deutschen Revolution beschäftigte ihn weiterhin. Zum zehnten Jahrestag

---

13 Zur Revolution und Weimarer Arbeiterbewegung vgl. ausführlich die dreibändige Darstellung von Winkler, Heinrich August: Von der Revolution zur Stabilisierung. Arbeiter und Arbeiterbewegung in der Weimarer Republik 1918 bis 1924, Berlin 1984; ders.: Der Schein der Normalität. Arbeiter und Arbeiterbewegung in der Weimarer Republik 1924 bis 1930, Berlin 1985; ders.: Der Weg in die Katastrophe. Arbeiter und Arbeiterbewegung in der Weimarer Republik 1930 bis 1933, Berlin 1987.
14 Vgl. den Text der Rede bei McCarthy (wie Anm. 1), S. 334–346, besonders S. 338 und 343.
15 Grimm, Robert: Der Beitritt zur Internationale, in: Rote Revue 6 (1926/27), S. 1–11, hier S. 9.

der Ermordung von Karl Liebknecht und Rosa Luxemburg gedachte er dieser nicht als Märtyrer des Kommunismus, sondern als «Symbol» für die kommenden Kämpfe und erinnerte die Ereignisse von 1918–1920 als «eine jener schweren Zwangslagen, wo die Arbeiterschaft noch zu schwach war, den Kampf siegreich zu bestehen, ihn aber doch führen musste, weil er die Vorbedingung für den weiteren Aufstieg, selbst nach einer Niederlage, bildet. Auch eine Niederlage kann die Vorbedingung eines Erfolges sein, wenn aus ihr ein gemeinsamer Wille und die Solidarität hervorgehen.»[16]

Das Stichwort «Zwangslagen» grundiert auch die Überlegungen Grimms zum Untergang der deutschen Arbeiterbewegung 1932/33. Im Frühjahr 1933, als sich in weiten Teilen der SPS eine «ausgesprochene Panikstimmung» ausbreitete,[17] lenkte er den Blick nicht nur auf die «Fehler» der SPD, sondern auf die strukturellen Grenzen der Arbeiterbewegung in Deutschland, um sich zu erklären, warum ausgerechnet in der schwersten Krise des Kapitalismus nicht die Linke, sondern die Rechte triumphierte. Abgesehen von den «unbestreitbaren Fehlern» wie den Versäumnissen in der Revolution 1918–1920, schrieb er im Mai 1933, liege die Erklärung für den Aufstieg des Nationalsozialismus in dem Umstand, «dass die Mehrheit des deutschen Volkes das Zutrauen zum deutschen Kapitalismus verloren hatte und anderseits kein Vertrauen zum deutschen Sozialismus haben konnte, weil ideologisch und machtpolitisch, trotz der Revolution und trotz des Umfanges der deutschen Arbeiterbewegung, die Voraussetzungen seiner Verwirklichung noch nicht bestanden».[18]

Schon im Herbst 1932 legte Grimm in zwei Texten eine solche Erklärung vor. Dabei handelt es um die argumentativ deckungsgleichen, nur rhetorisch unterschiedlichen Ausführungen über *Revolution und Konter-Revolution in Deutschland* in einer Rede vor einer Massenversammlung bernischer Arbeiter am 8. September 1932 und in dem Beitrag *Das Ende der deutschen Demokratie* im Oktoberheft der *Roten Revue*.[19] Es sind Texte von wuchtiger Intensität und Kohärenz, in denen Grimm weit ausholend einen notwendigen historischen

---

16 Rosa Luxemburg, Karl Liebknecht. Zum 10. Jahrestag ihrer Ermordung: 15. Januar 1919, in: Berner Tagwacht, 16. Januar 1929 (Referat der Rede Grimms).
17 So Grimm im Parteivorstand, vgl. Wichers (wie Anm. 7), S. 91.
18 Grimm, Robert: Nach dem Parteitag, in: Rote Revue 12 (1932/33), S. 281–286, hier S. 283. Zu den Auseinandersetzungen in Deutschland über die «Fehler» der SPD vgl. Ulrich, Sebastian: Der Weimar-Komplex. Das Scheitern der ersten deutschen Demokratie und die politische Kultur der frühen Bundesrepublik 1949–1959, Göttingen 2009, S. 39–79, über die Kontroversen in den 1930er Jahren.
19 Grimm, Robert: Revolution und Konter-Revolution in Deutschland. Eine Rede, Bern 1932 (zum Ort vgl. S. 66); ders.: Das Ende der deutschen Demokratie, in: Rote Revue 12 (1932/33), S. 41–51. Alle folgenden Zitate stammen aus diesen beiden Texten.

Prozess nachzeichnet und auch frühere Bewertungen korrigiert. Die deutsche Arbeiterbewegung wird eingeordnet in die Zeit der imperialistischen Hochindustrialisierung seit dem späten 19.Jahrhundert, in der sie zur Massenbewegung wuchs. Sie folgte dem «Gesetz der Grösse», wandelte sich von einer revolutionären zu einer «revisionistischen» Bewegung, die einer «konservativen Linie» folgte und in ihrem Alltag das «Endziel» aus den Augen verlor; nur der alte Bebel habe bis zu seinem Tod 1913 noch den «Schein» einer revolutionären Politik zur Verhinderung des Krieges erweckt. Die Politik des 4. August wurzelte aber nicht im Versagen von Personen, sondern in einem «objektiven Zustand» und einer von der Regierung manipulierten «Kriegspsychose».

Grimm zeichnet in diesen Texten eine deutsche Arbeiterbewegung, die spätestens seit der Jahrhundertwende keinen revolutionären Willen mehr besass, aber mit der gewerkschaftlichen Organisation «Grosses» im Arbeitsrecht und in der Verbesserung der Lebenslage der Arbeiterklasse geschaffen habe. Die deutsche Revolution sei in Wirklichkeit keine Revolution gewesen, sondern eine blosse Begleiterscheinung des militärischen und ökonomischen Zusammenbruchs. Von einem vollständigen «Versagen» der Regierungs-SPD will Grimm zunächst dennoch nicht sprechen. Denn die Pseudorevolution habe doch drei Hauptaufgaben erfüllt: die «Meisterung des Chaos, die Durchführung des Waffenstillstandes und die Einführung von Volksrechten». Ausdrücklich weist er den «Vorwurf» zurück, dass die unterlassene sofortige Sozialisierung der Produktionsmittel ein Versagen gewesen sei, denn angesichts der nationalen wie internationalen wirtschaftlichen Zwangslagen sei das unrealistisch gewesen. Das stellte eine stillschweigende Verabschiedung von der Politik der USPD dar, der Grimm nahegestanden hatte; auch das Stichwort «Rätedemokratie» fiel nicht mehr.

Einem resignativen Verständnis der Revolution setzt Grimm jedoch eine moralische und politische Grenze. Der fehlende revolutionäre Wille habe nämlich gegen «das erste Gebot revolutionären Handelns» verstossen: die «Abrechnung» mit der «ganzen Bande» der für den Krieg Verantwortlichen, mit den alten Eliten des Kaiserreichs, den Grossgrundbesitzern, Schwerindustriellen, Militärs und Monarchisten. Den Grund dafür sah er nicht in der Psychologie, sondern im Verständnis der Demokratie von deutschen Sozialdemokraten. Demokratie habe ihnen als «etwas Absolutes» gegolten und sie seien «in der Tradition der bürgerlichen Revolution befangen» geblieben. Darin lag für Grimm der «tragische Irrtum der deutschen Revolution». Offensichtlich operierte er 1932 wieder mit der Formel von der «Diktatur des Proletariats», allerdings ohne das Wort zu benutzen. In der Kennzeichnung der Unterlassungen bei der nötigen Abrechnung mit den alten Eliten war er allerdings sehr deutlich: Unterblieben seien die Verweigerung der Rechtsgleichheit für die

Repräsentanten des alten Systems, die Konfiskation ihres Privatvermögens und die Säuberung des Staatsapparates.

Unverkennbar steckt in diesen Texten trotz der Kritik am sozialdemokratischen Demokratieverständnis der Zorn über das Ende der deutschen Demokratie. Dieses war für Grimm im Herbst 1932 besiegelt. Die Konterrevolution hatte 1932 mit der Entlassung Brünings am 30. Mai und dem «Preussenschlag» am 20. Juli, das heisst mit der Absetzung der preussischen, sozialdemokratisch geführten Regierung definitiv gesiegt. Die Wurzeln dieser Konterrevolution lagen für ihn klar in der «ausgebliebenen» Revolution 1918, die die Kontinuität der alten Eliten ermöglichte und zur Folge hatte, dass der Sozialdemokratie alle aussenpolitischen Belastungen der Republik, die Liquidation des Krieges aufgebürdet wurden. Die Arbeiterschaft aber habe ein Verständnis für diese Verantwortlichkeiten mehr und mehr verloren. Die alten Eliten hatten in seinen Augen jene «Entschlossenheit» einer rücksichtslosen Klassenpolitik praktiziert, die der Arbeiterbewegung 1918 fehlte. Auch die nationalsozialistische Bewegung, die «lumpenproletarische» NSDAP, zeichnet Grimm als «Werkzeug» der Junker und Schwerindustriellen, Hitler als eine «eitle, geistig uninteressante Figur», die von den Sozialdemokraten überschätzt werde.

Grimms Rückblick auf die deutsche Arbeiterbewegung ist natürlich keine abgewogene akademische Analyse, sondern die kritische und polemische Verarbeitung einer politischen Lebenserfahrung. So gelesen sticht die zentrale Bedeutung des Krieges und der Kriegsfolgen für seine Wahrnehmungen und Bewertungen hervor. Nicht zu übersehen sind auch problematische Seiten und offene Flanken. Seine Sensibilität für die Probleme der Demokratie in Deutschland war nur schwach ausgeprägt, so dass er kaum einen Blick für die Leistungen des Weimarer Sozialstaates bekam. Mit Schweigen überging er ferner die praktischen Folgen der politischen Spaltung der Arbeiterbewegung in Sozialdemokraten und Kommunisten. Die Überwindung dieser Spaltung, die «Einheit», war für Grimm – anders als für die Austromarxisten – anscheinend kein Problem. Den Kommunismus hat er historisch und geographisch auf ein russisches Problem reduziert und die Kommunisten im Westen wohl politisch nicht ernst genommen, sondern als «häufig genug rabiate, wild gewordene Spiessbürger» moralisch marginalisiert.[20] In seinen Texten finden sich auffallenderweise keine genaueren Bemerkungen über das Wachstum der KPD, die nicht nur ein Instrument der Kommunistischen Internationale, sondern – in der grossen Fluktuation ihrer Mitglieder und Wähler – immer auch das Vehikel für radikale Proteststimmun-

---

20 Grimm, Robert: Geschichte der sozialistischen Ideen in der Schweiz, Zürich 1978, S. 237–248, Zitat S. 238.

gen in der Arbeiterschaft bildete. Das Erbe von Rosa Luxemburg grenzte er, wie erwähnt, ausdrücklich von der KPD ab.

Gleichwohl: Das Gewicht und die Schärfe der historischen Diagnose Grimms beim Sieg der Konterrevolution 1932 gewinnt zusätzliches Profil, wenn man sie vergleicht mit einem Beitrag von Friedrich Schneider in der *Roten Revue* vom September 1932. Schneider hatte im Juli 1932 als Redner im Reichstagswahlkampf für die SPD mitgekämpft. Seinen Bericht stellte er unter ein Motto von Otto Bauer, der 1931 einmal auf die «kriegerischen Tugenden der deutschen Arbeiter» im Kampf gegen den Faschismus gehofft hatte. Seine Wahlkampferfahrungen stimmten Schneider erwartungsvoll, dass es der SPD gelingen werde, in einer ausserparlamentarischen Aktion den Durchmarsch Hitlers an die Macht zu verhindern. Schneider evozierte den Mythos der Organisation und Disziplin der deutschen Arbeiterbewegung. Diese habe dem Nationalsozialismus «eines voraus: die kompakte, von einem einheitlichen Interesse geleitete Masse, die geschlossene Organisation und die sozialistische Weltanschauung».[21] Von dieser Illusion und von Widerstand war bei Grimm nicht mehr unmittelbar die Rede. Er sah eher eine «wehrlose und entkräftete» Arbeiterschaft und Arbeiterbewegung angesichts der Konterrevolution, hoffte aber im dialektischen Umkehrschluss (mit nichts als einem passenden Marx-Zitat), dass die erfolgreiche Konterrevolution wiederum ihren Gegner produziere. In diesem Kampf werde dann die Arbeiterbewegung ihre «Reife» erringen, und eine Alternative dazu gebe es nicht, «es sei denn der Weg des Untergangs».[22] Ratschläge wollte er der deutschen Arbeiterbewegung keine erteilen, denn die deutschen Erfahrungen seien «viel zu ernst». In Deutschland handle es sich um «geschichtliche Vorgänge von grösster Tragweite», die er den Genossen in der *Roten Revue* zum «ernsthaftesten Studium» empfahl.[23] Hier hat wohl schon der grosse, lernfähige politische Realist Grimm gesprochen, der die Aussichtslosigkeit des Widerstandes 1932/33 erkannte und wusste beziehungsweise gerade auch von den deutschen Verhältnissen lernte, dass die Sozialdemokratie keine Partei des Bürgerkriegs war.[24]

Das war erst der Beginn seines Weges zu einer neuen Politik der SPS 1935/36, zur nationalen Integration in die bürgerliche Demokratie der Schweiz. Dieser Weg erfolgte unter dem Druck der NS-Diktatur. Grimm hat die Bedrohung der Schweiz sehr ernst genommen und hoffte auf die Selbstbehauptung

---

21 Schneider (wie Anm. 5), Lehren, S. 1, 4.
22 Grimm, Revolution (wie Anm. 19), S. 65, 69.
23 Grimm, Ende (wie Anm. 19), S. 51.
24 Dazu allgemein Winkler, Heinrich August: Demokratie oder Bürgerkrieg. Die russische Oktoberrevolution als Problem der deutschen Sozialdemokraten und französischen Sozialisten, in: Vierteljahrshefte für Zeitgeschichte 47 (1999), S. 1–25.

und Verteidigung der Demokratie im Bündnis mit Teilen des Bürgertums. Von Deutschland aus betrachtet war das eine stillschweigende Annäherung an die Grundposition der Weimarer Sozialdemokratie, an ihren Versuch, die erste deutsche Demokratie auf das Bündnis von Arbeiterklasse, Sozialkatholizismus und liberalem Bürgertum zu gründen. Glücklicherweise ist der Schweizer Versuch besser ausgegangen als der deutsche.

«Der Sozi-Mann»

Ehen und Lieben eines Arbeiterführers

Caroline Arni

> «Gerne hätte man etwas mehr über Grimm als Familienvater vernommen.»
>
> Edgar Bonjour

Im Dezember 1912 schreibt die *Schweizer Holzarbeiter-Zeitung* eine «Preisfrage für Arbeiterfrauen» aus.[1] Formuliert ist sie als die Anfrage einer seit kurzem verheirateten Frau, die sich über die häufige Abwesenheit ihres gewerkschaftlich organisierten Ehemannes beklagt: «fast jeden Abend» laufe er in eine Sitzung, während sie zu Hause «Trübsal blasen» müsse: «Ist da wirklich nichts zu machen?» In der Folge erscheint in der *Holzarbeiter-Zeitung* eine Serie von Zuschriften, und im Nachlass von Fritz Brupbacher findet sich ein Couvert mit der Aufschrift «Wie der Sozi-Mann sein soll!», in dem weitere, nicht publizierte Briefe liegen.[2]

Einige Schreiberinnen berichten von pragmatischen Lösungen im Kampf um Zeit und Energie des organisierten Ehemannes: der «jung verheiratete» Mann etwa solle «nach der Sitzung schon nachhause gehen», ohne sich dem «Schoppen» im Wirtshaus anzuschliessen; und wenn er doch spät nachhause komme, «so soll er so leise wie möglich sein Bett aufsuchen».[3] Hin und wieder ertönt der Ruf nach einem massvollen männlichen Engagement: «Ein Sozi-Mann», schreibt eine Korrespondentin, «soll in allererster Linie den Verein, den er selbst gegründet hat (FamilienVerein), dessen Vorstand er gerne ist, in allen Dingen hochhalten.»[4] Meistens aber wird grundsätzlich argumentiert: Die politische Arbeit werde für die Familie dann nicht zum Problem, wenn der Ehemann seine Frau an seinem Engagement teilhaben lasse und diese ihrerseits sich für den

---

1 Schweizer Holzarbeiter-Zeitung, Jg. 7, H. 51, 21. Dezember 1912.
2 Nachlass Fritz Brupbacher, Schweizerisches Sozialarchiv, Zürich (SozArch), Ar 101.60.9 (diverse Notizen).
3 Zuschrift J. Sch., o. D., in: Schweizer Holzarbeiter-Zeitung, Jg. 8, H. 4, 25. Januar 1913; Zuschrift Käte Vollweider, o. D., in: Nachlass Fritz Brupbacher, SozArch, Ar 101.60.9 (diverse Notizen).
4 Zuschrift Käte Vollweider, o. D., in: Nachlass Fritz Brupbacher, SozArch, Ar 101.60.9 (diverse Notizen).

Kampf interessiere, der letztlich im Interesse ebendieser Familie ausgefochten werde. Die Verantwortung für die Vereinbarkeit von politischer Arbeit und familiären Pflichten fällt in dieser Perspektive beiden Geschlechtern zu – und so zeichnen die meisten Zuschriften weniger die Konturen des «Sozi-Mannes» als vielmehr diejenigen einer Gefährtenschaft, die dazu führen soll, dass die Frau dem Mann die Zeit nicht neidet, die ihr durch seine politische Arbeit abgeht.

Eine eheliche Gefährtenschaft im Dienst der sozialistischen Sache schwebte auch Robert Grimm vor, als er sich 1908 mit Rosa Reichesberg verheiratete. Allerdings waren die Rollen anders besetzt als im Bild der Arbeiterfamilie, das die Zuschriften an die *Holzarbeiter-Zeitung* zeichnen: Ist dort der gute sozialistische Ehemann der politische Lehrmeister seiner unwissenden Frau, die er «aufklären» muss,[5] der er «alle wichtigen und lehrreichen Abschnitte in den Zeitungen blau» anzeichnet und jeweils morgens «einiges aus ihren [der Genossen] Verhandlungen» erzählt,[6] so verlief das Bildungsgefälle in der Ehe von Robert und Rosa Grimm umgekehrt.

Der Revolutionär sucht eine Gefährtin – die Ehe mit Rosa Reichesberg

In der russischen Emigrantengemeinde Berns begegnete Robert Grimm Rosa Reichesberg, geborene Schlain, einer im theoretischen Marxismus wie im bildungsbürgerlichen Kanon bewanderten Intellektuellen aus russisch-jüdischem bürgerlichem Haus. Am 28. März 1908 heirateten die beiden in London; im Herbst desselben Jahres kam der Sohn Bruno Angelo, zwei Jahre später die Tochter Jenny zur Welt.[7] Wer sich mit dieser Ehe beschäftigt, trifft rasch auf die Interpretation, dass hier zwei «stürmische» und «leidenschaftliche Naturen»,[8]

---

5   So unter anderem in der Zuschrift von Frau H., Arbon, 13. Januar 1913, in: Nachlass Fritz Brupbacher, SozArch, Ar 101.60.9 (diverse Notizen).
6   Zuschrift Elise Fischer, Kempten, o. D., in: Nachlass Fritz Brupbacher, SozArch, Ar 101.60.9 (diverse Notizen).
7   Vgl. für Biographisches zu Rosa und Robert Grimm: Studer, Brigitte: Rosa Grimm (1975–1955): Als Frau in der Politik und Arbeiterbewegung – Die Grenzen des weiblichen Geschlechts, in: Auf den Spuren weiblicher Vergangenheit, Beiträge der 4. Schweizerischen Historikerinnentagung, hg. von der Arbeitsgruppe Frauengeschichte Basel, Zürich 1988, S. 163–182; Degen, Bernard: Robert Grimm (1881–1958). Ein pragmatischer Schweizer Marxist, in: Dankelmann, Otfried (Hg.): Lebensbilder europäischer Sozialdemokraten des 20. Jahrhunderts, Wien 1995, S. 187–201; McCarthy, Adolf: Robert Grimm. Der schweizerische Revolutionär, Bern, Stuttgart 1989; Voigt, Christian: Robert Grimm. Kämpfer, Arbeiterführer, Parlamentarier. Eine politische Biographie, Bern 1980.
8   McCarthy (wie Anm. 7), S. 64.

aber auch zwei unvereinbare Charaktere aufeinandergestossen seien: Robert Grimm gilt als «roter Patriarch», der die Ehe mit einer «starken Frau» nicht ausgehalten habe, die ihrerseits «ihrer Zeit voraus» und ausserdem «schwierig» gewesen sei.[9] Tatsächlich wurde die Ehe 1916 in einer Konventionalscheidung am Berner Amtsgericht wegen «tiefe[r] Zerrüttung» aufgelöst; nach vorgängiger Vereinbarung zwischen den Eltern wurden die beiden Kinder zunächst Rosa Grimm zugesprochen. Was aber heisst das, wenn einer eine Frau nicht «aushält»? Vor Jahren bin ich im Staatsarchiv Bern auf die Akten der Ehescheidung von Robert und Rosa Grimm gestossen. In der Stille des Lesesaals lag vor mir das mit «Grimm» beschriftete Dossier und ich erinnere mich gut an die Aufregung, die leichte Nervosität, die gespannte Erwartung, mit der ich das Aktenbündel öffnete, und auch an die leise Enttäuschung: Das Dossier war ausgesprochen dünn. Sein Inhalt aber war aussergewöhnlich – nicht nur, weil es sich um die Scheidung eines berühmten Paares handelte, sondern vor allem deshalb, weil Robert und Rosa Grimm nicht andere für sich sprechen liessen. In der Form von Briefen an ihre Anwälte trugen sie dem Gericht die Geschichte ihrer Ehe vor. Wenngleich jede Äusserung von Eheleuten vor dem Scheidungsgericht ein Erzählen der Ehegeschichte darstellt, so hatte ich mit dem Brief Robert Grimms eine in sich geschlossene Erzählung vor mir und mit dem Brief Rosa Grimms eine Entgegnung auf diese Erzählung.[10]

Es sind dies zwei einander direkt entgegengesetzte Schilderungen, und als solche sind sie eigentliche Akte der Trennung, einig nur in der Darstellung der Beziehungsform, die man einst gemeinsam in die Zukunft entworfen hatte: Eine «intime Freundschaft» nennt es Rosa Grimm und meint ein beständiges Teilen von Gedanken, Eindrücken, geschriebenen Zeilen.[11] Eine «Lebensgefährtenschaft» heisst es Robert Grimm und er bezeichnet damit «ein Leben gemeinsamer geistiger Beziehungen und praktischer Arbeit» im Dienste der «Bewegung».[12] Mit anderen Worten: eine Beziehung nach dem Bild der sozialis-

9 Vgl. zu diesen Deutungen Frei, Annette: Rote Patriarchen. Arbeiterbewegung und Frauenemanzipation in der Schweiz um 1900, Zürich 1987, S. 60 f.; Studer, Brigitte: Rosa Grimm. Ein Leben in der schweizerischen Arbeiterbewegung, Lizentiatsarbeit, Universität Freiburg 1982, S. 12–15; McCarthy (wie Anm. 7), S. 64 und 141 f.; Witzig, Heidi: Polenta und Paradeplatz. Regionales Alltagsleben auf dem Weg zur modernen Schweiz, 1880–1914, Zürich 2000, S. 265–269.
10 Die folgende Darstellung der Ehe zwischen Robert und Rosa Grimm ist meinen verschiedenen bereits publizierten Arbeiten zum Thema entnommen, daraus greife ich einige wenige Aspekte heraus. Die umfassendste Darstellung ist Kapitel 5 in Arni, Caroline: Entzweiungen. Die Krise der Ehe um 1900, Köln 2004.
11 Dieses und die weiteren Zitate von Rosa Grimm stammen aus dem Brief Rosa Grimms an Boris Lifschitz, 14. Oktober 1916, zitiert in Klageantwort Rosa Grimm, 15. November 1916, Staatsarchiv Bern (StABE), Bez. Bern B 3457, 167/16.
12 Dieses und die weiteren Zitate von Robert Grimm stammen aus dem Brief Robert Grimms an

tischen und feministischen Kritik am bürgerlichen Ehemodell, eine Beziehung, die keine ehemännliche Vorherrschaft kennt und keine Trennung zwischen dem öffentlichen Draussen des Berufsmanns und dem privaten Drinnen der Hausfrau und Gattin, eine Beziehung, in der sich Frau und Mann als Ebenbürtige begegnen und Hand in Hand, als «Gefährten», ihr gemeinsames Leben der Sache widmen.

Vor dem Scheidungsgericht bekräftigt und verteidigt Rosa Grimm diesen Entwurf, indem sie die Praxis am Vorhaben misst und die Entzweiung dem Unvermögen Robert Grimms zuschreibt, auf eine Weise zu «lieben», die einer solchen Ehe entsprechen würde: Ihr Mann, schreibt sie, kenne «wohl Leidenschaft, aber keine Liebe […]. Als Beweis, er habe keinen intimen Freund.» Anders als die Liebe kann Leidenschaft kein Verhältnis zweier Personen begründen, die sich ihrer Persönlichkeit wegen zugetan sind – genau das aber ist in Rosa Grimms Augen die Voraussetzung für Freundschaft. Damit fiel weg, was sich Rosa Grimm von einer Ehe als «Freundschaft» versprochen hatte: eine Beziehung, welche die Frau als individuelle Persönlichkeit und nicht nur als Gattungswesen respektive Gattin und Mutter ernst nimmt. In einer Geschlechterordnung, die den Frauen solches versagte – unter «Berufung auf den Naturberuf der Frau, wonach sie Haushälterin und Kinderwärterin sein soll», wie es August Bebel formulierte –, war das alles andere als trivial.[13] Als sie dieses Versprechen als uneingelöst erkannte, machte die Ehe für Rosa Grimm keinen Sinn mehr – während sie an der Geltung des ursprünglichen Entwurfes festhielt.

Robert Grimms Erzählung ist demgegenüber ein doppelter Befreiungsschlag: zum einen aus der emotionalen Verbundenheit, die ein Liebesverhältnis grundsätzlich begründet, zum andern aus dem, was ihm dieses spezifische Liebesverhältnis einst attraktiv erscheinen liess: die Bindung an eine Frau, deren «Intelligenz und Fähigkeiten» er gerade deshalb «ausserordentlich hoch» schätzte, weil ihm selbst «eine andere als die Volksschulbildung […] versagt gewesen» war und er doch in seiner «Stellung in der Arbeiterbewegung» mehr brauchte als nur «Idealismus». Denn zugleich schreibt er, es sei damals ein «Gefühl des Mitleids» gewesen, das ihn «erfüllt» habe, «ein menschliches Empfinden für eine unglückliche Person».[14] Mit dem unpersönlichen Gefühl des «Mitleids» banalisiert Robert Grimm nicht nur die ursprüngliche emotionale Verbundenheit. Er bringt auch die Persönlichkeit Rosa Grimms und was diese auszeichnet – ihre intellektuellen

---

Roland Brüstlein, 8. Oktober 1916, zitiert in Klageschrift Robert Grimm, 11. Oktober 1916, StABE, Bez. Bern B 3457, 167/16.
13 Bebel, August: Frau und Sozialismus, Bonn 1994 [1879], S. 233.
14 Rosa Grimm litt zum Zeitpunkt der Begegnung mit Robert Grimm, so lässt sich den Schilderungen entnehmen, unter der Scheidung ihrer ersten Ehe mit Jovel Reichesberg.

Fähigkeiten – zum Verschwinden und schreibt sich buchstäblich aus der intellektuellen Abhängigkeit heraus, die am Anfang der Ehe gestanden hatte.

Damit reagiert Robert Grimm auf veränderte Verhältnisse: Nicht länger der bildungshungrige Arbeiter, der für sein Fortkommen vom intellektuellen Vorsprung seiner Frau profitierte, war ihm Rosa Grimm, die zunehmend mit feurigen und rhetorisch brillanten Reden auf sich aufmerksam machte, 1916 zur Rivalin geworden. Und aus dieser Perspektive zeichnet er ihr Bildungsgut in einem anderen Licht: «Inzwischen ward ich selbständiger im Denken wie im Urteil. Ich war nicht mehr der junge, naive Arbeiter, dem schon die Tatsache der höheren Bildung zu imponieren vermag. Es kam auch darauf an, wie man mit seinem Pfund wucherte und in dem Masse als ich ein eigen Urteil mir gewann, mehrten sich die Differenzen.» Diese Darstellung verkehrt die ursprünglichen Verhältnisse: War Robert Grimm einst der «junge» und «naive» Arbeiter, der sich vom Bildungsgut seiner Gefährtin beeindrucken liess, so ist er jetzt derjenige, der den tatsächlichen Wert dieses Bildungsgutes objektiv beurteilen kann und erkennt, dass das «Pfund» so viel Wert nicht hat, wie er einst dachte.

Robert Grimm stellt so in seiner Erzählung eine intellektuelle Überlegenheit her, die für das Bild des Mannes in der Moderne so existenziell ist wie emotionale Unabhängigkeit[15] und die in den Zuschriften auf die Preisfrage in der *Holzarbeiter-Zeitung* so eindrücklich bestätigt wird. Zum Ausdruck kommt dies übrigens auch in Robert Grimms Entwurf für Memoiren (die er nie niederschreiben sollte): Für die Jahre 1909–1918 notiert er: «[...] Selbstbildung. Mangel der intelektuellen [sic] Schulung. Hungrig nach Studium. Schon in Basel. Vorlesungen, Bern erweitert. Voller Jugend in den Kampf. Arbeiter schien fehlerlos. Angesichts der Zustände hatte er scheinbar immer recht. Diese Einstellung eine Reihe von Prozessen zur Folge. Arbeiterbewegung mählicher Aufstieg. Damals noch Majorz im Kanton und im Bund. Unbekümmert die Agitation, auch wenn aussichtsloses Ergebnis. Überzeugung. Vergleich mit Mentalität meiner Eltern. Nachweis der Erfolge. Anstrengungen für sozialistische Bildung. Bildungsausschuss, Vorträge, Massenversammlungen, Broschüren. Überblick. ‹Neues Leben›. Aufstieg der Bewegung. Zahlenmaterial.»[16] Bezieht Robert Grimm Bio-

---

15 Vgl. zu den Konstruktionen moderner Männlichkeit unter anderem Scott, Joan W.: Only Paradoxes to Offer. French Feminists and the Rights of Man, Cambridge MA, London 1996; Mosse, George L.: The Image of Man. The Creation of Modern Masculinity, New York 1996; Frevert, Ute: «Mann und Weib, und Weib und Mann». Geschlechterdifferenzen in der Moderne, München 1995; Honegger, Claudia: Die Ordnung der Geschlechter. Die Wissenschaften vom Menschen und das Weib, Frankfurt am Main 1991.

16 Grimm, Robert: Manuskript für Memoiren, 1956, in: Nachlass Robert Grimm, Schweizerisches Bundesarchiv, J.I.173, 9: Manuskripte 1905–1956.

graphisches in Gestalt der familiären Herkunft durchaus mit ein, so tilgt der Begriff «Selbstbildung» jede Spur des Zusammenlebens mit Rosa Grimm, der Max Wullschleger Jahrzehnte später ein «fast unerschöpfliches Wissen» attestierte, «das sich nicht etwa nur auf die politischen und sozialen Probleme der Arbeiterbewegung erstreckte, sondern alle Gebiete umfasste, vor allem jene der Kultur- und Literaturgeschichte».[17] Darin schliessen sich Robert Grimm die vielen ihm gewidmeten Nachrufe an, die ebenfalls Rosa Grimm mit keinem Wort erwähnen, immer wieder aber das Bild des Arbeitersohns beschwören, der sich in «Selbstbildung» sein ganzes Wissen angeeignet habe.[18]

Mit anderen Worten: Für Robert Grimm galt es 1916, verkehrte Geschlechterverhältnisse retrospektiv zu revidieren. War es im stereotypen Arbeiterhaushalt der Ehemann, der seine Gefährtin zum Lesen anhielt, so lebte Robert Grimm mit einer Frau zusammen, die ihm ursprünglich in Bildungsfragen voraus war. Solches liess sich schwer vereinbaren mit den Konturen hegemonialer männlicher Identität. So ist es denn auch kein Zufall, dass dem Zeitgenossen Fritz Brupbacher, der eine egalitäre Gefährtenschaft nicht nur wie Grimm in die Zukunft entwarf, sondern sie auch langjährig praktizierte, die Männlichkeit als solche gleichgültig war: «Ich war eigentlich sehr früh ein gefühlsmässiger Gegner dessen, was man Männlichkeit nannte, und das irgendwie doch mit Alkohol, Sport oder Kriegshandwerk zu tun hat», schreibt er in seinen Memoiren, «und ich hätte mich gar nicht beleidigt gefühlt, wenn der ‹liebe Gott› mich zum Mädchen gemacht hätte.»[19]

Auf genau diese Männlichkeit konnte ein Robert Grimm nicht verzichten, der als Arbeiterführer mit politischem «Kriegshandwerk» zu tun hatte. Der Grund dafür liegt weniger in einer individualpsychologischen Disposition als vielmehr im biographischen und ereignisgeschichtlichen Kontext: Die Jahre zwischen 1908 und 1916 waren nicht nur die Jahre der Grimm'schen Ehe, sondern zugleich auch die Jahre, in denen sich unter Robert Grimms Einfluss die Arbeiterbewegung radikalisierte und die Sozialdemokratie sich revolutionär ausrichtete. Sein Aufstieg an die Spitze der nationalen Arbeiterbewegung, der zugleich ein sozialer Aufstieg war, setzte umso mehr eine eindeutige und anerkannte Form

---

17 Wullschleger, Max: Rosa Grimm gestorben, in: Arbeiter-Zeitung, Jg. 35, Nr. 269, 16. Januar 1955.
18 Vgl. etwa Schmid, Jacques: Mein Nachbar, in: Robert Grimm. Revolutionär und Staatsmann, hg. vom Schweizerischen Verband des Personals öffentlicher Dienste, Zürich 1958, S. 121–125, hier S. 124.
19 Brupbacher, Fritz: 60 Jahre Ketzer. Selbstbiographie, Zürich 1981 [1935], S. 42; Huser, Karin: Eine revolutionäre Ehe in Briefen. Die Sozialrevolutionärin Lidija Petrowna Kotschetkowa und der Anarchist Fritz Brupbacher, Zürich 2003.

von Männlichkeit voraus, als sich Grimms politische Karriere in einem Klima vollzog, dessen kämpferische Aufladung die grundsätzlich männliche Konnotation des Politischen zusätzlich akzentuierte.[20] Wie im Echo auf diesen Zusammenhang evoziert Peter Dürrenmatt, der liberal-konservative Journalist, 1958 in einem Nachruf auf Robert Grimm solche kämpferische Männlichkeit als das, was den ehemaligen Revolutionär selbst für bürgerliche Politiker respektabel gemacht hatte: «Aber er war ein Mann», schreibt Dürrenmatt, und meint damit sein «Kämpfertum», das über allem stehe, «was fraglich an ihm war».[21]

Der Staatsmann findet eine Frau – die Ehe mit Jenny Kuhn

Vor den Berner Amtsrichtern berichtet Robert Grimm aber nicht nur vom Scheitern eines «Lebens gemeinsamer geistiger Beziehungen und praktischer Arbeit» im Sinne der Gefährtenschaftsehe. Er beklagt ausserdem das Scheitern eines ungleich konventionelleren Entwurfs. Was in seiner Ehe mit Rosa Grimm gänzlich gefehlt habe, schreibt er, sei das «häuslich Glück, das Frieden und Erholung und Lust zu neuer Arbeit in sich birgt» – mit anderen Worten: das familiäre Heim als Hort der Erholung und Erneuerung von Tatkraft. Diese Darstellung leuchtete den Richtern unmittelbar ein: Anders als «tausend andere Frauen» habe Rosa Grimm als «Intellektuelle», die mit der «trockenen Hausarbeit» wenig anfangen konnte, ihrem «durch übermässige Arbeit abgespannten und überreizten Ehemann» nicht «die nötige Ruhe und das nötige Entgegenkommen in der Familie» geboten, argumentieren sie.[22]
Das ideale Zuhause, das Robert Grimm acht Jahre nach der Heirat vermisst, ist nicht mehr der Ort, an dem Liebe und politisches Engagement in der Gefährtenschaft zusammenfallen. Nun fehlt ihm ein von der Frau gepflegtes Refugium für den von Öffentlichkeit und Erwerbsarbeit geplagten Mann – das aber ist nichts anderes als das prototypische «bürgerliche» Heim, vor dem einem August Bebel gegraust hatte. Auch hier ist die Beziehungsform verknüpft mit dem männlichen Selbst: Hat sich Robert Grimm mit der erzählerischen Konstruktion

---

20 Vgl. unter anderem Frevert, Ute: Das Geschlecht des Politischen, in: Blattmann, Lynn; Meier, Irène (Hg.): Männerbund und Bundesstaat. Über die politische Kultur der Schweiz, Zürich 1998, S. 36–52, hier S. 51 f.; Welskopp, Thomas: Die Sozialgeschichte der Väter. Grenzen und Perspektiven der Historischen Sozialwissenschaft, in: Geschichte und Gesellschaft, Jg. 24, H. 2, 1998, S. 173–198, hier S. 184 f.
21 Dürrenmatt, Peter: Respekt vor seinem Kämpfertum, in: Robert Grimm. Revolutionär und Staatsmann, hg. vom Schweizerischen Verband des Personals öffentlicher Dienste, Zürich 1958, S. 134–136, hier S. 136.
22 Gerichtsverhandlung 22. November 1916, Erwägung, StABE, Bez. Bern B 3457, 167/16.

emotionaler und intellektueller Unabhängigkeit eine Männlichkeit erschrieben, die seinem Aufstieg zum sozialistischen Vorkämpfer entsprach, so macht er hier seine Person anschlussfähig an die Figur des respektablen Staatsmannes, der für Öffentlichkeit und Staat Verantwortung trägt, während seine Frau für das «häuslich Glück» zuständig ist.
Die Identifikation mit dieser Figur von Männlichkeit war eine Voraussetzung für die Beteiligung an einer politischen Kultur, deren spätestens nach 1918 ausgeprägt «integratives Klima» auf einem ebenso ausgeprägt männerbündischen Selbstverständnis aufruhte.[23] Ein solches System konnte auch einen integrieren, der unbeirrt ein Leben lang seine Kritik am kapitalistischen Staat und an der kapitalistischen Gesellschaft vortrug, aber es setzte eine geteilte Geschlechterkultur voraus, die auf der Spaltung der Gesellschaft in Öffentlichkeit und Privatheit, in männliches politisches Individuum und weibliches häusliches Gattungswesen beruhte. Und die biographische Aneignung dieser Kultur war für den ehemaligen Arbeiter und künftigen Staatsmann Robert Grimm umso wichtiger, als er als sozialer Aufsteiger im Kampf um Anerkennung besondere Anpassungsleistungen zu erbringen hatte – die dem Arzt und Akademiker Fritz Brupbacher, der ausserdem nicht auf eine staatsmännische Position aspirierte, erspart blieben. Dieser konnte denn auch nicht nur auf «Männlichkeit» verzichten, sondern aus seiner Position der sozialen Überlegenheit – und nicht ohne Klassendünkel – Robert Grimm zu den «Parvenusherren» zählen, die er nur von der «drolligen Seite» nehmen könne.[24]
Nur drei Jahre nach der Scheidung von Rosa Grimm – und ein Jahr nach Abbruch des Generalstreiks – realisierte Robert Grimm in zweiter Ehe das «bürgerliche» Modell geschlechtsspezifischer Zuständigkeiten.[25] 1919 heiratete er die um sechzehn Jahre jüngere Tochter des Walder Dorfarztes und Krankenschwester Jenny Kuhn, die vor kurzem aus Berlin und von ihrer dortigen Tätigkeit in der Radiologieabteilung der Charité in die Schweiz zurückgekehrt und im Aarauer Spital unter Eugen Bircher in Stellung war. Zwei Jahre später wurde dem Paar der Sohn Hans-Ulrich geboren, 1922 die Tochter Ursula.
Zwar war Jenny Kuhn «keine konventionelle Hausfrau, sie besass nicht die Geduld für die minuziöse Perfektion eines bürgerlichen Haushalts».[26] Doch ver-

---

23 Blattmann, Lynn: Männerbund und Bundesstaat, in: Blattmann, Lynn; Meier, Irène (Hg.): Männerbund und Bundesstaat. Über die politische Kultur der Schweiz, Zürich 1998, S. 17–35, hier S. 18.
24 Fritz Brupbacher an «meine Lieben», 22. Februar 1914, in: Nachlass Fritz Brupbacher, SozArch, Ar 101.20.4.
25 Vgl. zur zweiten Ehe Robert Grimms McCarthy (wie Anm. 7), S. 188.
26 McCarthy (wie Anm. 7), S. 188 f., sowie mündliche Mitteilungen von Ursula McCarthy-Grimm.

legte sie ihr politisches und soziales Engagement – anders als Rosa Grimm – auf die «Hinterbühne» des politischen Geschehens in Schul- und Psychiatriekommissionen. Und sie tat in Haushalt und Familie das Nötige, um Robert Grimm, wie sich Fritz Grütter erinnert, «das fruchtbare Wirken in der Öffentlichkeit» zu «ermöglichen und erleichtern», das ihn 1938 in den bernischen Regierungsrat und 1939 mit der Übernahme der kriegswirtschaftlichen Sektion Kraft und Wärme schliesslich tatsächlich in die Reihen der für die Nation verantwortlichen Staatsmänner führen sollte.[27]

Sinngemäss entsprach die Arbeitsteilung in der zweiten Ehe Robert Grimms dem Rat, den eine Arbeiterfrau in der *Holzarbeiter-Zeitung* formuliert hatte: «Wenn Sie manchmal mit Ihrem Mann in Versammlungen gehen und daneben sorgen, dass er es zu Hause gut hat, wird es wohl mit dem Trübsalblasen auch bei Ihnen nach und nach aufhören.»[28] So konnte Jenny Grimm ihrem Ehemann die «Freundin *und* Frau» werden, die ihm Rosa Grimm nicht gewesen war.[29] Dazu durfte durchaus auch gehören, was Christoph Graf an der Trauerfeier für Jenny Grimm 1992 den «grossen Einfluss» nannte, den diese auf Robert Grimm ausgeübt habe. Der ging zwar so weit, wie Graf spekuliert, dass «ihr entschiedenes Eintreten für einen Abbruch des Landesgeneralstreiks an jenem schicksalsschweren 13. November 1918» der Schweiz vermutlich den Bürgerkrieg erspart habe. Anerkennung konnte dieser «Einfluss» allerdings wohl nur deshalb finden, weil er «insgeheim» war, weil Jenny Grimm «*unbewusst* und *unbemerkt* ein Stück Schweizergeschichte» schrieb,[30] während Rosa Grimms Einfluss umso mehr verschwiegen werden musste, als er in ihrem eigenen politischen Engagement auf der Vorderbühne des politischen Kampfes für alle sichtbar war.[31]

In dieser Entwicklung der Dinge korrespondiert die Abfolge von zwei verschiedenen Beziehungsmodellen (von der revolutionären Gefährtenschaft zum bürgerlichen Heim) mit der politischen Biographie Robert Grimms («vom

---

27 Fritz Grütter, Leben und Werk, in: Robert Grimm. Revolutionär und Staatsmann, hg. vom Schweizerischen Verband des Personals öffentlicher Dienste, Zürich 1958, S. 87–97, hier S. 96.
28 Zuschrift J. G. aus Z., o. D., in: Holzarbeiter-Zeitung, Jg. 8, H. 4, 25. Januar 1913.
29 Vgl. die Widmung in: Grimm, Robert: Geschichte der Schweiz in ihren Klassenkämpfen [1920], Zürich 1977, Hervorhebung C. A.
30 Graf, Christoph: Ansprache an der Trauerfeier für Jenny Grimm, 6. Februar 1992, in: Nachlass Robert Grimm, SozArch, Ar 198.33.3 (Dokumente Jenny Grimm, 1975–1992), Hervorhebung C. A.
31 Wobei sich auch der politische Gegner so seine Gedanken machte; so steht etwa im *Staatsbürger* 1919 zu lesen, angesichts der «Revolutionsglut» der Rednerin Rosa Grimm habe man begriffen, «dass Grimm als Ehegatte dieses Weibes scharf war – und dass er sie zum Teufel jagte». Vgl. Der Staatsbürger, Jg. 3, H. 17, 16. September 1919, S. 133.

Revolutionär zum Staatsmann»).[32] Beides verläuft ausserdem parallel zur Integration der Arbeiterbewegung in das politische System der Schweiz im Verlauf der ersten Hälfte des 20. Jahrhunderts. Wie Grimm sich lossagte von einem antibürgerlichen Beziehungsentwurf, so wurde auch in Arbeiterbewegung und Sozialdemokratie zunehmend die «Frau am Herd» als «Konzeption von Respektabilität bourgeoiser Herkunft» elementarer Bestandteil des Bildes «des modellhaften Arbeiters und selbst des Militanten der Arbeiterbewegung».[33] Damit erübrigten sich auch jene Entwürfe zur Sozialisierung von Haus- und Familienarbeit, die im 19. Jahrhundert die sozialistische Utopieproduktion angeregt und vorangetrieben hatte – ja, «reproduktive» Arbeit verschwand überhaupt aus dem «symbolischen Repräsentationsraum» der Arbeiterbewegung.[34]

Diese Leerstelle wurde denn auch der politischen Gefährtenschaft von Robert und Rosa Grimm dort zum Verhängnis, wo ungeklärt blieb, wer die Haushalts- und Kinderarbeit mehrheitlich zu übernehmen hatte, wenn ebendiese Arbeit vollständig privatisiert war und beide Eheleute zugleich in hohem Masse auch politisch und theoretisch tätig sein wollten. Entsprechende Konflikte zogen sich durch die Ehejahre und mündeten in eine Auseinandersetzung, bei der Rosa Grimm angesichts der gesellschaftlich gültigen Rollenverteilung am kürzeren Hebel sass: Ihr, die Gefährtin, Mutter und Politikerin gleichermassen sein wollte, wurde von den Berner Amtsrichtern 1919 anlässlich einer Folgeverhandlung über das Sorgerecht für die Kinder die Unmöglichkeit ihrer Ambition beschieden. Eine Frau, die «sehr stark politisch tätig ist und von sich reden macht», befanden die Richter, könne «unmöglich eine gute Mutter und Erzieherin sein», und so kamen die gemeinsamen Kinder in die Obhut des unterdessen neu verheirateten Vaters.[35]

32 Robert Grimm. Revolutionär und Staatsmann, hg. vom Schweizerischen Verband des Personals öffentlicher Dienste, Zürich 1958.
33 Studer, Brigitte: Genre, travail et histoire ouvrière, in: dies.; Vallotton, François (Hg.): Histoire sociale et mouvement ouvrier / Sozialgeschichte und Arbeiterbewegung, 1848–1998, Lausanne, Zürich 1997, S. 63–88, hier S. 81.
34 Tanner, Jakob: Erfahrung, Diskurs und kollektives Handeln. Neue Forschungsparadigmen in der Geschichte der Arbeiterinnen und Arbeiter, in: traverse, Jg. 7, H. 2, 2000, S. 47–68, hier S. 52. Entsprechend wurde auch die Arbeiterinnenbewegung, deren Diskurs- und Organisationsformen nicht zwischen privater Lebenswelt und politischer Öffentlichkeit unterschieden, zunehmend dem Diktat von Männergremien unterworfen; vgl. hierzu Ziegler, Beatrice: Die Frauengruppe der SP Biel 1910–1930, in: Ernst, Andreas; Wigger, Erich (Hg.): Die neue Schweiz? Eine Gesellschaft zwischen Integration und Polarisierung (1910–1930), Zürich 1996, S. 245–271.
35 Amtsgericht Bern, Amtsgerichtsprotokolle 1919, StABE, Bez. Bern B 2592, S. 1062 f.: Erwägung.

«Politisches» und «Privates» – Schlussbemerkungen

Robert Grimms Ehen lassen sich nicht reduzieren auf die Anforderungen an männliche Identität und die normativen Zwänge eines bürgerlichen Beziehungsmodelles, denen sich auch die schweizerische Arbeiterbewegung und Sozialdemokratie nicht entziehen konnte oder wollte. Für Liebesgeschichten gilt wie für alle Geschichte, dass keine monokausale Erklärung genügen kann. Aber die Korrespondenzen zwischen Robert Grimms Ehegeschichten, seiner Biographie und der Integration der Arbeiterbewegung ins politische System der Schweiz sind umgekehrt nicht einfach historischer Zufall. Vielmehr zeigen sie auf, wie «Politisches» und «Privates» nicht nur da miteinander verknüpft sind, wo der Gestaltungswille in Sachen Geschlechterbeziehung und Familienverhältnisse die Form politischer Utopien oder Postulate annimmt, sondern auch dort, wo alltäglich gelebt, empfunden und gefühlt wird – mit anderen Worten: da, wo Männer und Frauen als solche handeln und Erfahrungen machen, sei das in der Intimität der Paarbeziehung oder der Arena des politischen Kampfes.

Als Edgar Bonjour 1990 Adolf McCarthys Grimm-Biographie las und für die *Basler Zeitung* rezensierte, vermisste er in diesem Buch, das er hoch schätzte, nur etwas: mehr Einsichten in «Grimm als Familienvater».[36] Ob dieses ungestillte Interesse Bonjours sich vor allem auf Anekdotisches richtete, wissen wir nicht. Das Wissen aber über «Familiäres» geht auf jeden Fall dann über das Anekdotische hinaus, wenn wir uns dafür interessieren, wie Geschlechterkultur und politische Kultur miteinander verknüpft sind. Darin gehen Robert Grimms Ehen und Lieben nicht auf, aber ihre Gestalt ist paradigmatisch für die Geschicke der Geschlechterbeziehung in der Arbeiterbewegung des 20. Jahrhunderts, die sich einst eine Revolution auch dieser Beziehung vorgenommen hatte und sich vorerst verfing in der Verführungskraft des liberal-bürgerlichen Geschlechterdualismus mit seinen eindeutig definierten Vorgaben für weibliches und männliches Sein. Das wurde denen zum Verhängnis, die sich diesen Vorgaben nicht entziehen konnten, obschon sie sich einst ein Lieben vorgenommen hatten, das sich darum nicht kümmern wollte.

36 Basler Nachrichten, 3. April 1990.

Theorie und Praxis des Generalstreiks

Bernard Degen

Nach Robert Grimms Tod verbreitete das Schweizer Radio – damals noch nicht ein Sender unter vielen, sondern fast die offizielle Stimme des Landes – einen Nachruf von Robert Bratschi. Der langjährige Präsident des Schweizerischen Gewerkschaftsbundes (SGB) würdigte seinen verstorbenen Kollegen als grossen Politiker – und vergass dabei, auf den Generalstreik einzugehen.[1] Damit verhielt er sich wie Grimm vier Jahre zuvor im Nekrolog für Konrad Ilg. Damals hatte er das Friedensabkommen von 1937 in der Maschinen- und Metallindustrie nicht erwähnt und zur Zusammenarbeit zwischen Arbeitern und Unternehmern vielsagend betont, es sei nicht seine Sache, zu beurteilen, ob dafür die Bedingungen dauerhaft gegeben seien.[2] Wenn auch Bratschi und Grimm dasselbe taten, indem sie einen zentralen Abschnitt der Biographie des Verstorbenen ausklammerten, so hätte doch die politische Bedeutung unterschiedlicher nicht sein können. Grimm versuchte 1954 – in der bereits spürbaren geistigen Enge des Kalten Krieges – Ilg wenigstens ein bisschen aus der engen Umarmung durch die bürgerliche Schweiz zu retten. Bratschi dagegen versuchte, den bis ins Alter umstrittenen Grimm als mehr oder weniger integrierten Konkordanzpolitiker darzustellen. Beiden blieb ein nachhaltiger Erfolg versagt. Das historisch-politische Interesse an Ilg konzentrierte sich hauptsächlich auf das Friedensabkommen, dasjenige an Grimm in grossem Masse auf den Landesstreik von 1918.

Grimm bekleidete fast alle Ämter, in die er von den Stimmberechtigten gewählt werden konnte: Stadt-, Gemeinde-, Kantons-, National- und Regierungsrat. Dennoch beschäftigte sich die Nachwelt vorwiegend mit zwei Themen: im Ausland mit seiner Rolle in der internationalen Arbeiterbewegung im Ersten Weltkrieg und in den Jahren danach, in der Schweiz mit dem Landesstreik von 1918. Tatsächlich nahm der Generalstreik in Grimms Leben eine alles überragende Stellung ein. Seine erste grössere Publikation war die Broschüre *Der politische Massenstreik*, die 1906 in zwei Auflagen erschien und ins Französische und ins Italienische übersetzt wurde. Als letzte grössere Arbeit erschien 1955 die Bro-

---

1 Vorwärts, 14. März 1958.
2 Schweizerisches Bundesarchiv, J.I. 173, Nr. 6 [Nachlass Grimm], Typskript der Rede.

schüre *50 Jahre Landesgeschichte* im Rahmen der Festschrift zum fünfzigjährigen Bestehen des Verbandes des Personals der öffentlichen Dienste (VPOD).[3] Im Zentrum von Grimms Ausführungen steht – wie könnte es anders sein – die Rechtfertigung des Landesstreiks.

Frühe Vorstellungen vom Generalstreik

Grimm schrieb seine Broschüre zum Massenstreik 1906 keineswegs zufällig. Die Frage war damals in zahlreichen Ländern in Theorie und Praxis aktuell. Im Frühling 1902 gab es in Belgien und Schweden Massenstreiks für das allgemeine Wahlrecht. Ein Jahr später versuchten Eisenbahner, Hafenarbeiter und Seeleute in den Niederlanden mit einer allgemeinen Arbeitsniederlegung die Verschärfung des Streikrechts abzuwenden. Wegen des harten Vorgehens der Polizei gegen Streikende wurde Italien 1904 von Massenstreiks erschüttert. Etwa 250000 streikende Wiener Arbeiter demonstrierten Ende November 1905 für das allgemeine, gleiche und direkte Wahlrecht. Anfang 1906 wehrten sich im ersten politischen Massenstreik in Deutschland Hafen- und Werftarbeiter in Hamburg gegen die Einschränkung des Wahlrechts. Weitaus am meisten Beachtung fanden aber die Massenstreiks im Zarenreich von 1905, zu deren Leitung teilweise erstmals Sowjets der Arbeiterdeputierten gebildet wurden.[4] Auch in der Schweiz fanden im ersten Jahrzehnt des 20. Jahrhunderts mehrere lokale Generalstreiks statt, so 1902 in Genf, 1906 in Neuenburg, 1907 in Vevey, Lausanne, Montreux, Genf und Hochdorf.[5]

Diese Häufung war zwar ein neues Phänomen, nicht aber Massenstreiks als solche. Frühe Beispiele finden sich in Grossbritannien, etwa den von Glasgow 1820 mit etwa 60000 beteiligten Arbeitern.[6] Der gelernte Schuhmacher und Politaktivist William Benbow veröffentlichte 1832 mit seiner Broschüre *Grand National Holiday and Congress of the Productive Classes* den ersten detaillierten Generalstreikplan.[7] Die produktiven Klassen, zu denen Benbow neben Arbei-

---

[3] Alle Angaben im *Bibliographischen Bericht* von Andreas Berz in diesem Band.
[4] Grunenberg, Antonia: Einleitung, in: dies. (Hg.): Die Massenstreikdebatte, Frankfurt am Main 1970, S. 13–16; Geschichte der internationalen Arbeiterbewegung in Daten, Berlin 1986, S. 97–121; Haumann, Heiko: Geschichte Russlands, München 1996, S. 416–418.
[5] Degen, Bernard: Historischer Bericht, in: Boillat, Valérie; Degen, Bernard; Joris, Elisabeth; Keller, Stefan; Tanner, Albert; Zimmermann, Rolf (Hg.): Vom Wert der Arbeit. Schweizer Gewerkschaften – Geschichte und Geschichten, Zürich 2006, S. 77–85.
[6] Protero, Iorwerth: William Benbow and the Concept of the «General Strike», in: Past & Present 63 (1974), S. 149.
[7] Benbow, William: Grand National Holiday and Congress of the Productive Classes, London [1832].

tern auch Kleingewerbler zählte, sollten während eines Monates ihre Erwerbstätigkeit einstellen und in dieser Zeit in Komitees und in einem nationalen Kongress die Grundlagen einer neuen Gesellschaft mit besserer Verteilung der Reichtümer erarbeiten. Entscheidend für den Erfolg sei eine gute Vorbereitung durch Komitees auf allen Ebenen. Dazu gehöre nicht nur das Anlegen von Vorräten, sondern auch die Vermeidung von Trunksucht sowie die Aufrechterhaltung der Disziplin.[8]

Über den Chartismus, für den Benbow ebenfalls agitierte, fand die Idee ihren Weg in die moderne Arbeiterbewegung. Anfänglich verbreitete sie sich vor allem bei den Anarchisten, die 1873 auf dem Genfer Kongress der Antiautoritären Internationale den Generalstreik auf die Tagesordnung setzten.[9] Engels spottete darüber: «Der allgemeine Strike ist im bakunistischen Programm der Hebel, der zur Einleitung der sozialen Revolution angesetzt wird. Eines schönen Morgens legen alle Arbeiter aller Gewerbe eines Landes oder der ganzen Welt die Arbeit nieder und zwingen dadurch in längstens vier Wochen die besitzenden Klassen, entweder zu Kreuz zu kriechen oder auf die Arbeiter loszuschlagen, so dass diese dann das Recht haben, sich zu verteidigen und bei dieser Gelegenheit die ganze alte Gesellschaft über den Haufen zu werfen.»[10] Aufgrund ihrer organisatorischen Schwäche konnten die anarchistischen Organisationen ihre Vorstellungen vom Generalstreik nie erfolgversprechend umsetzen.

Syndikalistischer Generalstreik oder Massenstreik

Eine neue Qualität erreichte die Generalstreikdebatte gegen Ende des 19. Jahrhunderts in Frankreich. Dort begannen in den 1890er Jahren die revolutionären Syndikalisten ihren Siegeszug in den Gewerkschaften. Weil für sie der Generalstreik ein zentrales Anliegen war, wurden sie bis kurz vor dem Ersten Weltkrieg auch «grève-généralistes» genannt.[11] Der revolutionäre Syndikalismus erreichte in der französischen Confédération Générale du Travail (CGT) seinen Höhepunkt zwischen 1902 und 1908 und verschwand dann bald wieder. Der Kongress von 1906 verabschiedete die *Charte d'Amiens*, in der es heisst, die

---

8 Benbow (wie Anm. 7), S. 8–10.
9 Weick, Edgar: Theorien des Streiks, in: Schneider, Dieter (Hg.): Zur Theorie und Praxis des Streiks, Frankfurt am Main 1971, S. 107.
10 Engels, Friedrich: Die Bakunisten an der Arbeit (Marx-Engels-Werke, Bd. 18), S. 479.
11 Chueca, Miguel: Considérations pour introduire à un débat inachevé, in: ders. (Hg.): Déposséder les possédants. La grève générale aux «temps héroïques» du syndicalisme révolutionnaire (1895–1906), Marseille 2008, S. 11 f.

Gewerkschaftsbewegung «bereitet die vollständige Emanzipation vor, die sich nur durch die Enteignung der Kapitalisten verwirklichen lässt; sie befürwortet als Handlungsmöglichkeit den Generalstreik und sie betrachtet die Gewerkschaft, heute Vereinigung zum Widerstand, künftig als Vereinigung zur Produktion und Verteilung, als Basis der sozialen Neugestaltung».[12] Die revolutionären Syndikalisten glaubten, mit dem Generalstreik über eine revolutionäre, ganz auf die Arbeiterschaft abgestützte Alternative zur auf die Eroberung der Staatsmacht ausgerichteten Strategie der Sozialisten zu verfügen. Andererseits gilt es zu beachten, dass mit diesem Kampfmittel auch eine Abkehr von der Barrikadenstrategie der Revolutionäre des 19. Jahrhunderts verbunden war.[13] Jean Jaurès, der führende Kopf des französischen Sozialismus, bezweifelte allerdings, dass sich mit einem Generalstreik die soziale Revolution auslösen lasse. Er erwartete, dass der syndikalistische Generalstreik gar nicht durchführbar sei und dass er, falls er dennoch versucht werde, unter der Repression zusammenbreche. Jaurès wandte sich aber nicht grundsätzlich gegen die Idee eines Generalstreiks. Einen solchen machte er aber von drei Bedingungen abhängig. Grundlegend war für ihn, dass das Ziel die Arbeiterklasse im Innersten begeistere. Weiter musste ein grosser Teil der öffentlichen Meinung die Legitimität der Forderungen anerkennen. Schliesslich dürfe der Generalstreik keineswegs Gewalt in verkleideter Form sein, sondern einfach die Ausübung des Streikrechts, aber systematischer und umfassender und mit einem klareren Klassencharakter.[14] Jaurès selber propagierte später den von der syndikalistischen Perspektive befreiten Generalstreik als Mittel gegen die Kriegspläne der Regierungen.
Das Zentrum der Generalstreikdebatte lag in Frankreich; sie erfasste aber auch andere Länder. In Deutschland sprach man weniger vom General- als vom Massenstreik. Dies begründete Alexander Parvus 1895/96 in einem der ersten substantiellen Beiträge zum Thema damit, «weil es in diesem Falle gar nicht darauf ankommt, dass die gesamte Arbeiterklasse des Landes ohne Ausnahme streikt». Die Wirkung sah er darin, dass der Massenstreik die ökonomische Ordnung der Gesellschaft zerrütte. «Aber die Regierung steht ratlos da, weil sie die Arbeiter nicht mit Gewalt in die Fabriken treiben kann. Sie wird um so ratloser, je weniger offener Widerstand ihr geleistet wird, je massenhafter der Streik, je länger er dauert.»[15] Parvus analysiert die Beteiligung auch bereits qualitativ: «Es ist etwas

---

12 La Charte d'Amiens, in: Lefranc, Georges: Le mouvement syndical sous la Troisième République, Paris 1967, S. 406 (Übersetzung B. D.).
13 Chueca (wie Anm. 11), S. 16.
14 Jaurès, Jean: Grève générale et révolution, in: Chueca (wie Anm. 11), S. 113–115.
15 Parvus, [Alexander]: Staatsstreich und politischer Massenstrike, in: Grunenberg (wie Anm. 4), S. 87; Original: Neue Zeit 14 (1895/96).

anderes, ob die Bergarbeiter streiken oder z. B. die Schneider. [...] Das Hauptgewicht aber [...] liegt in den Verkehrsmitteln. Wenn die grossen Verkehrsmittel ausser Betrieb gesetzt werden, dann stockt der gesamte gesellschaftliche Produktionsmechanismus, aber auch der politische Mechanismus.»[16] Explizit erwähnt der Autor Eisenbahn, Post, Telefon und Telegraf.

Breites Ausmass erreichte die deutsche Debatte erst ein Jahrzehnt später. Der Jenaer Parteitag der Sozialdemokratischen Partei Deutschlands (SPD) verabschiedete im September 1905 – unter dem Eindruck der Massenbewegungen im Zarenreich – eine Resolution, die als «eines der wirksamsten Kampfmittel» gegen einen Anschlag auf das allgemeine, gleiche, direkte und geheime Wahlrecht oder das Koalitionsrecht «die umfassende Anwendung der Massenarbeitseinstellung» vorsah.[17] Damit geriet die Partei in Konflikt mit den Gewerkschaften, deren Kongress bereits im Mai «alle Versuche, durch die Propagierung des politischen Massenstreiks eine bestimmte Taktik festlegen zu wollen, für verwerflich» gehalten hatte.[18] Der Konflikt wurde vom Mannheimer Parteitag der SPD im September 1906 dadurch gelöst, dass er ein Abkommen verabschiedete. Dieses hielt fest: «Sobald der Parteivorstand die Notwendigkeit eines politischen Massenstreiks für gegeben erachtet, hat derselbe sich mit der Generalkommission der Gewerkschaften in Verbindung zu setzen und alle Massnahmen zu ergreifen, die erforderlich sind, um die Aktion erfolgreich durchzuführen.»[19] Damit besassen die Gewerkschaften de facto ein Vetorecht. Nach dem Mannheimer Parteitag flaute die Debatte wieder ab.

Grimms Massenstreikbroschüre

Grimm hatte sich früh für die internationalen Debatten interessiert. Zudem zog er im Herbst 1905 nach Berlin, wo er in einer Grossdruckerei arbeitete. Vor allem aber nutzte er die Gelegenheit, um sich mit dem Denken der deutschen Sozialdemokratie vertraut zu machen. Er las die Publikationen von Parteigrössen und besuchte Vorträge und Diskussionen. Anfang 1906 kehrte er zurück in die Schweiz und wurde in Basel zum Arbeitersekretär gewählt.

16 Ebd., S. 89.
17 Der politische Massenstreik und die Sozialdemokratie, Parteitag Jena 1905, in: Grunenberg (wie Anm. 4), S. 355.
18 Resolution zum politischen Massenstreik, Kölner Gewerkschaftskongress 1905, in: Grunenberg (wie Anm. 4), S. 345 f.
19 Mannheimer Abkommen 1906, in: Meyer, Thomas; Miller, Susanne; Rohlfels, Joachim (Hg.): Lern- und Arbeitsbuch deutsche Arbeiterbewegung, Bd. 1, Bonn 1984, S. 194.

In Basel legten im Frühling 1906 rund fünfzig Arbeiter des kleinen Chemiewerkes Durand & Huguenin für neun Tage die Arbeit nieder.[20] Weil damals das berüchtigte Streikpostenverbot galt, schützte die Polizei die Streikbrecher mit dem gewohnten Aufgebot. In der lokalen Gewerkschaftsbewegung entzündete sich eine breite Debatte an der Frage, ob ein Generalstreik die richtige Antwort auf das einseitige Eingreifen der Staatsmacht sei. Als Grundlage diente in mehreren Gewerkschaftssektionen ein Vortrag des jungen Arbeitersekretärs, der später als Basis für die Broschüre über den politischen Massenstreik diente.[21]

Grimm ging in seinen Überlegungen davon aus, dass die Institutionen der Demokratie zur Verteidigung der Interessen der Arbeiterschaft nicht reichten, weil diese zu einem Grossteil kein Stimm- und Wahlrecht besass – er nannte Ausländer und Frauen – und weil die Übrigen es angesichts ihrer prekären Lebensbedingungen gar nicht recht ausüben konnten. Deshalb sah er im politischen Massenstreik ein legitimes Mittel der Interessenvertretung. Er definierte diesen als «Arbeitsniederlegung in mehreren oder sämtlichen Berufen einer Ortschaft, einer Gegend oder eines Landes zum Zwecke des Widerstandes gegen die Regierung, gegen die Staatsgewalt».[22] Den politischen Massenstreik sah er nicht wie die revolutionären Syndikalisten als «Expropriations-Generalstreik», als Übergang zu einer neuen Gesellschaftsordnung.[23] Für sein Konzept war nicht ausschlaggebend, dass sich sämtliche Arbeiter der Bewegung anschlossen, sondern dass sich genügend von ihnen beteiligten, um die betroffene Gegend zu paralysieren und um den Staat zu Zugeständnissen zu bewegen. Eine zentrale Rolle wies er dabei wie schon Parvus den Eisenbahnern zu. Der Regierung bleibe nur die Ohnmacht, weil sie die Arbeiter nicht zur Wiederaufnahme der Arbeit zwingen könne. Als grundlegende Voraussetzung sah er «eine gutgeschulte, straffe Organisation der Arbeiterklasse und ein stark entwickeltes proletarisches Klassenbewusstsein».[24] Für unumgänglich hielt er die Disziplin der Streikenden: «In den langen Jahren organisatorischer Schulung und Erziehung hat die Arbeiterschaft einsehen gelernt, dass es töricht wäre, sich – solange noch andere Wege offen stehen – Gewehrläufen und Säbelschneiden auszusetzen; sie wird im Falle eines Massenstreiks vor allem darauf verzichten, gewaltsamen Widerstand zu leisten und auf jeden Fall sich nicht provozieren lassen.»[25] Wie verschiedene

---

20 Grimm, Robert: Lohnbewegungen und Streiks in der Stadt Basel im Jahre 1906, Basel 1907, S. 12 f.
21 Grimm, Robert: Der politische Massenstreik, Basel 1906.
22 Ebd., S. 6.
23 Ebd., S. 5.
24 Ebd., S. 38.
25 Ebd., S. 40.

Autoren seit Benbow sah auch Grimm die Möglichkeit, Teile der Mittelschicht für die Anliegen der Streikenden zu gewinnen.[26] Er grenzte sich sowohl vom syndikalistischen Generalstreik als auch von der Zurückhaltung der deutschen Gewerkschaften und der SPD ab. Seine Broschüre erlebte bis 1918 drei Auflagen und wurde ins Französische und ins Italienische übersetzt.[27]

Der Zürcher Generalstreik von 1912

In der Schweiz kam es nach den bereits genannten lokalen Generalstreiks zu zwei weiteren, Ende 1910 in Arosa und am 12. Juli 1912, einem Freitag, in Zürich. Auch dort erliess der Stadtrat, die vier Sozialdemokraten eingeschlossen, ein Streikpostenverbot, und die Arbeiterunion antwortete diesmal nicht mit einer Debatte über den Massenstreik, sondern mit dem Aufruf zum Generalstreik. Sie stützte sich dabei auf eine Urabstimmung in den angeschlossenen Gewerkschaften, die sich mit 6367 gegen 812 Stimmen dafür ausgesprochen hatten. Die Unternehmer antworteten mit einer zweitägigen Aussperrung, so dass zum Streik vom Freitag noch der arbeitsfreie Samstag kam. Die ganze Bewegung lief ohne Zwischenfälle ab. Einzig das Militär konnte sich einiger Provokationen wie der Besetzung des Volkshauses nicht enthalten.[28] Der damals noch nicht sozialdemokratische Theologieprofessor Leonhard Ragaz, der anfänglich dem Streikbeschluss skeptisch gegenübergestanden hatte, hob in seinem Kommentar die Disziplin hervor: «Was für eine Arbeit, Umsicht, Hingabe, Organisationskunst, Feldherrntüchtigkeit war notwendig, um ein Heer von 15–20000 Arbeitern, die noch dazu mehreren grundverschieden gearteten Nationalitäten angehören, für eine solche friedliche Schlacht richtig zu leiten! Wie diese Aufgabe gelöst worden, ist für alle nicht durch Voreingenommenheit Verblendeten ein Erlebnis gewesen.»[29]
Weil sich die prominentesten Führer der Zürcher Sozialdemokratie gegen das Vorgehen der Arbeiterunion gestemmt hatten, verfügten sie bei den Streikenden nur noch über wenig Rückhalt. In dieser Situation ersuchte die Streikleitung den in Bern politisierenden und für Zürich im Nationalrat sitzenden Grimm um

---

26 Ebd., S. 37.
27 Vgl. den *Bibliographischen Bericht* von Andreas Berz in diesem Band.
28 Lang, Karl: Kritiker, Ketzer, Kämpfer. Das Leben des Arbeiterarztes Fritz Brupbacher, Zürich 1975, S. 201 f.
29 Zitiert nach Spieler, Willy; Howald, Stefan; Brassel-Moser, Ruedi: Für die Freiheit des Wortes. Neue Wege durch ein Jahrhundert im Spiegel der Zeitschrift des religiösen Sozialismus, Zürich 2009, S. 317.

Unterstützung. Dieser hielt am Freitag vor 15 000 bis 18 000 Arbeitern eine seiner flammenden Reden, in der er unter anderem seine Auffassung vom Generalstreik hervorhob: «Die höchste Bewunderung verdient die Art des Kampfes, der in so diszipinierter Art durchgeführt wird, unter Meidung jeglichen Alkoholgenusses. Es hat eine Zeit gegeben, wo man von ‹Generalunsinn› sprach. Man hat gemeint, dass in einer Demokratie der Generalstreik, wenn man ihn anwenden könnte, nicht mehr notwendig sei. Aber die geschichtliche Entwicklung hat das Gegenteil bewiesen. Sie hat bewiesen, dass der Massenstreik zur Notwendigkeit werden kann. Dass die Arbeiterschaft aus sich selbst heraus den Generalstreik proklamiert hat, ist ein Beweis der Organisationsarbeit, die bis heute geleistet wurde.»[30]

Im theoretischen Organ der deutschen Sozialdemokratie, in der *Neuen Zeit*, fasste Grimm die Lehren des Generalstreiks aus seiner Sicht zusammen. Er grenzte ihn explizit vom syndikalistischen Generalstreik ab: «Dem Streik wurde von Anfang an ein bestimmtes Ziel gegeben und derselbe auf 24 Stunden beschränkt.»[31] Seine Ausführungen schloss er mit einem Ausblick auf weitere, ähnliche Aktionen: «Die am 12. Juli zutage getretene Solidarität der zürcherischen Arbeiterschaft [...] wird [...] für das Proletariat der ganzen Schweiz den Ausgangspunkt zu einer neuen Etappe der Entwicklung sein und [dieses] zu weiterer Machtentfaltung anspornen. Die Arbeiterschaft der Stadt Zürich hat weiter bewiesen, dass sie nicht leichtfertig eine derartige Massenaktion unternimmt und die Voraussetzungen für ihr Gelingen abzuwägen weiss. Und darin liegt die Garantie für die Wiederholung des Kampfes auf breiterer Grundlage, sobald die objektiven Bedingungen dazu vorhanden sind.»[32]

Der Landesstreik vom November 1918

Gegen Ende des Ersten Weltkrieges festigte sich bei Grimm die Ansicht, diese objektiven Bedingungen seien wieder gegeben. In den ersten Kriegsjahren schenkten die Bundesbehörden den Anliegen der verarmenden Arbeiterschaft kaum Beachtung. Diese begann sich 1917 – wie in mehreren andern europäischen Ländern – zu radikalisieren. Die Gewerkschaften nahmen einen gewaltigen Aufschwung. Erfolgreiche Streiks stärkten das Selbstbewusstsein zusätzlich. Es lag daher nahe, Arbeitsniederlegungen auch als politisches Druckmittel ins

---

30 Zitiert nach Voigt, Christian: Robert Grimm. Kämpfer, Arbeiterführer, Parlamentarier. Eine politische Biographie, Bern 1980, S. 90.
31 Grimm, Robert: Der Generalstreik in Zürich, in: Die Neue Zeit 30 (1911/12), Bd. 2, S. 650f.
32 Ebd., S. 654.

Auge zu fassen. Auf nationaler Ebene wurden solche Überlegungen erstmals am 30. August 1917 umgesetzt. Mit einem halbtägigen Generalstreik und Massendemonstrationen an verschiedenen Orten – vor allem in Zürich, Basel und Bern, aber auch in Luzern, Schaffhausen, Genf, Baden, Aarau und einigen weiteren Orten – wurden in erster Linie eine gerechtere Verteilung der Grundnahrungsmittel und Höchstpreise gefordert. «Im Demonstrationsstreik», so Grimm im Rückblick, «brach die Notstandskommission und ihre Politik des schüchternen Wünschens zusammen.»[33]

Anfang 1918 erkannte Grimm von allen führenden Funktionären am klarsten die neuen Möglichkeiten der Arbeiterbewegung. Die Bundesbehörden hatten es noch immer nicht für nötig befunden, die Versorgung der Bevölkerung durch eine funktionierende Rationierung und andere geeignete Massnahmen zu gewährleisten. Die galoppierende Teuerung frass die in den gewerkschaftlichen Aktionen erkämpften Lohnerhöhungen immer wieder weg. Andererseits waren Industrie und Armee auf die Arbeiterschaft angewiesen. Die Begehren der Arbeiterorganisationen zur Verbesserung der Versorgung stiessen aber weitgehend auf taube Ohren.

Auf Grimms Initiative wählten am 4. Februar 1918 Vertreter des SGB, der Sozialdemokratischen Partei der Schweiz (SPS), der sozialdemokratischen Nationalratsfraktion und der sozialdemokratischen Presse ein Komitee, das als Oltener Aktionskomitee (OAK) in die Geschichte einging. Obwohl es über keinerlei statutarische Kompetenzen verfügte, entwickelte es sich unter Grimms Führung zur eigentlichen Exekutive der Arbeiterbewegung. Es stellte mehrfach Begehren an die Bundesbehörden. So verlangte es im März ein Fünfzehn-Punkte-Wirtschaftsprogramm mit dem Schwergewicht auf der Lebensmittelversorgung, im April den Verzicht auf eine Milchpreiserhöhung und im Juli wiederum ein Elf-Punkte-Programm für eine verbesserte Lebensmittelversorgung, für Lohnerhöhungen und Arbeitszeitverkürzungen sowie gegen die vom Bundesrat verfügte Einschränkung des Koalitionsrechts. Zur Unterstützung der Forderungen trat Ende Juli 1918 in Basel ein Arbeiterkongress zusammen, der auf Antrag des OAK unter anderem beschloss: «Für den Fall, dass der Bundesrat nicht unverzüglich genügende Zugeständnisse macht, beschliesst der Kongress die Verhängung des allgemeinen Landesstreiks.»[34] Die Begehren wurden also nicht mehr unverbindlich eingereicht, sondern versehen mit einer Generalstreikdrohung. Der Bundesrat konnte sie nicht mehr einfach ignorieren, sondern musste

---

33 Grimm, Robert: Revolution und Massenaktion, Bern 1919, S. 9.
34 Protokoll des Allgemeinen Schweizerischen Arbeiterkongresses. Samstag den 27. und Sonntag den 28. Juli 1918 in der Burgvogtei in Basel, Basel 1918, S. 77.

ihnen teilweise entsprechen, um die Gefahr abzuwenden. Der Arbeiterkongress hatte aber, wie Grimm später festhielt, noch eine weitere Dimension: «Nicht für den Massenstreik zu haben war bislang das Gros des Verkehrs- und Staatspersonals. Es glaubte, seine ökonomischen und sozialen Forderungen auf dem Wege des Feilschens und des Antichambrierens bei allen parlamentarischen Gruppen zu erreichen. Die Bitterkeit der Erfahrungen läuterte die Erkenntnis. In Basel schloss es sich dem wirtschaftlichen und sozialen Aktionsprogramm der Arbeiterschaft an.»[35]

Das OAK handelte unter Grimm in einem widersprüchlichen Umfeld. Einerseits verfügte es nicht über klare Befugnisse und war deshalb weit stärker als die Organe von SPS und Gewerkschaften dem Druck radikaler Strömungen ausgesetzt. Andererseits drang der Generalstreikgedanke infolge seiner wiederholt überzeugenden Propagierung auch in politisch gemässigte Schichten der Arbeiterschaft ein. Im November 1918 war es dann aber nicht die Strategie des OAK, sondern die Besetzung Zürichs durch die Armee, welche die Streikbewegung auslöste. Es entsprach aber durchaus Grimms Konzept, dass dieser sich mit dem OAK sofort an die Spitze stellte, um die Empörung zu kanalisieren. Nur so, schien ihm, könnte ein geordneter Verlauf wie 1912 in Zürich gewährleistet werden. Daher rief das OAK zuerst nur zu einem Proteststreik am Samstag, dem 9. November, auf. Nachdem in Zürich die Besatzungstruppen versucht hatten, eine Demonstration zu verhindern, entwickelte sich eine Eigendynamik. Unter diesen Bedingungen beschloss das OAK auf Dienstag, den 12. November, einen landesweiten Generalstreik auszurufen. Daran beteiligten sich gemäss einer späteren Umfrage des SGB rund 250 000 Personen. Überall dort, wo die Armee auf Provokationen verzichtete, kam es kaum zu nennenswerten Zwischenfällen. Den tiefsten Eindruck hinterliess die Beteiligung der Eisenbahner, welche die Bewegung in sonst kaum berührte ländliche Gegenden trugen. Am 13. November verlangte der Bundesrat ultimativ den bedingungslosen Abbruch. Das OAK fügte sich dem Druck und rief zur Wiederaufnahme der Arbeit auf, so dass am 15. November, am Freitagmorgen, fast überall wieder gearbeitet wurde. An die Adresse der Gegner des Abbruchs erklärte Grimm einen Monat später auf dem Berner Arbeiterkongress: «Man erklärt […], dass es möglich gewesen wäre, die Kampfsituation auf seiten der Arbeiter am Donnerstag [14. November] noch zu entwickeln und zu steigern, aber man vergisst dabei zu sagen, inwieweit auch der Gegner in der Lage gewesen wäre, seine Kampfpositionen zu entwickeln.»[36]

35 Grimm (wie Anm. 33), S. 12.
36 Protokoll des II. Allgemeinen Schweizerischen Arbeiterkongresses Sonntag den 22. und Montag den 23. Dezember 1918 im Volkshaus Bern, Bern 1919, S. 88.

Nach dem Landesstreik

Nach dem Abbruch des Generalstreiks klafften die Ansichten über dessen Bedeutung weit auseinander. Die Mehrheit im bürgerlichen Lager – aber auch ein bedeutender Teil der Linken – sprach von einer Niederlage. Anderer Meinung waren aber Grimm und seine Gesinnungsgenossen. Für sie schuf der Generalstreik eine völlig neue Ausgangslage.[37] Die Gewerkschaften fanden im Gewerbe nachhaltig Anerkennung als Vertragspartner, und selbst die Arbeitgeberverbände der Industrie, die sich vorher nur äusserst zurückhaltend oder überhaupt nicht auf Gespräche eingelassen hatten, zeigten nun Interesse an punktuellen Absprachen. Die wichtigsten betrafen die Einführung der 48-Stunden-Woche, die in einigen Branchen bis zu elf Stunden Arbeitszeitverkürzung brachte.[38] Auch die Bundesbehörden, namentlich das Volkswirtschaftsdepartement, begannen Gewerkschaften in ihre Entscheidungsprozesse einzubeziehen.[39] Nur am Rande sei erwähnt, dass die weit bessere Berücksichtigung der Interessen der Arbeiterschaft im Zweiten Weltkrieg zum Teil explizit mit dem Verweis auf die Generalstreikgefahr begründet wurde. Der Historiker André Lasserre kommt in seiner gründlichen Studie zur öffentlichen Meinung zwischen 1939 und 1945 nicht zu Unrecht zum paradoxen Schluss: «1918 mag das wichtigste Jahr für den Zweiten Weltkrieg in der Schweiz sein [...].»[40]

In seinen letzten Lebensjahren bemühte sich Grimm im Umfeld des Kalten Krieges, in dem sich selbst Sozialdemokraten und Gewerkschafter mehr oder weniger vom Generalstreik distanzierten, um dessen Rechtfertigung. Als der Aargauer Bezirkslehrer Willi Gautschi in den frühen 1950er Jahren an der Universität Zürich seine Dissertation über den Generalstreik von 1918 verfasste, blieben ihm die meisten Akten wegen der Sperrfrist verschlossen. Dagegen konnte er die Protokolle des OAK einsehen und auf die Unterstützung Grimms zählen. Dieser stimmte sicher auch weitgehend der Schlussfolgerung Gautschis zu, wenn dieser schrieb: «Im Generalstreik von 1918 darf der Höhepunkt des Emanzipationskampfes der schweizerischen Arbeiterbewegung erblickt werden. Die Arbeiterschaft war zwar eine Minderheit, aber sie wollte als wichtiges Ele-

---

37 Zur Debatte innerhalb der Arbeiterbewegung vgl. Protokoll (wie Anm. 36).
38 Degen, Bernard: Abschied vom Klassenkampf. Die partielle Integration der schweizerischen Gewerkschaftsbewegung zwischen Landesstreik und Weltwirtschaftskrise (1918–1929), Basel 1991, S. 29–113.
39 Kübler, Markus: Die Integration des Schweizerischen Gewerkschaftsbundes in das politische System der Schweiz in den Jahren 1908 bis 1939, Bern 1996 (Diss., Ms.), vor allem S. 124–147.
40 Lasserre, André: Schweiz: Die dunkeln Jahre. Öffentliche Meinung 1939–1945, Zürich 1992, S. 435.

ment des wirtschaftlichen und staatlichen Lebens ernst genommen werden. Im Kampf um ihre Anerkennung hatte sie sich in der Anwendung der Mittel nicht wählerisch gezeigt. Nachdem es ihr gelungen war, sich die ihr zukommende Position zu verschaffen, wurde sie zu einer tragenden Stütze unserer staatlichen Gemeinschaft.»[41] Grimm hätte aber angefügt, dass die bürgerliche Mehrheit die Interessen der Arbeiterschaft immer wieder verletze und dass diese deshalb stets aufs Neue für deren Durchsetzung kämpfen müsse. In seinem letzten grösseren Werk, seiner Übersicht über die Schweizer Geschichte im 20. Jahrhundert, nahm er den Landesstreik als Ausgangspunkt für seine Betrachtungen und hielt fest: «Die Arbeiterklasse hat 1918 eine Schlacht verloren und einen Sieg gewonnen. Die Schlacht war kurz, der Sieg nachhaltig. Zusammen mit den internationalen Ereignissen und dem Ausgang des Krieges brachte der Grosskampf eine Wende in der Geisteshaltung des Volkes und seiner Einstellung zu den sozialen Problemen. Er schuf die Voraussetzungen für eine Reihe von materiellen und kulturellen Verbesserungen im Leben der Arbeiter.»[42] Grimm betrachtete diese Errungenschaften aber keineswegs als gesichert und schloss seine Ausführungen mit der Mahnung: «Solange die Herrschaft des Kapitals, die kapitalistische Moral von der Bereicherung und vom Profitstreben besteht, währt die Unsicherheit der Existenz und der Lebensmöglichkeiten der Arbeiter. Darum strebt die klassenbewusste Arbeiterschaft nach höheren Gesellschaftsformen und deren Vollendung in der Gemeinwirtschaft.»[43]

---

41   Gautschi, Willi: Das Oltener Aktionskomitee und der Landes-Generalstreik von 1918, Zürich 1955, S. 229 f.
42   Grimm, Robert: 50 Jahre Landesgeschichte, in: Der VPOD im Spiegel des Zeitgeschehens 1905–1955. Jubiläumsausgabe in drei Bänden zum 50jährigen Bestehen des Verbandes des Personals Öffentlicher Dienste, Bd. 1, Zürich 1955, S. 40.
43   Ebd., S. 68.

Eigenmächtig und visionär

Bauherr des Berner Staatsarchivs am Falkenplatz

Peter Martig

Eines sei gleich vorweggenommen: das Thema, das im Folgenden behandelt wird, steht nicht im Zentrum der aktuellen Grimm-Forschung. Es geht hier bestenfalls um eine «Nebenrolle» Grimms, genauer gesagt um seine Einflussnahme beim Bau des neuen Berner Staatsarchivs kurz vor dem Zweiten Weltkrieg. Immerhin werden dabei einige Bereiche berührt, die Auskunft geben über die bisher wenig erforschte Zeit Grimms als Berner Regierungsrat und Baudirektor. Im Mittelpunkt steht, wie könnte es anders sein, Grimms starke Persönlichkeit, die sich auch dann gegen offensichtliche Widerstände durchsetze, wenn die politische und rechtliche Ausgangslage keinen grossen Spielraum mehr übrig zu lassen schien.

Grimms Überlegungen im Zusammenhang mit dem Archivneubau sind nur dann nachvollziehbar, wenn man die örtlichen und räumlichen Verhältnisse des Berner Staatsarchivs in den 1930er Jahren kennt. Die wenig ergiebige Amtszeit von Staatsarchivar Gottlieb Kurz ging im Dezember 1936 zu Ende. Sein Nachfolger, Rudolf von Fischer, trat am 15. März 1937 sein Amt an.[1] Das Erbe, das er antraf, war nicht eben erfreulich. Das Staatsarchiv besass praktisch keine Platzreserven mehr; seine Bestände waren auf unzählige Standorte in der Stadt Bern verteilt und zudem weitgehend unerschlossen.[2] Auf Initiative von Baudirektor Walter Bösiger (1878–1960) hatte deshalb der renommierte Architekt Karl Indermühle (1877–1933), als Leiter des Münsterwerks ein hervorragender Kenner der spätgotischen Baukunst, schon in den frühen 1930er Jahren mit der Ausarbeitung eines Projekts begonnen, das von einer Gesamterneuerung der Rathausgruppe in der Berner Altstadt ausging. Das Projekt Indermühle, das nach Karls Tod auf seinen Sohn Peter (1910–1984) überging, sah vor, auf dem Areal der bisherigen Staatskanzlei und der beiden östlich daran anschliessenden Häuser ein neues Staats-

---

1 Bericht über die Staatsverwaltung des Kantons Bern (Staatsverwaltungsbericht) 1937, Bern 1937, S. 3.
2 Emil Meyer, Stellvertreter des Staatsarchivars, spricht von 56 Räumen im Rathaus, Kanzleigebäude, Postgasse 70 und 68 sowie im Käfigturm. Meyer, Emil: Aus der Geschichte des bernischen Staatsarchivs, in: Berner Zeitschrift für Geschichte und Heimatkunde (BZGH) 1940/4, S. 193.

archiv zu errichten, in welchem auch die Staatskanzlei Platz finden sollte.[3] Zu diesem Zweck sollten die Häuser an der Postgasse 68–72 vollständig abgebrochen und durch eine dem Stil der Berner Altstadt nachempfundene Häusergruppe ersetzt werden. Am 24. November 1937 genehmigte der Grosse Rat das Projekt Indermühle einstimmig. Auch die Volksabstimmung vom 20. Februar 1938 ergab ein positives Resultat; das Berner Stimmvolk stimmte dem Umbauprojekt mit 46 191 Ja gegen 15 330 Nein zu.[4] Als Kostensumme war ein Betrag von 1 580 000 Franken vorgesehen.

Das Projekt Indermühle wäre zweifellos realisiert worden, wenn nicht im Frühjahr 1938 ein Wechsel an der Spitze der kantonalen Baudirektion stattgefunden hätte. Am 22. Mai 1938 wurde Walter Bösiger durch Robert Grimm abgelöst. Mit Grimms Amtsübernahme entstand in der Frage des Standortes des künftigen Staatsarchivs eine völlig neue Situation. Der schwere Eingriff in die Bausubstanz der Berner Altstadt schien Grimm von allem Anfang an nicht zu behagen. Als die Detailkostenberechnungen des Altstadtprojekts dann auch noch Mehrausgaben von rund 400 000 Franken ergaben, stand für Grimm fest, dass völlig neue Wege eingeschlagen werden mussten.

Die Situation, die daraus entstand, ist in der Geschichte des Kantons Bern wohl einmalig. *Nach* der Zustimmung durch den Grossen Rat und *nach* der positiven Volksabstimmung entschied Grimm ebenso überraschend wie eigenmächtig, auf das Projekt an der Postgasse zu verzichten. Aus Spargründen, so die offizielle Lesart, liess er von Walter von Gunten (1891–1972), als Architekt ein Vorkämpfer und Förderer der architektonischen Moderne, der sich in den 1930er Jahren der neuen Sachlichkeit zugewandt hatte, ein Projekt ausarbeiten, welches die Instandstellung der Häuser an der Postgasse für die Staatskanzlei – allerdings ohne Staatsarchiv – vorsah. Für das Archiv sollte am Falkenplatz ein Neubau errichtet werden.[5]

Mit dem Areal der Erbengemeinschaft König hinter dem Hauptgebäude der Universität war rasch ein geeignetes Grundstück gefunden. Es befand sich bereits seit einigen Jahren im Besitz des Kantons und war eigentlich für Zwecke der Hochschule bestimmt. Der Protest der Universitätsleitung gegen Grimms Archivpläne hielt sich überraschenderweise in Grenzen, was wohl nicht zuletzt dem Umstand zu verdanken war, dass der Rektor des akademischen Jahres

---

3 Staatsverwaltungsbericht 1938, S. 4 f.; Hofer, Paul: Die Kunstdenkmäler des Kantons Bern, Bd. III: Die Staatsbauten der Stadt Bern, Basel 1947, S. 71.
4 Staatsverwaltungsbericht 1938, S. 4.
5 Ebd., S. 5.

1937/38 Richard Feller⁶ hiess. Im Auftrag der Baudirektion arbeitete Walter von Gunten innert kürzester Zeit ein Projekt aus, welchem der Regierungsrat Ende Oktober und der Grosse Rat am 14. November 1938 ihre Zustimmung gaben. Das neue Gebäude war in einem sachlichen, modernen Baustil gehalten und der Bauhaus-Architektur nachempfunden. Die bewilligte Kostensumme betrug diesmal 850 000 Franken. Aus Mitteln für die Bekämpfung der Arbeitslosigkeit beteiligte sich die Eidgenossenschaft mit einem Anteil von zwanzig Prozent an den Baukosten.[7] Im Rahmen des Archivneubaus spielte dann – ganz im Sinne Grimms – die Arbeitsbeschaffung tatsächlich eine wesentliche Rolle. So wurden zum Beispiel für die zu erstellenden Archivgestelle Holzkonstruktionen gewählt, welche den Schreiner- und Zimmerleuten der Region Bern willkommene zusätzliche Arbeitsmöglichkeiten boten.[8]

Grosses Gewicht legte Baudirektor Grimm auf die künstlerische Ausgestaltung des Archivbaus. Die Künstler, die er gemeinsam mit Architekt von Gunten auswählte, waren vornehmlich der gegenständlichen Stilrichtung verpflichtet. Die Rolle, die Grimm der Architektur und der Kunst zuschrieb, entsprach offenbar eher dem konservativen Zeitgeschmack als progressivem Denken. Im gleichen Jahrzehnt, in dem Paul Klee ebenfalls in Bern sein wegweisendes abstraktes Werk vollendete, plädierte Grimm für «Erdverbundenheit und Bodenständigkeit».[9] Einen «hervorragenden Schriftsteller» zitierend, hielt Grimm in einer Publikation über bernische Bauten und Domänen fest: «Erst aus der Vergangenheit lernen wir unser eigenes buntes Leben verstehen, das wir ohne ihre Hilfe kaum zu deuten vermögen. Ewige Werte seines Geistes, seines Volkes macht der Mensch sichtbar in der Kunst. Zumal in der Baukunst spiegeln sich zwar äussere Formen und Notwendigkeiten des täglichen Lebens, in ihr ist aber zugleich der wahre Inhalt unseres Seins verkörpert. Durch die Werke der Baukunst wirkt der Geist der Vergangenheit lebendig und überall sichtbar in die Gegenwart hinein, hilft unser Wesen und damit auch unser Handeln bestimmen.»[10]

Der bekannte Berner Bildhauer Karl Schenk (1905–1973) trug zum Archivbau das Relief über dem Haupteingang bei. Es stellt einen weisen Alten dar, der einem Jüngling das schriftliche Erbe der Vergangenheit in Form einer gerollten

---

6 Richard Feller (1877–1958), Ordinarius für Schweizer Geschichte an der Universität Bern, Verfasser der vierbändigen «Geschichte Berns» von den Anfängen bis 1798.
7 Meyer, Emil: Aus der Geschichte des bernischen Staatsarchivs, in: BZGH 1940/4, S. 195.
8 Von Gunten, Walter: Neubau Staatsarchiv, in: BZGH 1940/4, S. 217.
9 Regierungsrat des Kantons Bern (Hg.): Bauten und Domänen des Staates Bern, Basel 1941, Geleitwort.
10 Ebd., Geleitwort.

Urkunde übergibt.[11] Dem jungen Bildhauer Marcel Perincioli (1911–2005) fiel die Ehre zu, mit einer Bronzestatue die Gartenanlage vor dem Archiv zu verschönern. Sie stellt einen knienden Narziss dar, der sich im Wasser eines Teiches spiegelt. Grimm und von Gunten hatten anlässlich eines gemeinsamen Besuchs der Landesausstellung 1939 in Zürich ein Gipsmodell der Statue entdeckt und waren von ihr derart angetan, dass sie Perincioli spontan den Auftrag erteilten, die Figur in Bronze zu giessen.[12] Beide Kunstwerke, Karl Schenks Relief wie auch Marcel Perinciolis Narziss, verkörpern wohl das von Grimm selber geforderte «Bewusstsein von der Stetigkeit der Dinge und des Geschehens und gleichzeitig von ihrem Fluss».[13] Für Perincioli stellte die Statue für das Staatsarchiv den ersten grossen Auftrag in seiner noch jungen Künstlerlaufbahn dar.

Eigenmächtig und visionär, dies ist wohl tatsächlich die richtige Bezeichnung für Grimms Beitrag zur Sanierung des Berner Rathauses und zum Neubau des Staatsarchivs. Auch wenn sein Leistungsausweis als Baudirektor des Kantons Bern rückblickend nicht berauschend sein mag – das politische Umfeld bot kaum Möglichkeiten für repräsentative staatliche Hochbauten –, erlangte Grimms Werk doch Nachhaltigkeit und bleibende Wirkung.[14] Über die Qualität des Grimm'schen Rathausumbaus kann man geteilter Meinung sein; schon unter den Zeitgenossen schieden sich die Geister. Die Grundidee einer Wiederherstellung der wertvollsten Konstruktionselemente aus der Frühzeit des Gebäudes unter Opferung der Bauglieder aus dem 18. und 19. Jahrhundert erlangte nicht überall Zustimmung.[15] Anders ist Grimms Idee und Umsetzung eines Staatsarchiv-Neubaus am Falkenplatz zu beurteilen. Der Bau eines modernen Ansprüchen genügenden Archivs mit grosszügigen Platzreserven und einem zweckmässigen Lesesaal war dem Historiker Grimm zweifellos wichtig. Hier setzte er im gesamtschweizerischen Kontext neue Massstäbe. Mit seinem «Befreiungsschlag» – das Archivgebäude am Falkenplatz befriedigte in der Folge sowohl Architekten wie Archivare[16] – beeinflusste er die Ber-

11 Ebd., S. 25. Ebenfalls von Karl Schenk stammen die Bronzebüste auf Robert Grimms Grab sowie die Büste von Walter von Gunten, die heute im Foyer im ersten Stock des Staatsarchivs steht.
12 Persönliche Mitteilung Perinciolis an den Autor.
13 Regierungsrat des Kantons Bern (Hg.): Bauten und Domänen des Staates Bern, Basel 1941, Geleitwort.
14 Ebd., S. 288. Der Verwaltungsbericht nennt für Grimms von 1938 bis 1946 dauernde Amtszeit, die weitgehend vom Krieg überschattet wurde, nur zwei Hochbauten: das Staatsarchiv und die Renovation des Rathauses. Verwaltungsbericht der Direktion der Bauten und Eisenbahnen des Kantons Bern für das Jahr 1946, Bern 1947, S. 1.
15 Hofer, Paul: Die Kunstdenkmäler des Kantons Bern, Bd. III: Die Staatsbauten der Stadt Bern, Bern 1947, S. 74.
16 Von Gunten, Walter: Neubau Staatsarchiv, in: BZGH 1940/4, S. 215 und 218. Zur zeitgenös-

ner Archivgeschichte auf Jahrzehnte. Selbst die später tatsächlich vollzogene Erweiterung des Gebäudes war in der Grimm'schen Vision von 1939/40 bereits enthalten.[17]

Grimms Bekenntnis zu Bern

«Ich bin von Geburt kein Berner, ich bin ein Zürcher, aber ich habe den Kanton Bern und das Bernerland von der ersten Minute an, da ich sie gesehen habe, lieb gewonnen. Ich erinnere mich, als ob es gestern gewesen wäre, wie ich im Jahre 1900 nach Bern gefahren bin. An einem heissen Sommertag habe ich zum ersten Mal das Bernerland gesehen: die prächtigen Bauernhöfe, die gesunde Bevölkerung, der man Bodenständigkeit und offenes Verständnis ansehen konnte; davon ist mir ein unauslöschlicher Eindruck geblieben.
Nach kurzer Zeit bin ich als Handwerksbursche – man könnte sagen zu einem Zwischenspiel – ins Ausland gereist, habe Länder und Meere gesehen, aber es hat mich immer wieder nach Bern gezogen, weil ich fühlte, da ist eine Bodenverbundenheit, ein Wesen, das vielleicht für das Denken und das Erfassen der Dinge etwas mehr Zeit braucht, das aber fest und unerschütterlich bleibt und das versucht, jenen gesunden Menschenverstand zur Geltung zu bringen, der immer noch die Grundlage für die Höherentwicklung der Menschen und des Staates war.»
(Robert Grimm in seiner Abschiedsrede als Regierungsrat vor dem Grossen Rat des Kantons Bern, 27. November 1946)

---

sischen Würdigung des Berner Staatsarchivs siehe Gössi, Anton (Hg.): Archivbauten in der Schweiz und im Fürstentum Liechtenstein 1899–2009, Baden 2007.

[17] Tatsächlich konnte das Staatsarchiv am Falkenplatz später die Lagerkapazität verdreifachen. Unter der Leitung der Architektinnen Magdalena Rausser und Jacqueline Stampfli entstand zwischen 1984 und 1986 ein unterirdischer Kulturgüterschutzraum, der den Bedürfnissen des Staatsarchivs bis ins Jahr 2020 genügen dürfte. Vgl. Baudirektion des Kantons Bern, Kantonales Hochbauamt (Hg.): Staatsarchiv Bern. Umbau und Erweiterung, Bern 1988. Baudirektion des Kantons Bern, Hochbauamt (Hg.): Staatsarchiv Bern, Umbau Verwaltungstrakt, Bern 1991.

Eine internationale Führungsfigur des Sozialismus

Marc Vuilleumier

Vor mehr als dreissig Jahren versuchte Georges Haupt, Führungsgruppen der internationalen Arbeiterbewegung zu charakterisieren und eine Typologie der Aktivisten zu bilden.[1] Robert Grimm zählte nicht zu den vorgestellten Figuren, obwohl dies von der Sache her gerechtfertigt gewesen wäre, denn er gehörte während eines grossen Teils seines Lebens zu dieser Kategorie. Dennoch wurde für die Zwischenkriegszeit diese Seite Grimms nicht immer gebührend gewürdigt. Für die Zeit vor 1918 ist seine Rolle im Zusammenhang mit den internationalen sozialistischen Konferenzen von Lugano, Zimmerwald und Kiental weithin bekannt, ebenso seine verunglückte Mission von 1917 in Petrograd. Seine Tätigkeit im Rahmen der Internationalen Arbeitsgemeinschaft sozialistischer Parteien (IASP) von 1920 bis 1923 ist in einer Doktorarbeit über diese Organisation gut dokumentiert.[2] Grimms Wirken in der Sozialistischen Arbeiter-Internationale (SAI) ist hingegen weniger erforscht, trotz einiger Randbemerkungen seiner Biographen.[3] Zu bedenken ist, dass die historische Aufarbeitung der Geschichte der SAI noch lückenhaft ist.[4] Zudem stellen sich bei der SAI wie auch bei den anderen Internationalen zahlreiche methodische Probleme.[5] Ausserdem stellt die SAI keine Referenz, keinen «Ort der Erinnerung» für heutige Bewegungen dar.

1 Haupt, Georges: L'historien et le mouvement social, Paris 1980, S. 267–292.
2 Donneur, André: Histoire de l'Union des Partis socialistes pour l'action internationale, Lausanne 1967.
3 Voigt, Christian: Robert Grimm. Kämpfer, Arbeiterführer, Parlamentarier. Eine politische Biographie, Bern 1980; McCarthy, Adolf: Robert Grimm. Der schweizerische Revolutionär, Bern 1989.
4 Der Umfang des Archivbestands der SAI im Internationalen Institut für Sozialgeschichte in Amsterdam, beinahe dreizehn Laufmeter, verunmöglicht eine schnelle Suche nach Einzelheiten. Die Sitzungen der Organe und Kongresse der Organisation produzierten eine Unmenge an Unterlagen. Hinzu kamen die vom Sekretariat verfassten Mitteilungen und Rundbriefe. Die für den vorliegenden Text verwendete Dokumentation stammt vor allem aus Recherchen im Zusammenhang mit einem Beitrag für das hundertjährige Jubiläum der Sozialdemokratischen Partei der Schweiz im Jahr 1988. Damals war der Archivbestand der SAI noch nicht vollständig erfasst, und das Register dazu wurde erst fünf Jahre später veröffentlicht.
5 Braunthal, Julius: Geschichte der Internationale, Bd. 2, Hannover 1963; Fondazione Giangiacomo Feltrinelli: L'Internazionale operaia e socialista tra le due guerre, a cura di Enzo Colloti, Milano 1985 (Annali, anno 23°).

Sie wurde 1923 gegründet und erreichte ihren Höhepunkt vermutlich am Wiener Kongress von 1931. Ihre Ausstrahlung war aber begrenzt, denn sie war durchzogen von inneren Widersprüchen, die zu kaschieren immer weniger gelang. In den neun folgenden Jahren war die SAI nicht in der Lage, einen Kongress einzuberufen, und verschwand 1940 sang- und klanglos. Daraus erklärt sich, dass sie praktisch vergessen wurde. «Die nachfolgenden Generationen sprechen ein hartes Urteil über die SAI. Sämtliche historischen Studien betonen ihre tragische Ohnmacht», schreibt der Historiker Alain Bergounioux.[6]

In der SAI beendete Grimm seine Laufbahn als internationale Führungsfigur. Begonnen hatte dieser Werdegang vor 1914, als ihn die Sozialdemokratische Partei der Schweiz (SPS) an die internationalen Kongresse von Stuttgart (1907), Kopenhagen (1910) und Basel (1912) delegierte. Der Basler Kongress wählte ihn in das Internationale Sozialistische Büro, das etwa vierzigköpfige Leitungsorgan der Zweiten Internationale. Seinen Status als internationaler Arbeiterführer im Sinne von Georges Haupt erlangte er vollends durch die Organisation der Berner Verständigungskonferenz zwischen deutschen und französischen Parlamentariern 1913 und durch seine Initiativen in der Zimmerwalder Bewegung zur Zeit des Ersten Weltkriegs. Vom Juli 1919 bis Januar 1920 hielt ihn seine Haftstrafe, die er als Präsident des Aktionskomitees des Generalstreiks vom November 1918 zu verbüssen hatte, von der internationalen Bühne fern.

Damals waren die sozialdemokratischen Parteien zutiefst gespalten. Jene, die sich 1914 der eigenen Regierung angeschlossen und deren Kriegsführung unterstützt hatten, die «Sozialpatrioten», wollten die Zweite Internationale wiederaufbauen. Die Dritte Internationale, im März 1919 in Moskau gegründet, zog jene Sozialdemokraten an, welche die Politik des Burgfriedens und die Kollaboration mit der eigenen Bourgeoisie abgelehnt hatten. Aber deren schwache Repräsentativität liess viele zögern. Zu ihnen gehörte auch Grimm, der sich an der Sitzung des Parteivorstands vom 22. Juni 1919, vor seinem Haftantritt, gegen den Beitritt der SPS aussprach.

Nach Grimms Haftentlassung, am 18. April 1920, nahm der Parteivorstand auf seinen Vorschlag hin eine Empfehlung zuhanden des nächsten Parteitags an, worin ein allfälliger Beitritt zur Dritten Internationale geschickt an eine Reihe von Bedingungen geknüpft wurde: «Einig in den Zielen der in Moskau gegründeten Internationale, übereinstimmend mit der Erklärung des Moskauer Kongresses, dass dort, wo die Vorbedingungen einer Arbeiterrevolution noch nicht herangereift sind, das Regime der politischen Demokratie zur Organisation

---

6 Bergounioux, Alain: L'Internationale ouvrière socialiste entre les deux guerres, in: Portelli, Hugues (Hg.): L'Internationale socialiste, Paris 1983, S. 23 (aus dem Französischen).

gegen das Kapital ausgenützt werden muss, bestrebt, jeden Versuch zu unterstützen, der das klassenbewusste Proletariat international einigt, seine revolutionäre Taktik vereinheitlicht und dadurch die endgültige Auseinandersetzung mit der Bourgeoisie beschleunigt, beschliesst der Parteitag [...] den Beitritt zur III. Internationale.»[7]

Jedoch führten die 21 Beitrittsbedingungen, die im Juli 1920 vom zweiten Kongress der Dritten Internationale angenommen wurden, zu Uneinigkeiten innerhalb der SPS. Ein linker Flügel akzeptierte sie, während Grimm und mit ihm die zentristische Mehrheit sie zurückwies, um ein Auseinanderbrechen der Partei zu verhindern. Andere sozialdemokratische Parteien reagierten ähnlich. Am 6. Oktober 1920 liess der österreichische Parteisekretär Friedrich Adler in der *Berner Tagwacht* und in andern sozialdemokratischen Zeitungen in Europa einen Aufruf erscheinen, in dem er sowohl den Beitritt zur Dritten Internationale wie auch die Wiederbelebung der Zweiten Internationale wegen deren «Sozialpatriotismus» verwarf. Adler lud die zentristischen Parteien zu einem Treffen ein, um gemeinsam die Bildung einer wirklichen Internationale ins Auge zu fassen.[8]

Diese Haltung teilte Grimm, der im Parteivorstand vom 9. und 10. Oktober in Olten der Leitung der SPS das Mandat erteilen liess, «mit jenen Parteien des Auslandes, die sich der Kommunistischen Internationale anzuschliessen wünschen, sich aber mit den 21 Bedingungen nicht einverstanden erklären können, in Verbindung zu treten, um gemeinsam mit diesen Parteien eine Revision der Aufnahmebedingungen zu erstreben, die den internationalen Zusammenschluss der revolutionären Arbeiterparteien ermöglicht».[9] Grimm war davon überzeugt, dass die 21 Bedingungen eines Tages überarbeitet werden würden.

Sieben Parteien, welche die Zweite Internationale verlassen hatten, ohne der Dritten Internationale beizutreten, kamen nach Verhandlungen unter reger Beteiligung Grimms überein, sich vom 5. bis 7. Dezember 1920 in Bern zu versammeln. Es waren dies die Unabhängige Sozialdemokratische Partei Deutschlands (USPD), die Sozialdemokratische Arbeiterpartei Österreichs (SAPÖ), die Unabhängige Arbeiterpartei Grossbritanniens (Independent Labour Party, ILP), die Sozialistische Partei Frankreichs (Section française de l'Internationale ouvrière, SFIO), die Sozialdemokratische Arbeiterpartei Russlands, die Deutsche Sozialdemokratische Arbeiterpartei in der tschechoslowakischen Republik und die SPS. Diese Parteien veröffentlichten einen von Adler und Grimm

---

7 Voigt (wie Anm. 3), S. 203–211, hier S. 208; Donneur (wie Anm. 2), passim.
8 Donneur (wie Anm. 2), S. 48–54.
9 Voigt (wie Anm. 3), S. 211.

verfassten Aufruf für eine internationale sozialistische Konferenz am 22. Februar 1921 in Wien, die allen Parteien offenstehen sollte, die mit der Zweiten Internationale gebrochen hatten. Er begann mit der Feststellung: «Durch den Weltkrieg ist die Periode der entscheidenden Kämpfe zwischen dem Proletariat und der Bourgeoisie um die Macht im Staate eingeleitet worden.»[10] Nach einer Analyse der Vorherrschaft des englischen und amerikanischen Kapitalismus und des französischen Militarismus wurden die Konterrevolution gebrandmarkt, die Interventionen und die Blockade gegen Sowjetrussland scharf kritisiert und die Unterdrückung der Freiheitsbewegungen der unterdrückten Nationalitäten und Kolonialvölker angeprangert. Der Aufruf unterstrich die Unvereinbarkeit des Kapitalismus «mit den wirtschaftlichen und sozialen Lebenserfordernissen der proletarischen Massen». Die Friedensverträge hätten die Länder Mittel- und Osteuropas vom Weltmarkt abgetrennt und zu einer Notlage geführt, «die für alle nationalistischen und konterrevolutionären Bestrebungen den stärksten Nährstoff bildet». Der Verlust dieser Märkte würde die Industrie Westeuropas und der Vereinigten Staaten in die Krise reissen und die Gefahr heraufbeschwören, «dass Ost- und Mitteleuropa zu Herden von Lohndrückern würden», zum Nachteil der Arbeiter im Westen. Daher sei es notwendig, alle Kräfte des Weltproletariats zu vereinen. Die sogenannte Zweite Internationale umfasse nur die reformistischen und nationalistischen Flügel des Sozialismus. Diese würden die Notwendigkeit des revolutionären Klassenkampfes verkennen und sich ausschliesslich für demokratische und parlamentarische Methoden aussprechen. «Sie geben praktisch den revolutionären Kampf um die Machtergreifung des Proletariats auf, indem sie den reformistischen Ministerialismus zulassen und in ihm den Weg zum Sozialismus sehen.» Die Dritte Internationale dagegen wolle die Methoden der Bolschewiki und ihre Arbeiter- und Bauernrevolution allen anderen aufdrängen, ohne Berücksichtigung der Lage in den verschiedenen Ländern.

Die Bildung einer aktionsfähigen internationalen Kampforganisation bedinge in jedem Land den konsequenten Kampf des Proletariats gegen die Herrschaft des Kapitalismus, «wobei Kampfmittel und Taktik bestimmt sind durch den jeweiligen Reifegrad der revolutionären Situation». Solange die Arbeiterklasse nur eine politische Minderheit darstelle, könne sie ihre Kräfte weder ausschliesslich auf den rein gewerkschaftlichen Kampf und die politisch-parlamentarische Intervention konzentrieren noch die revolutionären Methoden anderer Länder schablonenhaft übernehmen. Sobald die Arbeiterklasse aber die Macht ergriffen habe, werde sie diktatorische Mittel einsetzen müssen, um die Sabotage der

---

10 Der volle Wortlaut wird in Braunthal (wie Anm. 5), S. 562–565, wiedergegeben.

Bourgeoisie zu brechen. Diese Diktatur werde nur eine Übergangsphase zwischen Kapitalismus und Sozialismus darstellen. «Es hängt von den gegebenen ökonomischen, sozialen und politischen Verhältnissen des einzelnen Landes ab, welche Formen die Diktatur annehmen wird. Sollte das Proletariat mit den Mitteln der Demokratie die Macht erobern, so wäre, im Falle des Widerstandes der Bourgeoisie, auch die demokratische Staatsgewalt zur Anwendung der Diktatur gezwungen. Wird jedoch in der Periode der entscheidenden Machtkämpfe die Demokratie durch die Schärfe der Klassengegensätze gesprengt, so muss die Diktatur die Form einer Diktatur proletarischer Klassenorganisationen annehmen. Organe der Diktatur können je nach den Verhältnissen des einzelnen Landes Arbeiter-, Soldaten- und Bauernräte oder Gewerkschaften und Betriebsräte oder lokale Selbstverwaltungskörper (Kommunen) oder andere den einzelnen Ländern eigentümliche Klassenorganisationen sein. Indes nicht nur die Diktatur, auch die schliessliche Struktur der proletarischen Demokratie in den einzelnen Ländern müsse ihren besonderen Verhältnissen angepasst sein.»[11] Auch bürgerliche Revolutionen hätten zu ihrer Zeit schliesslich solche länderspezifischen Unterschiede gezeigt.

Dieser von Adler und Grimm verfasste Text wird hier ausführlich wiedergegeben, weil er stark von Letzterem geprägt ist, wie es ein Vergleich mit seinen Publikationen zeigen würde. Die Resolution beruft sich zwar auf den revolutionären Marxismus, betont aber die Notwendigkeit, dass dessen Prinzipien auf die besonderen Bedingungen in den verschiedenen Ländern abgestimmt werden. Erfahrungen aus unterschiedlichen Situationen sollen demnach nicht schematisch auf andere übertragen werden. Wie noch zu zeigen sein wird, hielt Grimm bis 1933/34 an diesen Vorstellungen fest.

Zur Frage der Diktatur sollte eine anachronistische Sicht der Dinge vermieden werden. Während des «langen 19. Jahrhunderts» und noch bis zum Ersten Weltkrieg wiesen die Begriffe «Diktatur» oder «Diktator» nicht die negative Konnotation auf, die wir heute mit ihnen verbinden. Damalige Menschen waren mit der Antike vertraut und verstanden Diktatur im Sinn der altrömischen Institution: Bei Gefahr wird für eine begrenzte Zeit alle Macht in die Hände einer Person gelegt. Dieser Typus des Diktators wird durch Cincinnatus verkörpert.[12] Dass die Macht der Bolschewiki mit der Diktatur des Proletariats gleichgesetzt wurde, bezeichnet eine Wende in der Wahrnehmung des Begriffs, der in der

11 Braunthal (wie Anm. 5), S. 564 f.
12 Die nationalen Aufstände Polens von 1830 und 1863 ernannten und widerriefen abwechselnd ihre Diktatoren, wie sie sie nannten. Garibaldi liess kurz nach seiner Landung auf Sizilien Briefpapier mit der folgenden Kopfzeile herstellen: «La dittatura – Il Generale in capo». Später hat er auch den Briefkopf «Il dittatore» benutzt.

Folge immer negativer besetzt wurde. Innerhalb der SPS hatte Charles Naine die Diktatur des Proletariats, wie sie sich in Russland zeigte, bereits 1918 verurteilt und hielt ihr die Demokratie entgegen, die er für den einzigen Weg zum Sozialismus hielt.[13] Jedoch wurde seine Haltung zunächst nur von einer Minderheit geteilt.

Vom 10. bis 12. Dezember 1920 behandelte in Bern ein ausserordentlicher Parteitag der SPS den Beitritt zur Kommunistischen Internationale. Grimm war dagegen und gewann eine Mehrheit von 315 gegen 213 Stimmen. Die unterlegene linke Minderheit verliess den Saal und gründete im folgenden Frühling die Kommunistische Partei der Schweiz (KPS). In der vergeblichen Hoffnung, die drohende Spaltung abzuwenden und die SPS auf die Grundsätze der bevorstehenden Wiener Konferenz einzustimmen, wurde am Parteitag ein neues Programm angenommen, das viel klarer und radikaler gestaltet war als dasjenige von 1904. Verfasser waren Otto Lang, Ernst Nobs und Robert Grimm, der als «eigentlicher Schöpfer» gilt.[14] Die bereits 1917 angenommene prinzipielle Ablehnung der Landesverteidigung war ebenso darin enthalten wie die Anerkennung der Notwendigkeit der Diktatur des Proletariats in Form eines Rätesystems. Der Kongress bestätigte auch die Zustimmung der Partei zur Wiener Konferenz. Am 13. Dezember bezeichnete die Geschäftsleitung Grimm als ihren Vertreter in der internationalen Vorbereitungskommission, die sich mehrmals traf.

Die Konferenz tagte vom 22. bis 27. Februar 1921 in Wien, in Anwesenheit von 78 Delegierten, die von neunzehn Parteien aus zwölf Ländern entsandt wurden.[15] Mit dabei waren sechs Schweizer, unter ihnen Robert Grimm, Ernest-Paul Graber, Ernst Nobs und Hans Vogel, Chefredaktor der *Berner Tagwacht*, in deren Spalten die internationale Debatte breiten Raum fand. Grimm spielte bei der Konferenz eine wichtige Rolle und leitete die meisten Sitzungen. Die Diskussionen sollen hier nicht ausführlich behandelt werden, jedoch ist Grimms Intervention vom 24. Februar aufschlussreich. Der Aufbau einer wirklichen Internationale, sagte er, könne nur mit klaren Prinzipien vor sich gehen. Klassensolidarität zwischen den Arbeitern aller Länder solle immer über der nationalen Solidarität mit der jeweiligen Bourgeoisie stehen, in Kriegs- wie in Friedenszeiten. Vor 1914 habe es die Zweite Internationale nicht gewagt, solche Grundsätze anzunehmen; sie habe lediglich die Autonomie der Parteien anerkannt und sich mit einer vordergründigen Einheit zufriedengegeben. Als Ausdruck der gegen

---

13   Naine, Charles: Dictature du prolétariat ou Démocratie, Lausanne 1918 (deutsch: Diktatur des Proletariats oder Demokratie? Zürich 1919).
14   Voigt (wie Anm. 3), S. 213.
15   Donneur (wie Anm. 2), S. 85–129, gibt eine eingehende Analyse der Konferenz, auf die ich mich im Folgenden stütze.

ihre Bourgeoisie kämpfenden Massen der Lohnabhängigen müsse sich die neue Internationale die Mittel in die Hand geben, ihre Entscheidungen bindend zu machen.

Die vertretenen Parteien verurteilten trotz einiger Nuancen in ihren Einschätzungen den «Sozialpatriotismus» einhellig und sprachen sich gegen die 21 Bedingungen aus. Sie verzichteten aber darauf, offiziell eine neue Internationale zu gründen, um die Fronten nicht zu verhärten. So schufen sie nur eine Internationale Arbeitsgemeinschaft sozialistischer Parteien (IASP), die sich als Werkzeug zur Herstellung der künftigen Internationale begriff. Dieser Schritt bewahrte sie jedoch nicht vor dem Übernamen «Zweieinhalbte Internationale». Ihre Beschlüsse waren für alle Mitglieder bindend. Zwischen den Kongressen wurde die Organisation von einem Exekutivkomitee geleitet, das neunzehn Mitglieder zählte, unter ihnen Grimm und Graber. Zwischen den Sitzungen der Exekutive wurden die Geschäfte von einem fünfköpfigen Büro wahrgenommen: Friedrich Adler, Sekretär, Jean Longuet, Georg Ledebour, Richard C. Wallhead und Robert Grimm. Dieser setzte sich in der Folge intensiv für die IASP ein und nahm an praktisch allen Sitzungen ihrer Organe teil. Er vertrat dort eine linke Position und sprach sich gegen jegliche Annäherung an die «Sozialpatrioten» aus. Im Auftrag des Vorstands der SPS verfasste er eine Broschüre über die Wiener Konferenz.[16]

Es soll hier nicht die kurze Geschichte der IASP nachgezeichnet, sondern nur Grimms Wirken in diesem Zusammenhang hervorgehoben werden. Neben den vielen Sitzungen der Gremien der IASP und den Berichten hierzu an die SPS wurde Grimm zuweilen als Vertreter der IASP an nationale Kongresse anderer Parteien geschickt. Dort trafen sich die IASP-Führungspersonen aus verschiedenen Ländern, tauschten ihre Meinungen aus, verfochten ihre Standpunkte und entwickelten die Themen, die vom Exekutivkomitee der IASP behandelt werden sollten. Eine Aufstellung über Grimms Reisetätigkeit wäre in dieser Hinsicht wohl sehr aufschlussreich. Grimm war auch stark an den Verhandlungen beteiligt, die zur Berliner Konferenz der drei Internationalen vom 2. bis 5. April 1922 führten. Dort war er einer der zehn Delegierten der IASP. Das Scheitern der Konferenz bestätigte ihn in seiner anfänglichen Skepsis.[17]

Dieses Ereignis markierte den definitiven Bruch mit der Dritten Internationale und den Beginn der Annäherung an die Zweite Internationale. Entscheidend war in diesem Zusammenhang die Fusion der USPD mit der SPD, Mitglied der

---

16 Grimm, Robert: Die Wiener Konferenz der Internationalen Arbeitsgemeinschaft Sozialistischer Parteien, Bern 1921.
17 Zu dieser Konferenz siehe Donneur (wie Anm. 2) und Fayet, Jean-François: Karl Radek (1885–1939). Biographie politique, Berne etc. 2004, S. 412–418.

Zweiten Internationale, am 23. September 1922. Die IASP verlor so ihre stärkste Sektion neben der österreichischen Partei. Die Kontakte wurden intensiver und führten zur Einberufung eines internationalen sozialistischen Kongresses in Hamburg am 21. Mai 1923. Dieser stand im Zeichen der Fusion der IASP mit der Zweiten Internationale.

Graber sass mit Grimm im Exekutivkomitee der IASP und befürwortete die Fusion, während Grimm darin die Aufgabe der Prinzipien von Bern und Wien sah. Lebhafte Debatten entspannen sich 1922/23 innerhalb der SPS. Ein rechter Flügel (Graber) war für die Teilnahme am Hamburger Kongress ohne Vorbedingungen, ein linker (Friedrich Schneider aus Basel, Ernst Nobs aus Zürich, Arthur Schmid aus dem Aargau) wandten sich aus Ablehnung der Zweiten Internationale dagegen. Die Zentristen um Grimm wollten zwar teilnehmen, jedoch unter zahlreichen Vorbedingungen: Aufruf an die Arbeiterklasse zum Handeln gegen die Politik der herrschenden Klassen, Anerkennung der Prinzipien von Wien von 1921 im Fall der Gründung einer neuen Internationale, Zurückweisung der Landesverteidigung und des Burgfriedens sowohl in Friedens- wie in Kriegszeiten und der bindende Charakter der Beschlüsse für alle Mitgliedsparteien. Einen allfälligen Beitritt der SPS würde erst der Parteitag von 1924 beschliessen. Grimms Antrag mit diesem Inhalt obsiegte am Berner Parteitag der SPS vom 20. bis 22. April 1923 mit 159 gegen 93 Stimmen. In seinen Augen sollte die Partei trotz bescheidener Grösse ihrer Mission treu bleiben und die revolutionären Kräfte für die Wiener Prinzipien gewinnen. Er versprach, sich in Hamburg und in einer allfälligen neuen Internationale dafür einzusetzen. In dieser Haltung wurde er durch Friedrich Adler persönlich bestärkt, der am Parteitag als Gast teilnahm.[18]

In Hamburg eröffnete Grimm am Vorabend des internationalen Kongresses eine Konferenz der IASP. Diese löste sich auf und fusionierte gleichzeitig mit der Zweiten Internationale. Der Schritt wurde mit sehr grosser Mehrheit gutgeheissen, darunter fast alle Schweizer Delegierten.[19] Zum Schluss hielt Grimm fest, dass die Form, das heisst die Organisation, zwar verschwinde, deren Geist und Prinzipien aber erhalten blieben und sich durchsetzen würden.

Die beiden Strömungen waren in der gewichtigen Schweizer Delegation – Fanny Kunz, Ernest-Paul Graber, Robert Grimm, Léon Nicole, Ernst Reinhard, Arthur Schmid – etwa gleich stark vertreten. Sie sprach sich nicht gegen die Gründung

---

18 Geschäftsbericht der Sozialdemokratischen Partei der Schweiz pro 1921/22, S. 66 f.; SPS, Protokoll über die Verhandlungen des ordentlichen Parteitages vom 20. bis 22. April 1923 im «Maulbeerbaum» in Bern, Olten 1923, S. 59–102.

19 Gemäss Léon Nicole wurde der Standpunkt der Schweizer Gegner der Fusion von Arthur Schmid dargelegt. Le Travail, 23. Mai 1923.

der Sozialistischen Arbeiter-Internationale (SAI) aus, trat ihr aber auch nicht bei, denn dieser Entscheid blieb dem Parteitag von 1924 vorbehalten. Daher war die SPS in der Folge weder in der 38-köpfigen Exekutive noch im neunköpfigen Büro vertreten. Das Sekretariat – Friedrich Adler und Tom Shaw – hatte seinen Sitz in London.[20] Gemäss Statuten sollten Sozialdemokraten, die ein Ministeramt übernahmen, nicht mehr in Gremien der SAI sitzen. Auch sollten die Beschlüsse der SAI in internationalen Fragen bindend sein. «Insgesamt», so ein Historiker, waren «die Statuten der SAI wie auch die Resolutionen des Hamburger Kongresses stark von der IASP geprägt».[21]

Diese optimistische Meinung hätten wohl viele Schweizer Sozialdemokraten nicht geteilt. Denn die diversen Strömungen innerhalb der SPS blieben bestehen und der Beitritt zur SAI wurde am Basler Parteitag vom 5. bis 7. September 1924 diskussionslos und mit grosser Mehrheit nicht auf die Tagesordnung gesetzt.[22] Der nächste Parteitag vom 12. und 13. September 1925 in Zürich verwarf einen Antrag von André Oltramare (Genf), der den Beitritt zur SAI verlangte. Der Geschäftsbericht pro 1925 hielt fest: «Im Zusammenhang mit unserer isolierten Stellung sind unsere internationalen Beziehungen stark eingeschränkt.»[23]

Die SAI ihrerseits blieb nicht inaktiv. Im Februar 1925 publizierte Friedrich Adler im *Volksrecht* zwei Artikel, die andere Parteiorgane nachdruckten: «Die Internationale des täglichen Lebens». Darin rief er die SPS dringend auf, der SAI beizutreten, um dort ihre Ansichten zu vertreten, was unterschiedliche Reaktionen auslöste.[24]

In London zog sich Tom Shaw nach seinem Eintritt in die erste Labour-Regierung statutengemäss von seinem Amt bei der SAI zurück. Der nunmehr alleinige Sekretär Adler veranlasste im Dezember 1925 die Verlagerung des Sekretariats nach Zürich. Sein Wirken in der Schweiz erlaubte es ihm, den Befürwortern des Beitritts in der SPS persönlich den Rücken zu stärken. Am 20. März 1926 traf er auf dessen Bitte Parteipräsident Ernst Reinhard «vollständig vertraulich». In einem Brief legte Reinhard die verschiedenen Positionen dar: Gegen den Beitritt waren Grimm und sein Umfeld, Nobs und die Zürcher, Schneider und die Basler, Arthur Schmid und die Aargauer. Dafür waren Johannes Huber und die

---

20 Nach Léon Nicole hatte sich eine starke Minderheit (achtzig gegen hundert Stimmen) für einen Sitz in der Schweiz ausgesprochen, obwohl die SPS der SAI nicht beigetreten war. «Es scheint daher sicher, dass die Schweiz die Mehrheit erhalten hätte, wenn sie sich klar dafür ausgesprochen hätte. Sie ist also für diesen Entscheid verantwortlich, den wir als bedauerlich betrachten.» Le Travail, 29. Mai 1923 (aus dem Französischen).
21 Donneur (wie Anm. 2), S. 371.
22 Geschäftsbericht der Sozialdemokratischen Partei der Schweiz pro 1924, S. 15.
23 Geschäftsbericht der Sozialdemokratischen Partei der Schweiz pro 1925, S. 24.
24 Volksrecht, 21. und 24. Februar 1925; mit H gezeichnete Antwort am 27. Februar 1925.

Ostschweizer, Ernest-Paul Graber, die Neuenburger und die Genfer, Jacques Schmid und die Solothurner, Gasser und die Mehrheit der ländlichen Gebiete Zürichs, Reinhard selbst und die Gewerkschafter. Als «schwankend» wurden eingestuft Huggler, der grösste Teil der Berner, die Waadtländer, die Innerschweizer, die Tessiner und die Bündner.[25]

Am 21. August 1926 forderten anlässlich einer Sitzung der Exekutive in Zürich elf ehemalige Führungspersonen der IASP die SPS auf, der SAI beizutreten und somit ihre Anstrengungen zur Durchsetzung ihrer Grundsätze innerhalb der Internationale zu stärken.[26]

Bei den Schweizern verschärften sich die Spannungen, wie ein vom 11. Mai 1926 datierter Brief von Ernest-Paul Graber an Friedrich Adler zeigt: «Wir müssen in der Schweiz die Abwehrhaltung von Grimm gegenüber unserem Beitritt zur Internationale überwinden. Ich bin überzeugt, dass die überwältigende Mehrheit unserer Parteimitglieder für den Beitritt ist. Aber jedermann fürchtet sich vor Grimm, der vor keinem Mittel zurückschreckt, um seinen Willen durchzusetzen.» Da auch persönliche Angriffe an der Tagesordnung seien, wollte Graber nicht, dass seine Tochter, Jusstudentin, wie vorgesehen eine Stelle im Sekretariat der SAI in Zürich antrat, denn «dies wäre unter den gegebenen Umständen eine Waffe, die er gegen mich nutzen würde, nicht offen, sondern im Verborgenen. Aus demselben Grund habe ich bisher nichts unternommen, um mit Ihnen in Kontakt zu treten, seit Sie in der Schweiz sind. St. Gallen, Thurgau, Appenzell, die Westschweiz, Aargau, Basel sind für unsere Sache gewonnen. In Zürich ist die gesamte Landschaft mit uns. Wenn Sie Nobs überzeugen können, haben wir diesen Kanton und gleichzeitig die Mehrheit der Schweiz. Damit steht und fällt die ganze Sache. Ich arbeite meinerseits daran.»[27]

Grabers Schreiben zeigt, dass die Anhängerschaft des Beitritts breiter wurde. Auch die Haltung Grimms veränderte sich, wie sein Artikel in der *Roten Revue* im September 1926 bezeugt, den die *Berner Tagwacht* nachdruckte. Hamburg, schrieb er, war kein Wendepunkt, sondern der Abschluss einer doppelseitigen Entwicklung: einerseits Verlust des moralischen Kapitals der russischen Revolution, andererseits Ernüchterung auf kapitalistischer Seite (Wirtschaftskrise der frühen 1920er Jahre, Missachtung des Vierzehn-Punkte-Programms von Woodrow

---

25 Internationales Institut für Sozialgeschichte, Amsterdam, SAI Archiv 2726/2-3. Brief von Reinhard, Bern, 3. März 1926, und Antwort von Adler, Zürich, 4. März 1926.
26 Geschäftsbericht der Sozialdemokratischen Partei der Schweiz pro 1926, S. 23. Unterzeichner waren unter anderen Friedrich Adler, Otto Bauer, Fenner Brockway, Alexandre Bracke und Jean Longuet.
27 Internationales Institut für Sozialgeschichte, Amsterdam, SAI Archiv 2703/2 (aus dem Französischen).

Wilson, Aufgabe des Selbstbestimmungsrechts der Völker, vom Völkerbund gebilligter Macht- und Raubfrieden). «In dieser Lage, wo nationale Massnahmen wenig versprachen, internationale Verständigung alles zu verheissen schien, musste der Gedanke einer internationalen Einigung des Weltproletariats auf fruchtbaren Boden fallen.» Daher das Treffen der drei Internationalen in Berlin, dessen Scheitern eine Entwicklung des europäischen Sozialismus nach rechts zur Folge hatte, wovon Hamburg der Ausdruck war. «[…] das wahllose Bekenntnis zu ausschliesslich demokratischen Kampfmethoden, zur Ablehnung der proletarischen Diktatur in jedem Falle, zum friedlichen Aufstieg des Proletariats», all dies stiess nicht auf Widerstand. «Gab es in den Kommissionen hin und wieder leichte Zusammenstösse, so blieb das Bild der Einheit und der Einigkeit ebenso gewahrt wie in der weiland zweiten Internationale.» Damit hatte der Kongress die Prinzipien der IASP stillschweigend verworfen; ein Beitritt der SPS zur SAI hätte demnach «die Preisgabe ihres noch heute geltenden Programms und die Verleugnung des schönsten Teils ihrer geschichtlichen Vergangenheit bedeutet». Seither hatte sich die Lage aber verändert, weniger in der SAI selbst als in ihren wichtigsten Sektionen, was sich auf ihre Politik auswirken sollte. In Grossbritannien zeigten das Scheitern der Labour-Regierung (1924), der Generalstreik von 1926 und der noch immer andauernde grosse Streik der Bergarbeiter, dass die demokratisch-pazifistischen Methoden an Grenzen stiessen. In Frankreich verharrte man 1923 in der Politik des Burgfriedens in Erwartung des einen oder anderen Ministerpostens, bevor die Erfahrung des Parteienbündnisses Cartel des gauches (1924) die Lage klärte. In Schweden und der Tschechoslowakei war die Bestrebung, den Sozialismus über Ministerfunktionen zu fördern, gescheitert. In Deutschland wuchs die Ablehnung der Burgfriedenspolitik und des Ministerialismus. Bezüglich der SAI sei keine baldige Änderung zu erwarten, jedoch habe ein Klärungsprozess begonnen. Grimm kam deshalb zum Schluss: «Indem heute unsere Partei unter veränderten Verhältnissen bejaht, was sie vor vier Jahren auf Grund der damaligen Situation verneinen musste, bleibt sie ihrem Programm treu und arbeitet an seiner Verwirklichung auf internationaler Grundlage.»[28]
Grimm scheint sich hier Illusionen zu machen; aber war er wirklich von seinen Aussagen überzeugt? Ging es ihm nicht vielmehr darum, seinen Richtungswechsel durch Argumente zu rechtfertigen, die mehr auf Hoffnungen als auf einer Analyse der Realität beruhten? Suchte er sich nicht der Meinung anzupassen, die in der SPS die Oberhand gewann? Wahrscheinlich spielten beide Elemente eine Rolle.

---

28 Grimm, Robert: Der Beitritt zur Internationale, in: Rote Revue 6/27 (1926), S. 1–11, hier S. 5–7, 11 (September 1926).

Diesmal liess sich die Frage des Beitritts nicht mehr aufschieben und wurde in den Gremien der SPS heftig diskutiert, zuerst in der Geschäftsleitung am 7. September 1927. Grimm wollte einen ausführlich begründeten Beitrittsantrag auf der Grundlage seiner Argumente aus der *Roten Revue*. Graber war für den Beitritt, jedoch ohne besondere Begründung. Nach seiner Meinung würde Grimms Text auf die anderen Parteien wirken, als würden «wir erklären, sie seien jetzt gut genug geworden, dass wir wieder mit ihnen zusammenarbeiten können». Zudem stellte er sich gegen Grimms politische Analyse. Die anderen Parteien würden eine ähnliche Politik wie die SPS betreiben, und dies – in Anspielung auf Grimms Funktion im Gemeinderat – «speziell in Bern ebenfalls». Die Diskussion wurde an der Sitzung des Parteivorstands vom 11. und 12. September 1926 wieder aufgenommen. Die Linken – Friedrich Schneider, Arthur Schmid und Ernst Walter – lancierten eine weitere Offensive zur Streichung der Beitrittsfrage. Wie Graber, aber aus gegenteiligen Gründen, verwarf Schneider die Analyse Grimms: Die Gründe, die 1923 für die Ablehnung eines Schweizer Beitritts sprachen, hätten noch immer Bestand. Die Kontroverse verlief oft polemisch und persönlich, was im Protokoll in wohl abgemilderter Form durchscheint. Auch die Parteipresse meldete sich zu Wort und publizierte überaus heftige Attacken von Charles Naine gegen Grimm. Schliesslich wurden der Beitritt zur SAI mit 35 zu zehn Stimmen und der Antrag Grimm mit 31 zu sechzehn Stimmen angenommen.[29]

Dieselben Argumente wurden am Berner Parteitag vom 6. und 7. November 1926 ausgebreitet, der den Beitritt mit 249 zu 71 Stimmen annahm; Grimms Antrag wurde mit 190 zu 101 Stimmen gebilligt, er selbst mit 201 Stimmen in die Exekutive der SAI gewählt. Der mit 75 Stimmen unterlegene Graber durfte zum Trost als Stellvertreter wirken, eine Funktion, in der er kaum zum Einsatz kommen sollte.[30] Ab Anfang 1927 war die SPS in der SAI vertreten und Grimm beteiligte sich an deren Büro und Geschäftsleitung.

Grimm wurde somit zu einer Führungsfigur der SAI und nahm an praktisch allen Sitzungen ihrer Gremien teil. Die SAI berief ihn in die Leitung des Solidaritätsfonds Matteotti, der – im Gedenken an den von den Faschisten ermordeten sozialistischen Abgeordneten Giacomo Matteotti – Opfer politischer Repression in allen Ländern unterstützte. Grimms Berichte an die SPS aus dem Jahr 1927 zeigen, dass er relativ zufrieden war mit seiner Funktion. Sicherlich billigte er nicht alles und nahm zur Kenntnis, dass seine Vorstellungen auf Widerstand

---

29 Schweizerisches Sozialarchiv, Zürich, Archiv SPS, Geschäftsleitung, 7. September 1926; Parteivorstand, 11./12. September 1926.
30 SPS, Protokoll über die Verhandlungen des ordentlichen Parteitages vom 6. bis 7. November 1926 im Volkshaus in Bern, Luzern 1926, S. 176 f.

stiessen. Er hegte Misstrauen gegenüber dem Völkerbund, lehnte die Landesverteidigung ab und blieb somit der Linie der SPS treu. Jedoch agierte er zuweilen auch unabhängig. Als der Völkerbund 1927 eine Weltwirtschaftskonferenz in Genf einberief, an der in den Rängen der nationalen Delegationen nicht weniger als zwanzig Sozialdemokraten – darunter Max Weber für die Schweiz – teilnahmen, organisierte die SAI in Absprache mit dem Internationalen Gewerkschaftsbund (IGB) am Vorabend der Eröffnung der Konferenz, am 2. Mai 1927, ein Treffen dieser Delegierten. In der Geschäftsleitung der SPS erklärte «Genosse Grimm, er halte die Konferenz für unnütz, seine skeptische Meinung hindere ihn, sich in dieser Sache nach Genf zu begeben». An seiner Stelle nahm sein Stellvertreter Graber teil.[31]

Eine breite Debatte über Abrüstung setzte 1928 ein. Der Völkerbund plante, dazu eine internationale Konferenz abzuhalten – die dann 1932 stattfand und kläglich scheiterte. Die SAI beabsichtigte, zu dieser Frage Stellung zu nehmen, und beauftragte eine Kommission unter Beteiligung von Grimm, eine Resolution zuhanden des dritten Kongresses der SAI im August 1928 in Brüssel vorzubereiten. Diese Kommission traf sich im Frühling in Paris und nahm einen Entwurf von Otto Bauer zur Kenntnis. In Grimms Augen waren einige Elemente zu begrüssen, der Text insgesamt jedoch als «rückständiger» einzustufen, denn Bauer war vorsichtig und umging das Problem der Landesverteidigung. Grimm verlangte von der Exekutive, sie möge dieses dem nächsten Kongress unterbreiten, stiess aber mit diesem Begehren auf heftige Opposition. Als Kernpunkt der Resolution erscheint die Milizarmee im Gegensatz zum Berufsheer oder zum stehenden Heer.[32] Die Milizarmee, welche die Schweizer Sozialdemokraten gut kannten und daher ablehnten, war hingegen eine Forderung sozialdemokratischer Parteien anderer Länder und somit seit dem Ende des 19. Jahrhunderts eine Streitfrage, die durch die Publikation von *L'armée nouvelle* von Jean Jaurès in den Jahren 1910/11 (deutsche Ausgabe 1913 unter dem Titel *Die neue Armee*) noch kontroverser diskutiert wurde. Zum Glück, sagte Grimm, liess der Resolutionsentwurf den einzelnen Parteien grosse Freiheit in ihrem Kampf gegen Militarismus, je nach Gegebenheiten in den verschiedenen Ländern. Es musste ein Kompromiss gefunden werden. «Man wird am Kongress Koalitionen sich bilden sehen, um die Resolution mehr im Sinne der Rechts- oder der Linksrichtung zu beeinflussen. Wir werden unseren Einfluss in den Dienst der Genossen aus solchen Ländern stellen, deren Parteien unserer Auffassung am nächsten stehen.»

---

31 Geschäftsbericht der Sozialdemokratischen Partei der Schweiz pro 1927, S. 16 f.
32 Für die Beurteilung des Entwurfs durch Grimm vgl. den Geschäftsbericht der SPS pro 1928, S. 31 f.

Die endgültige Fassung, die dem Kongress vorgelegt wurde, zeigte gemäss Grimm, «dass man in einzelnen Ländern noch Fragen diskutiert, die bei uns seit langem liquidiert sind». Sie liess «den empfindlichen Punkt, die Ablehnung der Landesverteidigung, unberührt». Die Franzosen fürchteten das faschistische Italien, die Österreicher die ungarische Gefahr, und für die Deutschen war die Verteidigung ihrer Landesgrenzen nicht verhandelbar. «Unser Vertreter hat unter diesen Umständen sich darauf beschränkt, Anträge zu stellen, die der schweizerischen Partei ermöglichen, ihre Position beizubehalten.»
Grimms Bericht führte zu einer hitzigen Debatte im Parteivorstand. Gewisse internationale Führungsfiguren des Sozialismus wurden heftig kritisiert – etwa Léon Jouhaux, Louis de Brouckère – und deren Positionen in Genf scharf verurteilt. Demnach war der Fehler des Resolutionsentwurfs, «allzusehr auf Verträge und Abmachungen und zuwenig auf die Aktion der Massen abzustellen»; der Text «bringt dem Völkerbund zuviel Vertrauen entgegen und stellt zu sehr auf die Abmachung ab, die der Humanisierung des Krieges dienen soll». Es wurde auf die Erklärungen der SPS beim Beitritt zur SAI Bezug genommen, «dass wir darin wie Sauerteig wirken sollen, während heute eine andere Sprache geführt wird».[33]
Schliesslich nahm der Parteivorstand einen von Grimm verfassten Antrag an: In wichtigen Punkten entsprach der Resolutionsentwurf über Abrüstung keineswegs der Politik der schweizerischen Partei. Diese glaubte weder an platonische Verbote noch an die Demokratisierung der Armeen oder an die Humanisierung des Krieges. «Die solideste Bürgschaft für die Sicherung des Friedens besteht im gesteigerten Kampf der politisch und gewerkschaftlich im sozialistischen Geist geschulten Arbeitermassen gegen die kapitalistische Klassenherrschaft. Dieser Kampf wird erfolgreicher geführt werden können, je klarer die Internationale selbst zu den Fragen der internationalen Politik, des Militarismus und des Krieges Stellung nimmt und je weniger sie Gegensätze bestehender Auffassungen zu verwischen sucht.»[34] Die Schweizer Delegation am Brüsseler Kongress bestand aus Robert Grimm, Ernest-Paul Graber, Ernst Reinhard, Otto Lang und Gertrud Düby und hatte den Auftrag, in Absprache mit den gleich gesinnten Parteien in diese Richtung zu wirken.[35]
Die Unterschiede zwischen dem Entwurf und der am vom 3. bis 11. August 1928 tagenden Kongress in Brüssel angenommenen Fassung zeigen, dass die Intervention der Gegner einiges bewirkt hatte. Später sagte Grimm an der Sitzung des

---

33 Ebd., S. 31.
34 Ebd., S. 35.
35 Ebd.

Parteivorstands vom 5. Mai 1929: «Ich gebe zu, die Abrüstungsresolution ist ein Salat, aber eine Reihe von Anträgen Reinhards wurden doch angenommen.»[36] Leider sagt das gedruckte Protokoll des Kongresses nichts über die Arbeit der Kommissionen aus, Differenzen werden somit verwischt und es entsteht der Eindruck der Einstimmigkeit.[37]

Die seit Oktober 1929 einsetzende Weltwirtschaftskrise wurde zunächst von der SAI nicht in ihrer vollen Bedeutung erfasst. Doch ab 1930/31 erkannten zahlreiche Exponenten, unter ihnen Grimm, dass die Lage etwas grundsätzlich Neues an sich hatte. Es war keine klassische Überproduktionskrise im Zehnjahresrhythmus mehr, kein konjunkturelles und vorübergehendes Phänomen, sondern eine echte strukturelle Krise, welche die Grundlagen des Kapitalismus selbst erschütterte und deren Ende nicht absehbar war.[38]

Die vom 11. bis 13. Mai 1930 in Berlin tagende Exekutive veröffentlichte, gemäss einem Bericht Grimms, einen Aufruf zum Widerstand und zum Kampf für den Sozialismus. Dieser letzte Punkt blieb jedoch vage, und es fehlte eine überzeugende Lösung, welche die Massen hätte mobilisieren können. Daraus folgte ein Widerspruch zwischen der ideologischen Verurteilung einerseits und den konkreten Vorschlägen mit defensivem Charakter anderseits.[39]

Am 22. August 1930 beschloss die Exekutive in Zürich auf Antrag von Fenner Brockway (ILP) die Bildung einer gemeinsamen Kommission von SAI und IGB. Dieser Vorschlag wurde von den Gewerkschaften gutgeheissen, und die Kommission traf sich mehrmals unter aktiver Beteiligung von Grimm. Die Schlussfolgerungen der Kommission wurden von der Exekutive der SAI am 21. und 22. Februar 1931 angenommen und vom IGB in einer Broschüre veröffentlicht.[40] Diese Arbeit diente als wichtige Quelle für die Programme der sozialdemokratischen Parteien und als Grundlage für den Bericht von Grimm am vierten Kongress der SAI in Wien vom 25. Juli bis 1. August 1931. Grimm formulierte eine Art Kritik: Die früheren Resolutionen seien überholt. Die Massnahmen des Kapitalismus zur

---

36 Protokoll des Parteivorstandes der SPS vom 5. Mai 1929.
37 Die Protokolle der Kongresse der SAI wurden veröffentlicht und später nachgedruckt: Kongress-Protokolle der Sozialistischen Arbeiter-Internationale, Glashütten im Taunus 1976, 5 Bände in 7 Teilbänden, Bd. 3, 1–2: Brüssel 1928.
38 Groppo, Bruno: Un tentativo di risposta alla crisi economica: la commissione mista dell'Internazionale socialista e della Federazione sindacale internazionale per la lotta contra la disoccupazione (1930/31), Fondazione Feltrinelli, Quaderni 34, Milano 1987, S. 69–88.
39 Der Aufruf ist in den Kongressprotokollen abgedruckt: Kongress-Protokolle der SAI (wie Anm. 37), Bd. 4/1, S. 26f.
40 Im Kampfe gegen die Wirtschaftskrise und Arbeitslosigkeit, Amsterdam 1931 (auch auf Englisch und Französisch veröffentlicht). Siehe den zustimmenden Kommentar von Grimm: Die beiden Internationalen zum Krisenproblem, in: Rote Revue 10 (1930/31), S. 161–165 (Februar 1931).

Eindämmung der Krise führten nur dazu, diese zu verschlimmern. «Gestehen wir ganz ruhig ein: Vielleicht haben sich diese Beschlüsse zu einseitig nur auf den Moment [...] eingestellt [...], zu sehr Hoffnungen erweckt in der Meinung, es wäre möglich, die kapitalistischen Zustände im Rahmen der Gesellschaft selbst zu verbessern, zu sehr vielleicht auch versucht, denen, die heute an der Macht sind, Ratschläge zu erteilen, wie sie aus der Krise herauskommen könnten, und zu wenig vielleicht an das Gewissen der Arbeiter, an ihre Klassensolidarität, an ihre sozialistische Erkenntnis appelliert, dass die Arbeiter selber es sind, die für die Lösungen auf diesem Gebiete zu kämpfen haben.»

Jenseits der Schreckensvisionen der Kommunisten galt es doch, ohne Unterlass zu betonen: «Keine Beseitigung der Krise auf die Dauer ohne Beseitigung des Kapitalismus, keine Ordnung in der Gesellschaft ohne Ordnung durch die sozialistische Planwirtschaft.» Wie konnten unmittelbare, auf Teilbereiche abzielende Forderungen den Weg zur Abschaffung des Kapitalismus bereiten? «Was wir jetzt brauchen, das sind Übergangslösungen, die Wegweiser sein sollen auf dem Pfade, der in die Zukunft führt und sich erweitern wird zur breiten Heerstrasse des Sozialismus.»[41] Aber waren die in der Resolution aufgeführten Forderungen, die Vierzigstundenwoche ohne Lohneinbusse, eine Verstaatlichung im Hinblick auf eine Vergesellschaftung und die Machtergreifung geeignet, den Weg dazu zu öffnen?

Beunruhigt waren die Kongressteilnehmenden auch über die politischen Auswirkungen von Krise und Erwerbslosigkeit: Aufstieg des Nationalsozialismus in Deutschland, Erfolg der nationalistischen oder faschistischen Parteien in anderen Ländern. Insbesondere in Deutschland war die Lage katastrophal, denn das Kreditwesen war vollständig zusammengebrochen. So enthielt die Resolution einen pathetischen Aufruf zur Rettung der Weimarer Republik durch Kredite und Erleichterungen bei den Reparationszahlungen und Kriegsschulden. Die Arbeiter hätten die Demokratie verteidigt und würden es weiterhin tun, jedoch sollte diese im Interesse der Arbeiter genutzt werden. «Die Verteidigung der Demokratie muss darum auf das engste verknüpft bleiben mit dem Kampf um den Sozialismus.» Sollte dieser mit demokratischen Mitteln ausgefochtene Kampf scheitern, so würde den Arbeitern nur das Mittel der Gewalt bleiben. «Die Welt hat keine andere Wahl mehr als die: entweder eine sofortige und grosszügige internationale Aktion zur Rettung der Wirtschaft, der Demokratie und des Friedens oder die Katastrophe und den Bürgerkrieg.»[42]

---

41 Kongress-Protokolle der SAI (wie Anm. 37), Bd. 4/2, S. 595 und 597.
42 Die Resolution ist im Kongressprotokoll abgedruckt und findet sich auch in Braunthal (wie Anm. 5), S. 570–572.

Mit dem Aufruf an die Regierungen und dem Verzicht auf jeglichen ausserparlamentarischen Kampf vor der Machtergreifung der Nazis konnte der Inhalt der Resolution Grimm nicht befriedigen. Über seine Reaktion in Wien ist nichts bekannt, jedoch berichtete seine Frau Jenny, dass er «ernsthaft beunruhigt und enttäuscht» nach Hause zurückgekehrt sei.[43]

Seine Befürchtungen verstärkten sich immer mehr. Im Mai 1932, am Tag nach einer Sitzung der Exekutive in Zürich, hielt er eine Rede zu den Weltproblemen und kritisierte den geringen Einfluss der SAI auf ihre Mitgliedsparteien. Einheit in Denken und Handeln könne nur über den Weg der Diskussion entstehen.[44] Die kürzlich erfolgten Wahlen in Preussen zeigten, dass die Frage nicht mehr lautete, wann die Nazis die Macht übernehmen, sondern wie sie dieses Ziel erreichen würden. Der Rücktritt der Regierung Brüning liess folgende Alternative offen: Diktatur der Generäle oder nationalsozialistische Diktatur. Die Abschaffung der demokratischen Rechte und die Zerschlagung der Organisationen der Arbeiter mit ihren Gewerkschaften und Parteien waren nur noch eine Frage der Zeit. Grimm hegte Bedenken, die deutsche Sozialdemokratie in einer Zeit zu kritisieren, in der sich die Nazis anschickten, sie zu zerstören. Dennoch äusserte er grundsätzliche Kritik an ihrer Politik: Ihre Kollaboration mit der Bourgeoisie hatte zum 4. August 1914 geführt; die Revolution von 1918 war von ihr weder gewollt noch erwünscht gewesen, sondern Folge des wirtschaftlichen und militärischen Zusammenbruchs. Man hatte zwar die Republik eingeführt, deren Wirkung jedoch überschätzt und den alten Staatsapparat übernommen. Die Last der Reparationszahlungen, die Krise und die Erwerbslosigkeit hatten die Nazis begünstigt, welche diese Probleme der Demokratie anlasteten. Anstatt den Kampf für die Demokratie zu führen und dabei die soziale Frage ins Zentrum zu stellen, hatte sich die SPD mit «der Überbetonung der Demokratie» begnügt, während deren Rettung bereits nicht mehr auf dem Boden des Kapitalismus möglich war. Daraus war allgemein zu folgern: «Statt Anrufung der Demokratie, des Völkerbundes, statt zu sagen, was unsere Gegner vernünftigerweise tun müssten, haben wir an die eigene Kraft der Massen, an die eigenen Ziele, an den eigenen Kampf zu appellieren.»

Grimm beschäftigte auch die Kriegsgefahr im Fernen Osten, die von der SAI unterschätzt wurde. Ein allgemeiner Krieg im Kontext der Wirtschaftskrise wäre notwendigerweise ein Krieg des Imperialismus gegen Sowjetrussland. Es musste alles getan werden, um dies zu verhindern. Wenn der Krieg aber dennoch ausbrechen würde, so müssten sich die Sozialdemokraten auf die Seite Russlands,

43 Voigt (wie Anm. 3), S. 236.
44 Grimm, Robert: Die Internationale zu den Weltproblemen. Eine Rede, Bern 1932.

auf die Seite der Revolution schlagen. Obwohl er sich keine Illusionen über die reellen Kräfte des Sozialismus machte, schätzte Grimm, dass die Bedingungen günstig waren für die Einheit des Proletariats und für einen revolutionären Aufschwung.[45]

Am 8. September 1932 kam Grimm vor den Berner Sozialdemokraten erneut auf die Lage in Deutschland zu sprechen.[46] In jedem Land könne sich die Arbeiterklasse in der Situation der deutschen Arbeiter wiederfinden, sagte er, wenn sie nicht den Weg des Klassenkampfes einschlage. Die Strategie des kleineren Übels, die so lange von der deutschen Sozialdemokratie verfolgt worden war, ihre Tolerierungspolitik gegenüber der Regierung Brüning, ihre fehlende Reaktion angesichts des Sturzes der sozialdemokratischen Regierung Preussens durch von Papen am 20. Juli 1932, all dies bestätigte Grimms Pessimismus.

Hindenburgs Berufung Hitlers am 30. Januar 1933 und der Reichstagsbrand in der Nacht vom 27. auf den 28. Februar 1933 zerstörten die Illusionen der deutschen Sozialdemokraten immer noch nicht. Sie verharrten in ihrer legalistischen, abwartenden Haltung und erkannten den grundlegend neuen Charakter der nationalsozialistischen Repression nicht. Sie dachten in historischen Vergleichen und erwarteten eine Neuauflage der Sozialistengesetze unter Bismarck. Folglich glaubten sie, die legale Existenz ihrer Partei retten zu können, indem sie jegliche Provokation und jeglichen Anschein einer illegalen Opposition vermieden. Trotz der mutigen Rede von Parteipräsident Otto Wels, der sich im Reichstag am 23. März 1933 gegen das Ermächtigungsgesetz ausgesprochen hatte, stimmte die grosse Mehrheit der anwesenden Sozialdemokraten am 17. Mai Hitlers «Friedensrede» zu. Die Gewerkschaften unter sozialdemokratischer Leitung verhandelten mit den Nazis und riefen dazu auf, den 1. Mai gemeinsam mit den Braunen zu feiern. Am Tag danach wurden sie aufgelöst und ihr Vermögen wurde beschlagnahmt. Das gleiche Schicksal sollte die SPD am 22. Juni 1933 ereilen.

Davor hatten seit Februar mehrere Treffen des Büros der SAI in Paris und am 18. und 19. März der Exekutive in Zürich stattgefunden, ohne Beteiligung deutscher Vertreter. Die bei diesen Gelegenheiten gefassten Resolutionen verurteilten den Nationalsozialismus und betonten, dass dieser nicht nur die deutschen Sozialdemokraten, sondern die gesamte internationale Arbeiterbewegung bedrohe. «Der Sieg des Faschismus in Deutschland hat die internationale Reaktion mächtig gesteigert und die Arbeiterklasse zunächst in die Defensive gedrängt. Die neue Situation erfordert gründlichste Nachprüfung der gesamten Strategie und

---

45 Ebd., S. 8, 13, 26.
46 Grimm, Robert: Revolution und Konter-Revolution in Deutschland, Bern 1932.

Taktik der internationalen Arbeiterbewegung, erfordert die rücksichtslose Klarlegung der Umstände, die zum Erfolg des Faschismus in Deutschland geführt [haben], und darf nicht zurückschrecken vor der Feststellung der Ursachen, durch die es der Arbeiterbewegung unmöglich wurde, die ihr inne wohnenden Kräfte in entscheidenden Stunden zur Geltung zu bringen.»[47] Aus diesen Überlegungen heraus berief die SAI eine internationale Konferenz vom 15. bis 21. August 1933 in Paris ein.

Am 30. März erfuhr Grimm über das Radio von Otto Wels' Ankündigung, seine Partei werde sich aus der SAI zurückziehen. Sogleich verfasste er eine harte Kritik an der deutschen Sozialdemokratie, die am folgenden Tag in der *Berner Tagwacht* erschien. Unter dem Titel *Der Kreis geschlossen* schrieb er: «Die deutsche Sozialdemokratie unterlag und erlag dem Gesetz der Zwangsläufigkeit. In der Vorkriegszeit baute sie mächtige Organisationen auf. Theoretisch wahrten sie das Gesicht revolutionärer Gesinnung, praktisch standen sie mit beiden Füssen auf dem Boden der kapitalistischen Klassengesellschaft. Innenpolitisch passten sie sich den herrschenden Gewalten an, aussenpolitisch wahrten sie den revolutionären Schein. Dieser Schein verschwand am 4. August 1914, als die sozialdemokratische Fraktion des Reichstags die Kriegskredite bewilligte, als im Verlauf der vier Kriegsjahre die deutsche Sozialdemokratie den Burgfrieden schloss, ihn übersteigerte und nationalistischer wurde als die extremsten Nationalisten und Kriegshetzer.»

Die Politik der SPD in den vergangenen vierzehn Jahren bestand demnach in der Weigerung, die logischen Konsequenzen aus der Revolution von 1918 zu ziehen und in der Allianz mit der Bourgeoisie statt mit den Arbeitern. Die kommunistische Abspaltung und die Taktik der KPD im Dienste von Sowjetrussland hatten gewiss «den Zerfall und die Katastrophe der deutschen Sozialdemokratie begünstigt und beschleunigt. Wesentlicher aber waren das Fehlen sozialistischen Denkens und der Ersatz dieses Denkens durch die materiellen Rücksichten auf das Parteieigentum, auf die Druckereien, Gewerkschafts- und Volkshäuser. An die Stelle der Idee trat die Unternehmung und das materielle Fundament der Organisation, die des Geistes entbehrte.»

Grimm erinnerte daran, dass die SAI die SPD immer rücksichtsvoll und milde behandelt hatte. Am Wiener Kongress hatte sich Otto Bauer sogar selbst verleugnet, um die SPD zu verteidigen. «Ihrerseits erklärten die Vertreter dieser Partei, dass sie nur den gegebenen Moment abwarten würden, um sich zu schlagen. Sie haben sich, wie sich später herausstellte, der Schlacht entziehen wollen,

---

47 Tagungen der Sozialistischen Arbeiter-Internationale, in: Berner Tagwacht, 30. März 1933, dort auch weitere Resolutionen.

um nicht geschlagen zu werden. Wer sich indes der Schlacht entzieht, ist schon geschlagen.»[48]

Im Reichstag hatte die sozialdemokratische Fraktion nicht gegen den Ausschluss der kommunistischen Abgeordneten protestiert und sich auch dann nicht zur Wehr gesetzt, als einige ihrer eigenen Mitglieder von der gleichen Massnahme betroffen waren. «Die Würdelosigkeit nimmt ihren logischen Ablauf. Nach der Reichstagssitzung erniedrigt sich die Partei zum verachteten Hausknechten des faschistischen Regimes. Als letzten Montag [27. März] in Paris das Büro der Sozialistischen Arbeiter-Internationale tagte, erhielt es Nachricht von sozialdemokratischen Emissären der deutschen Sozialdemokratie, die ins Ausland reisten, um die sozialdemokratische Presse zur Einstellung der ‹Greuelpropaganda› zu bestimmen. Alles in der Meinung, dass dadurch das Wiedererscheinen der sozialdemokratischen und der Gewerkschaftspresse in Deutschland ermöglicht würde.» Natürlich hatte die SAI dieses Ansinnen zurückgewiesen, das in der sozialdemokratischen Presse scharf verurteilt wurde, unter anderem von Léon Blum.[49] «Otto Wels selbst war einer dieser Emissäre. Nach dem Scheitern seiner Mission [...] erklärte er für seine Partei den Austritt aus der Sozialistischen Arbeiter-Internationale.»[50]

Was Grimm hier nicht sagte, war, dass Otto Wels sich im Auftrag von Hermann Göring in die Schweiz begeben hatte, um zu versuchen, die Angriffe seiner sozialdemokratischen Freunde gegen den Nationalsozialismus zu dämpfen. In der Folge sollte er sich entschliessen, Deutschland zu verlassen und am 18. Mai den Austritt aus der SAI zurückzunehmen.[51]

Grimm beteiligte sich aktiver an der internationalen Konferenz in Paris, als es der veröffentlichte Bericht ahnen lässt.[52] Trotz der ursprünglichen Absicht der Organisatoren erfolgte die erwünschte Klärung nicht. Man billigte die Politik der deutschen Sozialdemokratie von 1930 bis 1932 und kritisierte lediglich die fehlende Reaktion anlässlich der Absetzung der sozialdemokratischen Regierung Preussens. Ein rechter Flügel (Labour, die skandinavischen Parteien, die tschechischen und polnischen Sozialdemokraten) schlug einen reformistischen Sozialismus vor, der die Mittelschichten ansprechen und diese von der Hinwendung

---

48 Grimm, Robert: Der Kreis geschlossen, in: Berner Tagwacht, 31. März 1933.
49 Blums Artikel aus *Le Populaire de Paris* wurde im Genfer Parteiorgan *Le Travail* vom 6. April 1933 nachgedruckt.
50 Grimm (wie Anm. 48).
51 Droz, Jacques (Hg.): Dictionnaire biographique du mouvement ouvrier international. Collection Jean Maîtron. Allemagne, Paris 1990, S. 505.
52 Protokolle der Kongresse der SAI (wie Anm. 37), Konferenz in Paris vom 21.–25. August 1933, Bd. 5.

zum Nationalsozialismus abhalten sollte. Die Linke (Pietro Nenni aus Italien, Robert Grimm, Jean Zyromski von der französischen SFIO, Paul-Henri Spaak aus Belgien) wollte eine revolutionäre Taktik zur Eroberung der Macht, um den Faschisten zuvorzukommen. Trotz der abschlägigen Antwort der Kommunistischen Internationale wollte die Gruppe erneute Verhandlungen mit dieser führen. Die Schlussresolution betonte die Bedeutung und den neuen Charakter der weltweiten Krise: Es sei das Ende der liberal-individualistischen Entwicklungsphase gekommen und es setze sich ein organisierter Monopolkapitalismus fest. Diese neuen Formen könnten den Übergang zum Sozialismus fördern, sofern der Staat von Arbeitern und Bauern beherrscht würde und dessen Macht über die Wirtschaft von freien Organisationen der Arbeiterklasse ausgeglichen würde. Ohne eine solche Entwicklung könnten sie zu einer fürchterlichen Versklavung führen. Die Krise verschärfe die Widersprüche zwischen den Ländern und somit die Kriegsgefahr. In den faschistischen Staaten sei die einzige Perspektive der Aufstand; die darauf errichtete Volksmacht müsse Grosskapital und Grossgrundbesitz, die wirtschaftlichen Grundlagen des Faschismus, zerstören. In den demokratisch gebliebenen Ländern müssten die Volksrechte verteidigt und die faschistische Demagogie bekämpft werden, indem der Demokratie ein sozialer Charakter verliehen werde.[53]

Der offizielle Konferenzbericht liess reelle Gegensätze zwischen den Delegierten erkennen. So richtete sich Grimms Rede am 21. August gegen den Belgier Emile Vandervelde, Präsident der SAI, der nur den parlamentarischen und friedlichen Weg anerkennen wollte und sogar auf die schweizerische Demokratie verwies.[54] Grimm liess seine Intervention gleichzeitig auch in der *Berner Tagwacht* erscheinen.[55] Darin erklärte er, «dass der Faschismus ein Land nach dem anderen erobert, dass selbst in den Staaten, in denen die demokratische Konstitution noch besteht, mehr oder weniger verhüllt, eine Diktatur vorhanden ist». Nach Erwähnung der autoritären Entwicklung in Belgien hielt er fest: «[...] und sogar in der Schweiz, wo so häufig gesprochen wird als von einem Musterbeispiel der Demokratie, erleben wir ähnliche Zustände und Verhältnisse.» Missachtung der Verfassung, Abschaffung der Volksrechte, Verweigerung des Asylrechts, all dies richtete sich letztlich gegen die Arbeiterklasse.

Auf internationaler Ebene schätzte Grimm die Lage 1933 als viel schlimmer ein als 1923, selbst in den Ländern mit dem stärksten sozialdemokratischen Einfluss. Immer mehr Mitgliedsparteien der SAI wurden in die Illegalität gedrängt.

53 Wortlaut der Resolution in Braunthal (wie Anm. 5), S. 573–576.
54 Protokolle der Konferenzen der SAI (wie Anm. 52), S. 49.
55 Grimm, Robert: Kritik und Aufgabe der Internationale. Rede von Robert Grimm auf der internationalen sozialistischen Konferenz in Paris, in: Berner Tagwacht, 26. August 1933, S. 1 f.

«Einen entscheidenden Stoss erhielt die Sozialistische Arbeiterinternationale durch den deutschen Zusammenbruch. Seine Rückwirkungen auf die Sektionen der Internationale sind verständlich. Ich will an dieser Stelle kein Ketzergericht über die deutsche Sozialdemokratie veranstalten, keine persönlichen Angriffe erheben. Festzustellen ist aber, dass die deutsche Niederlage schon deswegen verheerend wirken musste, weil die deutsche Partei eine grosse Tradition und Geschichte aufweist, weil sie nach Grösse und Leistungen einen bestimmenden Einfluss auf die Politik der Internationale ausübte. Völlig unverständlich ist die widerstandslose Preisgabe aller bisherigen Machtpositionen, das Abtreten vom geschichtlichen Kampfplatz, ohne auch nur einen ernsthaften Versuch des Widerstands und der Verteidigung zu leisten. Der deutsche Zusammenbruch einer Millionenpartei und einer Gewerkschaftsbewegung, die an Bedeutung von keiner Gewerkschaftsbewegung eines andern Landes übertroffen wurde, hat zu einer ungeheuren Verwirrung und zur Ratlosigkeit in weiten Kreisen der Arbeiterschaft geführt.» So Grimm in der *Berner Tagwacht*, wo seine Kritik deutlicher zum Ausdruck kommt als im Konferenzprotokoll.

Es waren nicht nur politische Fehler zu beanstanden, es galt auch und vor allem, die Auswirkungen der Weltwirtschaftskrise zu verstehen. Grimm betonte, dass die Krise struktureller Natur sei, dass ein partieller und vorübergehender Aufschwung möglich, aber nicht nachhaltig und dass der Kapitalismus als solcher die Ursache der Krise sei. Seit Jahrzehnten hatte man den Sozialismus gepredigt, hielt Grimm fest: «Heute haben wir uns zu fragen, ob diese Verkündigung noch genügt, ob wir uns noch immer begnügen dürfen mit dieser apostelhaften Verkündigung. Ich glaube es nicht. Die Arbeiter verlangen von uns mit Recht, dass wir ihnen auch sagen, auf welchem Wege und mit welchen Mitteln wir den Kapitalismus überwinden und den Sozialismus verwirklichen wollen.» Daraus ergab sich die Frage, ob der Sozialismus aus der Entwicklung und der Hochkonjunktur des Kapitalismus entstehen würde oder aus der Krise. Die erste der beiden Möglichkeiten bedeutete, dass die Krise mit den Mitteln des Kapitalismus zu überwinden wäre. Diesen Weg hatte die SAI in Wien eingeschlagen und folgerichtig den Aufruf an die Bourgeoisie gerichtet, Deutschland Kredite zu gewähren. Wer den zweiten Standpunkt einnimmt, «der wird den Kampf führen mit sozialistischen und revolutionären Mitteln und in erster Linie an die eigene Kraft und Kampfentschlossenheit der Arbeitermassen appellieren. Dabei will ich in diesem Zusammenhang den Begriff der revolutionären Kampfmethoden nicht diskutieren, sondern nur – im Gegensatz zu den Kommunisten – feststellen, dass die Kampfmethoden keinerlei Schablonisierung ertragen, dass sie je nach den objektiven und geschichtlichen Bedingungen von Land zu Land verschieden sein werden.»

Die Wahl der Kampfmethoden und Kampfmittel hänge von der Demokratie ab. Diese sei kein abstraktes und starres Konzept, sondern, wie die Geschichte zeige, von gesellschaftlichen Klassen geprägt und habe sich im Laufe der Zeiten stark verändert, was die Sozialdemokratie vergessen habe. Daher praktizierte die SPD die Politik des kleineren Übels im Namen der Verteidigung einer Demokratie, die immer mehr ausgehöhlt werde. Es wäre besser gewesen, die Volksrechte zu verteidigen, wie es der ausserordentliche Parteitag der SPS vom April 1933 in Biel getan hatte: Bedingungslose Verteidigung der Demokratie, das heisst der Rechte und Freiheiten des Volkes, solange die Bourgeoisie diese respektiere, «solange sie die Demokratie nicht missbraucht, um die bisherigen Volksrechte in Klassenvorrechte der Bourgeoisie zu verwandeln. Aber ebenso entschieden betonte der Parteitag, dass der Arbeiterklasse als Massnahme der Notwehr auch die Ergreifung von illegalen Kampfmitteln zustehe, falls die Bourgeoisie den wirklichen Inhalt der Demokratie verfälscht und die Volksrechte in ein Privilegium der herrschenden Klasse umbiege. Die schweizerische Sozialdemokratie steht auf dem gleichen Boden wie einst die Wiener Arbeitsgemeinschaft, die – wie man heute wird zugeben müssen – vielleicht doch zu früh aufgelöst worden ist.»[56]

Für Grimm gab sich die Internationale, wie die SPD zu früheren Zeiten, einen äusseren Schein, der nichts mit der Realität zu tun hatte. «Nehmen wir den Verlauf unserer Kongresse. Ängstlich wird vermieden, die innern Gegensätze in Erscheinung treten zu lassen. Ängstlich wird vermieden, einer Opposition das Wort frei zu geben. Auch in den letzten zehn Jahren war der Schein oft stärker als das Sein, und hinter den Resolutionen, die gefasst wurden, stand weder der Wille, noch die Möglichkeit zum wirklichen Kampf. Dadurch aber wurde das Höchste, Beste und Edelste erschüttert, das es für die Internationale gibt, das Vertrauen und der Glaube an die Ernsthaftigkeit ihrer Beschlüsse.»

Die Pariser Konferenz decke diese Widersprüche nicht mehr zu und markiere daher eine Wende, meinte Grimm. «Heute ist die Internationale eine Summierung von Parteien. Unser Ziel muss sein, aus der Internationale eine Gemeinschaft des sozialen Denkens und des sozialistischen Kämpfens zu machen. Die Internationale wird in der nächsten Zeit weniger auf unmittelbare praktische Erfolge rechnen dürfen. Ihre Aufgabe ist die geistige Klärung, die Schaffung einer wirklich international empfundenen sozialistischen Ideologie und in die-

---

56 Protokolle der Konferenzen der SAI (wie Anm. 52), S. 49 und 55. Grimm hielt, einsehbar im Kongressprotokoll, den Widerstand gegen gewisse Repressionsmassnahmen, zum Beispiel Streikverbote, auch dann für berechtigt, wenn sie in einer Volksabstimmung gutgeheissen worden waren.

sem Sinn hatte Adler mehr als recht, wenn er ausrief: *Mehr* Klassenbewusstsein, *mehr* marxistische Erkenntnis, *mehr* Internationalismus.»[57]

Leider ergab sich aus dieser Pariser Wende nichts. Die SAI zeigte sich in der Folge unfähig, einen Kongress oder auch nur eine Konferenz einzuberufen, bevor sie 1940 unrühmlich zusammenbrach.[58] Zur Einschätzung von Grimms Wirken in der SAI von 1934 bis 1940 fehlen derzeit die entsprechenden Dokumente.[59] Es ist davon auszugehen, dass seine Rolle geringer war als in der Periode zuvor, wie es ein Artikel zu bestätigen scheint, den Grimm kurz vor der Kriegserklärung von 1939 schrieb. In diesem Text merkte er an, die Schweizer Delegierten in der SAI hätten in den Debatten eine gewisse Zurückhaltung geübt und jegliche Arroganz vermieden.[60]

Die deutsche Katastrophe und die Zerstörung des österreichischen Sozialismus im Februar 1934 führten die Schweizer Sozialdemokraten zur Aufgabe ihrer Ablehnung der Landesverteidigung und zur Revision ihres Programms von 1920. Grimm schloss sich dieser Wandlung an; wie üblich rechtfertigte er diesen Umschwung theoretisch. Während des Luzerner Parteitags von 1935 lag er im Spital und konnte an den Debatten nicht teilnehmen. Der Parteitag stellte sich hinter das Prinzip der Landesverteidigung und strich die Diktatur des Proletariats aus dem Parteiprogramm.[61] Grimm hiess die Schlussfolgerungen des Parteitags gut; ohne seine frühere Haltung zu verleugnen, hatte er sich an die neuen Bedingungen angepasst.

Übersetzung aus dem Französischen: Karin Vogt

---

57 Grimm (wie Anm. 55).
58 Siehe die von Herbert Steiner veröffentlichten Dokumente: Adler, Friedrich: L'internationale socialiste à la veille de la Seconde Guerre mondiale, juillet-août 1939, in: Le Mouvement Social, Nr. 58 (Januar–März 1967), S. 95–112.
59 Wie in Anm. 4 erwähnt, ist die Dokumentation, auf die sich dieser Beitrag abstützt, nicht vollständig. Dies gilt insbesondere für die Jahre nach 1934.
60 Grimm, Robert: Die Krise der Internationale, in: Rote Revue 19 (1939/40), S. 21 (September 1939).
61 Neben den erwähnten Biographien Robert Grimms siehe Scheiben, Oskar: Krise und Integration. Wandlungen in den politischen Konzeptionen der Sozialdemokratischen Partei der Schweiz 1928–1936. Ein Beitrag zur Reformismusdebatte, Zürich 1987.

Kampf, Trost und Heilsversprechen

Grimm als Historiker

André Holenstein

«Ich habe die Schweizergeschichte auch studiert, trotzdem mir die Möglichkeit höherer Schulbildung versagt war. Ich habe die Schweizergeschichte liebgewonnen und in ihr Gestalten gefunden, die turmhoch über Ihnen allen stehen. Was ist es denn für eine Auffassung, was für ein krämerhafter Geist, der heute hier weht, wenn Sie immer wieder darauf pochen, dass die Revolution nicht heilig, nicht statthaft, dass die Macht des revolutionären Gedankens verpönt sei, in dieser ältesten der Demokratien! Ja, wer hat denn den heutigen Bundesstaat eigentlich geschaffen? War es jener konservative, knorzerhafte Geist, den Sie hier vertreten, oder war es nicht der jugendfrische revolutionäre Radikalismus der dreissiger und vierziger Jahre? Vergessen Sie denn, wer Ihre Väter waren? Vergessen Sie, was die Geschichte unseres Landes lehrt? Vergessen Sie, dass nicht nur in einer Revolution, sondern in Dutzenden von Revolutionen die Entwicklung des Landes sich durchgesetzt hat? Was Sie heute als der Weisheit letzten Schluss erklären, ist immer erklärt worden von einer absterbenden, untergehenden Klasse, die sich noch im letzten Augenblick am Ruder halten wollte, während draussen in der Gesellschaft der Zersetzungsprozess schon weit genug entwickelt war, um sie untergehen zu lassen, und objektiv ihre Stunde geschlagen hatte. Nein, wenn Sie an den Schweizergeist appellieren, dann bitte, deuten Sie ihn nicht falsch und vergessen Sie nicht, dass unsere Arbeiter auch etwas gelernt haben aus der Schweizergeschichte.»[1]

Am 13. November 1918 donnerte Robert Grimms Geschichtslektion über die Köpfe der Abgeordneten der Bundesversammlung, die wegen des Landesstreiks in ausserordentlicher Session tagte.[2] Die Rede und deren Anlass bezeugen den hohen Stellenwert, den Grimm der Geschichte auch und gerade in politischen Fragen zuschrieb. Bekanntlich sollte er schon bald danach Gelegenheit erhalten, sich ganz der Geschichtsschreibung zu widmen. Ein Militärgericht verurteilte ihn am 10. April 1919 für seine führende Rolle im Landesstreik wegen Anstif-

---

1 Amtliches stenographisches Bulletin der schweizerischen Bundesversammlung, Nationalrat, hg. von der schweizerischen Bundeskanzlei 28 (1918), Bern 1919, S. 458.
2 Zur Rede siehe McCarthy, Adolph: Robert Grimm. Der schweizerische Revolutionär, Bern, Stuttgart 1989, S. 208.

tung zur Meuterei zu sechs Monaten Gefängnis.³ Er hat diese Gefängnisstrafe in der zweiten Hälfte des Jahres 1919 auf Schloss Blankenburg im Obersimmental abgebüsst und die freie Zeit sowie die günstigen Haftbedingungen zur Niederschrift einer weit ausholenden *Geschichte der Schweiz in ihren Klassenkämpfen* genutzt, welche 1920 von der Berner Unionsdruckerei veröffentlicht wurde.⁴
Auf fast 400 Seiten schrieb Grimm seine Deutung der Geschichte nieder, welche er in der Parlamentsdebatte im November 1918 skizziert hatte. Auf der philosophisch-theoretischen Grundlage des historischen Materialismus legte er die politischen Gründe für sein Interesse an der Schweizer Geschichte dar. Er nutzte die Geschichtsschreibung zur politischen Agitation und Polemik. Und schliesslich kündigte er im Namen der Geschichte den Nationalräten das nahe Ende der bürgerlichen Klassenherrschaft und den Sieg der Arbeiterrevolution an. Diese Gesichtspunkte sollen im Folgenden genauer betrachtet werden. Nach der Erörterung von Grimms marxistischer Lesart der Schweizer Geschichte sollen dessen politische Motivation für die Auseinandersetzung mit der Schweizer Geschichte und dessen Verwendung der Geschichte als Argument im politischen Kampf analysiert werden. Schliesslich soll die quasireligiöse, heilsgeschichtliche Dimension dieses Umgangs mit der Geschichte aufgezeigt werden. Weil man die *Geschichte der Schweiz in ihren Klassenkämpfen* füglich als Grimms mit Abstand bedeutendste Einlassung als Historiker betrachten kann, soll hier – auch aus Platzgründen – seine Rolle als Historiker mit einer Fokussierung auf dieses eine Werk gewürdigt werden.⁵

3 Voigt, Christian: Robert Grimm. Kämpfer, Arbeiterführer, Parlamentarier. Eine politische Biographie, Bern 1980, S. 190–194, hier S. 194; McCarthy (wie Anm. 2), S. 215–222.
4 Grimm, Robert: Geschichte der Schweiz in ihren Klassenkämpfen, Bern 1920; zitiert nach dem unveränderten Nachdruck Zürich 1976. Zu den Haftumständen siehe McCarthy (wie Anm. 2), S. 224–229; Voigt (wie Anm. 3), S. 206 f. Wenn Stadler, Peter: Zwischen Klassenkampf, Ständestaat und Genossenschaft. Politische Ideologien im schweizerischen Geschichtsbild der Zwischenkriegszeit, in: Historische Zeitschrift 219 (1974), S. 290–357, hier S. 293, von Grimms «Festungshaft» spricht, so widerspricht dies der biographischen Literatur, die übereinstimmend von günstigen Haftbedingungen spricht. Grimm führt in der Vorrede die Unterlagen auf, die ihm in Blankenburg zur Verfügung standen. Grimm (wie Anm. 4), S. 12. Die Benutzung der dreibändigen Schweizer Geschichte von Karl Dändliker (1. Auflage, Zürich 1883–1888; 4. Auflage 1900–1904) mag sich daher erklären, dass Dändliker für die Anliegen bäuerlicher Widerstandsbewegungen und den Einbezug der Arbeiterschaft in die Geschichtsbetrachtung aufgeschlossen gewesen ist. Siehe Buchbinder, Sascha: Der Wille zur Geschichte. Schweizer Nationalgeschichte um 1900 – die Werke von Wilhelm Oechsli, Johannes Dierauer und Karl Dändliker, Zürich 2002, S. 223–226.
5 Grimms spätere historische Werke waren in ihrer Fragestellung wesentlich enger und lassen sich folglich hinsichtlich der Weite des Deutungsansatzes kaum mit der *Geschichte der Schweiz in ihren Klassenkämpfen* vergleichen. Noch in einer seiner letzten geschichtlichen Publikationen scheint das Deutungsmodell des historischen Materialismus durch, wenn auch in stark

Geschichte der Schweiz in ihren Klassenkämpfen – historischer Materialismus und Schweizer Geschichte

Grimms Deutung der Schweizer Geschichte fusst auf dem historischen Materialismus, den er als objektiv wahres Naturgesetz in der Geschichte walten sieht. Mit Karl Marx' Geschichtsauffassung erläutert er den notwendigen Gang der Geschichte, der sich in der Abfolge der grossen Gesellschaftsformationen vollzieht. Die Gesellschaftsformationen sind durch spezifische Produktionsverhältnisse und die diesen Verhältnissen entsprechenden Klassengegensätze gekennzeichnet. Die Entwicklung von einer tieferen Gesellschaftsformation zur nächsthöheren vollzieht sich in Revolutionen, die den aufstrebenden Klassen zum Sieg über die herrschenden Klassen verhelfen. In der Folge passt die siegreiche Klasse die Produktionsverhältnisse wieder dem entwickelten Stand der Produktivkräfte an und ermöglicht damit deren weitere Entfaltung.[6]

Dieser Ansatz bedingt auch bei Grimm eine strukturgeschichtliche Darstellung, die auf Ereignisgeschichte weitgehend verzichtet und statt der Einzelhelden das «Volk» beziehungsweise die Klassen als zentrale Akteure einführt: «Woran es mir lag, das war: die gesellschaftlichen Zusammenhänge aufzuzeigen, die Ursachen der geschichtlichen Erscheinungen bloßzulegen. Soweit ich die Erscheinungen selbst berühre, dienen sie mehr zur Kontrolle der gewonnenen Einblicke, da aber diese Einblicke hinwiederum einen ununterbrochenen, logischen Entwicklungsgang der historischen Triebkräfte ergaben, wuchs unter der Hand ein zusammenhängender Abriß der Gesamtgeschichte des Landes empor.»[7] Die geschichtliche Persönlichkeit tritt als Akteur nur in Erscheinung, wenn sie mit den objektiven gesellschaftlichen Verhältnissen in Einklang steht und mit ihrer Aktion den geschichtlich notwendigen Veränderungen zum Durchbruch verhilft.[8]

domestizierter und der Klassenkampfrhetorik entkleideter Gestalt. Grimm, Robert: 50 Jahre Landesgeschichte, in: Der VPOD im Spiegel des Zeitgeschehens 1905–1955. Jubiläumsausgabe in drei Bänden zum 50jährigen Bestehen des Verbandes des Personals Öffentlicher Dienste, Bd. 1, Zürich 1955, S. 7 f. Eine Übersicht über das publizistische Werk von Robert Grimm bietet der *Bibliographische Bericht* von Andreas Benz in diesem Band.

6 Grimm (wie Anm. 4), S. 35 f. Eine historiographiegeschichtliche Würdigung von Grimms Darstellung bei Stadler (wie Anm. 4), S. 293–299.
7 Grimm (wie Anm. 4), S. 9.
8 Ebd., S. 119 f., 125–130, 132 f. Exemplarisch Grimms Bestimmung von Zwinglis geschichtlicher Grösse: «Zwingli, der bedeutendste geistige Führer, Klassenkämpfer und Politiker der eidgenössischen Geschichte, verlieh der Reformation der deutschen Schweiz das Gepräge seiner starken Persönlichkeit, wurde ihr entschlossener, vor keinem Hindernis zurückschreckender Rufer, aber diese Rolle kam ihm nur zu, weil die objektiven Bedingungen nach einer Lösung der gesellschaftlichen Widersprüche drängten.» Ebd., S. 120.

Für Grimm liegt das entscheidende Strukturmerkmal der Schweizer Geschichte im Prinzip der Gewalt. «Hier, nicht auf dem Gebiet eines allgemeinen Freiheitsstrebens, hat die Schweiz allen andern Staaten gegenüber einiges voraus. Seit ihrer Gründung stehen in der Eidgenossenschaft die Gesellschaftsklassen einander jeweilen unmittelbar gegenüber. Die Kämpfe um die politische Herrschaft sind nicht verdunkelt durch die Macht der Fürstengewalt, die, an der Spitze des Staates, eine Klasse gegen die andere ausspielt. Die Klassen kämpfen von Angesicht zu Angesicht, tragen ihre Fehden ohne Einmischung einer zwischen und über ihnen stehenden Staatsgewalt aus [...]. Das Bild all dieser Kämpfe ist darum reiner und unverfälschter als in monarchischen Staaten [...].»⁹ Die gesellschaftlichen Verhältnisse seien in der Schweizer Geschichte von den Anfängen bis zur Gegenwart durchgängig vom Prinzip der Gewalt bestimmt. «Jedesmal vollzog sich der immergleiche Wechsel der Auffassung»: als die Bauern der Urschweiz «das Joch der Habsburger abschüttelten», als die Handwerker und Kaufleute in den spätmittelalterlichen Städten «die Herrschaft des Raubadels brachen», als sich die Untertanen in den eidgenössischen Herrschaftsgebieten gegen die «Tyrannei der Stadt- und Landjunker auflehnten», als «das Bürgertum des kapitalistischen Zeitalters [...] die feudale Aristokratie aus den Sesseln hob. [...] jedesmal vollzog sich der immergleiche Wechsel der Auffassung. Gewalt war Wohltat für jede aufstrebende Klasse, bis sie selber an der Macht stand, wurde aber zum Übel, wenn die emporgekommene Klasse ihre Herrschaft ausübte und in die Fußstapfen ihrer Vorläuferin trat [...].»¹⁰

1918 war für Grimm diese geschichtliche Entscheidungssituation erneut gekommen, stellte sich die Gewaltfrage aufs Neue. «Das Bürgertum ist durch die Anrufung der Gewalt zur Macht und Herrschaft gelangt. Mit funkelnder Waffe erhob es sich im stickigen Nebel gegen den Feudalismus und den Zunftdespotismus. Unter souveräner Verachtung von Verfassung und Gesetz, von überkommenem Recht, Ruhe und Ordnung, schritt es zu Revolten und Staatsstreichen, zur Diktatur und Schreckensherrschaft [...].»¹¹ Nun aber sei die aufstrebende Klasse des Proletariats durch den notwendigen Gang der Geschichte legitimiert, ihrerseits Gewalt gegen die herrschende Klasse der Bourgeoisie einzusetzen. Es spiele sich nun «der gleiche Kampf ab, der seit ihren Anfängen die ganze Geschichte der Schweiz durchzittert. Der Klassenkampf des Proletariats ist die sinngemäße Weiterführung jener gesellschaftlichen Entwicklung, die mit dem Zerfall des Gemeineigentums beginnt und ihren Abschluß finden wird, wenn sich der Kreis,

9 Ebd., S. 9.
10 Ebd., S. 10.
11 Ebd.

auf veränderter Grundlage, wiederum bei der Rückkehr zum Gemeinbesitz geschlossen hat.»[12]

Grimm fasst den Gang der Schweizer Geschichte als *eine* mächtige Kreisbewegung, die am Ende die Geschichte wieder auf ihren wesenhaften Ursprung zurückführen werde – wenn auch auf veränderter Grundlage. Am Anfang stehe der Bund von 1291 als «Gründungsakt des schweizerischen Staatswesens». Mit diesem Bund verteidigten die Bauern der Waldstätte ihre markgenossenschaftliche Bodenordnung und damit die letzten Überreste des germanischen Kommunismus erfolgreich gegen die feudalen Übergriffe von Kirche und Adel. Der bäuerliche Kommunismus sei damit der eigentliche Schöpfer des Schweizer Bundes.[13] Und die Geschichte der Schweiz steuere notwendig auf die Wiederherstellung dieser kommunistischen Eigentumsordnung und Produktionsverhältnisse zu, wenn auch auf einer weit höher entwickelten Stufe der Produktivkräfte als im Mittelalter. «So ist die moderne Bewegung des sozialistischen Proletariats die Weiter- und Höherführung jener Entwicklungslinie, deren Anfänge hinaufreichen bis zu den Ahnen in den Hochtälern der Innermark. Was die Bauern und Handwerker im dreizehnten Jahrhundert, was die Anhänger der Reformation im sechzehnten Jahrhundert, was das Bürgertum im achtzehnten und in der ersten Hälfte des neunzehnten Jahrhunderts, das ist, soweit es sich um die Kampfstellung und den historischen Fortschritt handelt, das Proletariat des zwanzigsten Jahrhunderts: Künder und Sieger einer neuen Zeit, einer neuen Epoche des gesellschaftlichen Zusammenwirkens.»[14]

In welchen Schritten sah Grimm seit dem frühen erfolgreichen Klassenkampf der «freien Bauern» der Innerschweiz gegen den Feudaladel um 1300 die geschichtliche Entwicklung der Schweiz sich vollziehen?[15]

Parallel zum antifeudalen Klassenkampf der Bauern in den Waldstätten trugen in den spätmittelalterlichen Städten die Zunfthandwerker ihren Klassenkampf gegen den Stadtadel aus und setzten dabei in den «Zunftrevolutionen» ihre wirt-

---

12 Ebd., S. 11.
13 Ebd., S. 15–20, 29–34.
14 Ebd., S. 392 f.; siehe auch ebd., S. 371–375.
15 Aus Platzgründen kann hier nicht auf konzeptionelle und interpretatorische Schwierigkeiten von Grimms Deutung der Schweizer Geschichte eingegangen werden. Angedeutet seien die Schwierigkeiten, welche die Anwendung des Klassengegensatzes zwischen Feudaladel und Bürgertum für die ältere Schweizer Geschichte bereitet. Theoretisch inkonsistent erscheint auch die Vorstellung einer «Spaltung der herrschenden Klassen» in der Frühen Neuzeit, mit welcher die konfessionellen Konflikte zwischen reformierten und katholischen Orten und der wachsende Gegensatz zwischen Städte- und Länderorten in die Interpretation integriert werden sollten. Ebd., S. 156–169.

schaftliche Kraft in politische Macht um.[16] Einmal an die Macht gelangt, seien die «freien Bauern» in den Länderorten und die Handwerker in den Städten nun ihrerseits in die Fussstapfen des Feudaladels getreten. Städte und Länder hätten mit der territorialen Expansion seit dem 15. Jahrhundert eine neue Klassenherrschaft über ihre ausgebeuteten Untertanen errichtet.[17] Seitdem habe sich der Klassenkampf im Innern der Orte in zahlreichen Revolten und Widerstandsbewegungen der Untertanen gegen ihre eidgenössischen Obrigkeiten manifestiert. In diesem Zusammenhang unterstrich Grimm den «konterrevolutionären» Charakter des Stanser Verkommnisses von 1481, das er «als Bund emporgekommener Herren gegen das nach Freiheit dürstende Volk» brandmarkte.[18]

Die für den Verlauf der Schweizer Geschichte bedeutsame Reformation integrierte Grimm in seine Geschichtsdeutung, indem er sie – wohl in Anlehnung an Friedrich Engels' Interpretation der Reformation als einer frühbürgerlichen Revolution – weniger als eine religiös-kirchliche Bewegung denn als eine soziale Bewegung auffasste.[19] «Die Reformation ist ein gewaltiger Klassenkampf. Sie war der Ausbau der […] Klassenherrschaft des städtischen Bürgertums.»[20] Der Zürcher Grimm erhob in diesem Zusammenhang den Zürcher Reformator Ulrich Zwingli zum «bedeutendste[n] geistige[n] Führer, Klassenkämpfer und Politiker der eidgenössischen Geschichte».[21] Zwingli habe die Interessen des emporgekommenen Stadtbürgertums hervorragend gegen die Kirche und insbesondere auch gegen die rückständigeren, altgläubigen Länderorte vertreten.

Umso mehr musste er die weitere Entwicklung der Eidgenossenschaft nach der Niederlage der reformierten Orte bei Kappel 1531 als Sieg der Reaktion auffassen. Ganz in der Tradition der liberalen Historiographie deutete er das Ancien Régime als Periode der Erstarrung und «Verknöcherung».[22] Die Aristokratie habe sich sowohl in den ehedem fortschrittlichen Städten wie auch in den Länderorten ausgebreitet. Die regierenden Orte hätten trotz des konfessionellen Gegensatzes immer wieder zusammengefunden, um das gemeinsame Herrschaftsinteresse gegen revoltierende Untertanen zu verteidigen. Scharf kritisierte

---

16 Ebd., S. 39–59.
17 Ebd., S. 59–81. Stadler (wie Anm. 4), S. 295, weist auf die Ähnlichkeit mit Dändlikers Interpretation hin.
18 Grimm (wie Anm. 4), S. 91–96, Zitat S. 95.
19 Ebd., S. 119–155. Vorlage zu diesem Kapitel ist Grimm, Robert: Die Reformation als Klassenkampf. Ein Beitrag zum 400. Geburtstag der Schweizer Reformation, in: Neues Leben. Monatsschrift für sozialistische Bildung 3 (1917). Die Schrift erschien im selben Jahr auch als Broschüre im Verlag Buchhandlung der Arbeiterunion Bern.
20 Grimm (wie Anm. 4), S. 157.
21 Ebd., S. 120. Weitere Belege für Grimms Zwingliverehrung ebd., S. 125, 143 f., 208.
22 Ebd., S. 144.

er die Länderorte, welche jede weitergehende nationale Zusammenfassung des Landes verhindert hätten und folglich für das rückständige «Kantonesentum» verantwortlich gewesen sein.[23]

Im 18. Jahrhundert kündigten die Entwicklung der Produktivkräfte und die zunehmende soziale Differenzierung den Klassenkampf zwischen der herrschenden Aristokratie und der aufstrebenden Bourgeoisie an.[24] Ein erster Versuch zur revolutionären Umgestaltung der Verhältnisse scheiterte in der Helvetik nicht zuletzt an der mangelnden Verwurzelung («Bodenständigkeit») der Republik in der Bevölkerung und an deren Abhängigkeit von Frankreich.[25] 1847/48 aber gelangte das fortschrittliche Bürgertum mit dem Sieg über die Sonderbundskantone und die Errichtung des Bundesstaates an sein Ziel.[26] Es schuf sich jene Verfassungs- und Gesellschaftsordnung, welche die Freiheit des bürgerlichen Eigentums garantierte und die Staatsgewalt so weit zentralisierte, dass der wirtschaftlichen Entwicklung wieder neue Freiräume eröffnet wurden.[27]

Grimms Darstellung endete – aus marxistischer Sicht folgerichtig – mit dem Kapitel zur Arbeiterbewegung.[28] Aus der bürgerlich-kapitalistischen Entwicklung hervorgegangen, verkörpert das Proletariat jene fortschrittliche Kraft, die sich anschickt, den Kapitalismus zu überwinden, die Eigentumsverhältnisse umzuformen und eine neue Epoche des gesellschaftlichen Zusammenwirkens heraufzuführen.[29] Die Revolution des Proletariats bedeutet zugleich das Ende der Geschichte, weil die neue Eigentumsordnung keinen Klassengegensatz mehr kennen und damit das Schwungrad der Geschichte stillgestellt sein wird.

Geschichtsschreibung als Fortsetzung des politischen Kampfes mit anderen Mitteln

Mit der Niederschrift der *Geschichte der Schweiz in ihren Klassenkämpfen* setzte Grimm seinen politischen Kampf fort. Das Buch sollte eine Lücke in der sozialistischen Literatur der Schweiz füllen und zum Lehrmittel für die Arbeiterschaft

---

23 Ebd., S. 181.
24 Ebd., S. 189–243.
25 Ebd., S. 243–300. Für die mangelnde «Bodenständigkeit» der Helvetik beziehungsweise Grimms Kritik an der die Helvetische Republik belastenden französischen Fremdherrschaft siehe ebd., S. 243, 275 f.
26 Ebd., S. 320–370.
27 Ebd., S. 192.
28 Ebd., S. 384–393.
29 Ebd., S. 392 f.

werden.[30] Es sollte deren Klassenbewusstsein schärfen und Kampfeswillen stärken, zumal Grimm den Sozialismus «als logische[n] Ausfluß der schweizergeschichtlichen Entwicklung» vorstellte.[31] Die Arbeiter sollten über den wahren Charakter und die wahre Bestimmung der Schweizer Geschichte aufgeklärt werden. Indem er fast 600 Jahre Schweizer Geschichte als Ausdruck eines unablässigen Kampfes der unterdrückten Klassen gegen die herrschenden Klassen darstellte, wollte er den lesenden Arbeitern eine Alternative zu den Schul- und Lehrbüchern der bürgerlich-nationalen Geschichtsschreiber bieten.

Auch als Geschichtsschreiber befand sich Grimm im Kampf gegen das Bürgertum, was sich in massiver Kritik und polemischen Ausfällen gegen die patriotisch-bürgerlichen Historiker ausdrückte. Sein bilderstürmerischer Frontalangriff galt dem «mystisch» verklärten Geschichtsbild der national-patriotischen Geschichtsschreibung, das im volkstümlichen Geschichtsbewusstsein stark verwurzelt sei, weil der Geschichtsunterricht in der Volksschule kaum über die Reformation hinauskomme. Der Lehrplan verweile so lange bei den historischen Anfängen, «daß der jugendliche Eidgenosse beim Schulaustritt […] nichts weiß vom Bauernkrieg, von den Aufständen, Parteizerwürfnissen und Klassenkämpfen in der Epoche der Aristokratie und Oligarchie, nichts von der […] Revolution des Bürgertums. So gelingt es, eine Tradition großzuziehen, die einer schmetternden Freiheitsfanfare gleicht, das Geschichtsbild mystisch verklärt, es mit dem Hauch der Gottähnlichkeit umgibt und im biderben Schweizer Patrioten jenes berauschende Selbstgefühl weckt, das ihn die Unfreiheit und Knechtschaft der Gegenwart in dem Maße vergessen läßt, als er sich in die ersten Freiheitskämpfe der Vergangenheit versenkt und sein staatsbürgerliches Glück in demutsvoller Ehrfurcht vor den Altvordern statt im eignen Wohlergehen sucht.»[32] Ernüchterung statt Selbstberauschung, Aufklärung statt Verklärung verhiess Grimm stattdessen seinem Leser.

Grimms historiographischer Ikonoklasmus knöpfte sich die Heldengestalten der alteidgenössischen Gründungserzählung vor: die drei Eidgenossen vom Rütli,[33] Wilhelm Tell,[34] Winkelried,[35] Niklaus von Flüe.[36] Unter Berufung auf die kritische Geschichtsforschung räumte er im Kabinett der sagenhaften Gründergestalten auf. «Urkundenmaterial und objektive Betrachtung der geschichtlichen

---

30 Ebd., S. 11 f.
31 Ebd., S. 11.
32 Ebd., S. 8.
33 Ebd., S. 7 f.
34 Ebd., S. 15, 60.
35 Ebd., S. 53.
36 Ebd., S. 95.

Tatsachen wiesen auf andere Spuren; die auf Schulbänken eingeflößte, an patriotischen Gelagen großgezogene Bewunderung vor den am Anfang der schweizerischen Staatsgeschichte stehenden Ruhmestaten wurde jäh zerstört, wobei wohl den einen und andern der braven Eidgenossen ein ähnliches Gefühl beschlichen haben mochte, wie eine Braut, wenn sie erfährt, daß ihr Geliebter insgeheim mit einer Dirne lebe.»[37]

Ins Schussfeld der Kritik gerieten sodann der militärische Heroismus der frühen Eidgenossen und die Verherrlichung der Schlachtensiege, an denen sich bürgerlich-patriotische Geschichtsschreiber ergötzten. Grimms Kritik an den Burgunderkriegen und an den Mailänderkriegen ist stark moralisch gefärbt und erinnert an die Reislauf- und Pensionenkritik des von ihm verehrten Zürcher Reformators Zwingli.[38] Die Eidgenossen hätten in diesen Eroberungskriegen definitiv ihre Unschuld verloren, selber eine Klassenherrschaft errichtet, und sie seien durch die ins Land fliessenden Sold- und Pensionengelder politisch und moralisch korrumpiert worden.[39]

Die heroisch-patriotische Geschichtsdeutung lenkte in den Augen Grimms vom wahren Charakter der geschichtlichen Konflikte ab. Sie lasse die Schweizer Freiheit hochleben und unterdrücke dabei die Tatsache, dass die frühen Eidgenossen schon bald einmal selber über Untertanen geherrscht hätten. Sie stimmte «den Heldensang von unentwegter Volksbefreiung» an und verdrängte damit die «tyrannische Herrschaft», welche eidgenössische Landvögte in den gemeinen Herrschaften über Untertanen ausgeübt hätten.[40]

Grimm wollte das Zerrbild der Schweizer Geschichte entlarven, indem er die bürgerlich-vaterländischen Historiker mit Ironie, ja Sarkasmus überhäufte. Ohne diese beim Namen zu nennen, kanzelt er sie als «patriotische[n] Schaumschläger[n]» und «geräuschvolle Windmacher», als «beschränkte Federfuchser» oder «patriotische[n] Schwachmatiker[n]» ab.[41]

---

37 Ebd., S. 15.
38 Ebd., S. 72, 85–91, 106–116.
39 Grimm übernimmt damit die bis ins späte 15. Jahrhundert zurückreichende Vorstellung von den Burgunderkriegen als fatalem Ereignis der Schweizer Geschichte. Für die Wirkungsgeschichte der Burgunderkriege im eidgenössischen Geschichtsbild siehe Holenstein, André: Heldensieg und Sündenfall. Der Sieg über Karl den Kühnen in der kollektiven Erinnerung der Eidgenossen, in: Oschema, Klaus; Schwinges, Rainer C. (Hg.): Karl der Kühne von Burgund. Fürst zwischen europäischem Adel und der Eidgenossenschaft, Zürich 2010, S. 327–342.
40 Grimm (wie Anm. 4), S. 60f.
41 Ebd., S. 156, 157, 158, 322.

Geschichte als Trost und als Verkünderin von Heil und Erlösung im Diesseits

Grimms Geschichtsbild eignet eine quasireligiöse, heilsgeschichtliche Dimension. Es will den Arbeitern als einstweiligen Verlierern der Geschichte Trost spenden und verkündet ihnen für die Zukunft Heil und Erlösung.
Der deutsche Geschichtstheoretiker Reinhart Koselleck hat einmal geschrieben, die Geschichte gehöre den Siegern, die Historie aber den Besiegten. Koselleck wollte sagen, die Sieger seien nicht an den langfristigen Vorgaben ihres Erfolgs interessiert, ihr Interesse an der Geschichte sei kurzfristig angelegt, es konzentriere sich auf jene Ereignisse, die ihnen «den Sieg eingebracht haben». «Anders [hingegen] die Besiegten.» Die Besiegten sähen sich gezwungen, ihre Erfahrung zu reflektieren. Sie müssten nach den mittel- und langfristigen Gründen ihres Scheiterns suchen. «Mag die Geschichte – kurzfristig – von Siegern gemacht werden, die historischen Erkenntnisgewinne stammen – langfristig – von den Besiegten.»[42] Kosellecks Gedanke lässt sich für die Interpretation von Grimms historischer Arbeit fruchtbar machen.
Peter Stadler hat Grimms Darstellung als die einzige Schweizer Geschichte gewürdigt, die den marxistischen Standpunkt «konsequent – auch in seinen Inkonsequenzen – durchgehalten» habe, und dabei bedauert, dass damals und später der «Widerhall in der schweizerischen Fachkritik gleich Null» geblieben sei.[43] Stadlers Urteil darf durchaus als positive Würdigung des heuristischen Potentials von Grimms Ansatz gelesen werden, auch wenn Stadler selber diesen durchaus nicht geteilt hat. Dessen Geschichte war eine Geschichte aus der Sicht eines – vorläufig – Besiegten, und sie hat in manchen Punkten erstaunlich originelle Ansichten und Einsichten formuliert, welche denen der etablierten Historikerzunft ihrer Zeit um einiges voraus waren.[44]
Wichtiger noch als dieser heuristisch-konzeptionelle Zugewinn, den die Per-

---

42 Koselleck, Reinhart: Erfahrungswandel und Methodenwechsel. Eine historisch-anthropologische Skizze, in: Meier, Christian; Rüsen, Jörn (Hg.): Historische Methode, München 1988, S. 13–61, hier S. 51 f.

43 Stadler (wie Anm. 4), hier S. 296 f.: «Die ‹Geschichte der Schweiz in ihren Klassenkämpfen› ist die einzige Schweizergeschichte geblieben, die den marxistischen Standpunkt konsequent – auch in seinen Inkonsequenzen – durchgehalten hat. Um so bedauerlicher, daß der Widerhall in der schweizerischen Fachkritik gleich Null blieb. Sogar ein Gegner wie Gonzague de Reynold hat die ‹conspiration de silence› bedauert und dieser ‹falschen› Geschichte immerhin attestiert, sie bleibe ‹un curieux témoignage de son patriotisme refoulé›.»

44 Hierbei ist etwa an die sozialgeschichtliche Betrachtung der Reformation oder an die Würdigung der Schweizer Geschichte unter einem konflikttheoretischen Ansatz zu denken. Beide Ansätze sind, von Ausnahmen abgesehen, von der zünftigen Geschichtswissenschaft erst seit den 1970er Jahren aufgegriffen worden.

spektive des Besiegten bei Grimm in die Geschichtsschreibung einzubringen vermochte, erscheint die quasireligiöse Dimension, die sich dem besiegten Arbeiterführer aus der Beschäftigung mit der Geschichte erschloss. Aus der vorläufigen Niederlage schöpfte er die Zuversicht auf den nahen Sieg. Geschichtsbetrachtung und Geschichtsschreibung trösteten ihn über die Niederlage hinweg, weil er sich als Besiegter sicher war, dass sich die Sieger ihres Sieges nicht mehr lange würden erfreuen können.
Grimm erblickte «eine verblüffende Analogie» zwischen der Lage 1919 und «der Politik der herrschenden Klassen vor dem Zusammenbruch der alten Eidgenossenschaft» 1798.
«Der Geist der Reaktion ist der gleiche, und der blinde Wahn, als ob mit der Einschnürung der Volksrechte, mit der gewaltsamen Unterdrückung des Rechts der freien Meinungsäußerung und mit der verblödenden Anrufung von Ordnung und Sicherheit des Landes die Revolution verhindert werden könnte, nicht minder. Je sicherer sich die herrschenden Klassen nach der gewalttätigen Niederringung der Erhebungen im achtzehnten Jahrhundert fühlen, um so mehr nähern sie sich dem gähnenden Schlund, der sie unrettbar verschlingt. Die vermeintliche Stärke, die sie mimen, hilft nicht über die malmenden Kräfte hinweg, die im Urgrund der Gesellschaft wirken. Jede Verfolgung und jede Ächtung, jeder Triumph und jeder Sieg fördert den Zerstörungsprozeß des Alten und häuft den Explosivstoff, der ein paar Jahrzehnte darauf das Staatsgebäude in allen seinen Fugen auseinandersprengt.
Wäre eine herrschende Klasse fähig, die Vergangenheit als Richterin der Gegenwart aufzufassen, so würde die Bourgeoisie unserer Tage aus den Ereignissen des achtzehnten Jahrhunderts etwas lernen. Aber die Lehren der Geschichte werden in der Regel nur von den unterdrückten Klassen beherzigt, was für das Proletariat so viel heißen will, als daß es in einer Ära der finsteren Reaktion, da man selbst seine seit Jahrzehnten gesungenen Kampflieder als staatsgefährlich und hochverräterisch unter Strafklage zu stellen sich erdreistet, aus der Geschichte der herrschenden Klassen selbst die Gewißheit seines Sieges schöpft.»[45]
Was stimmte Grimm 1919 so zuversichtlich im Hinblick auf das künftige Schicksal von Bourgeoisie und Proletariat? Letztlich gründete diese Zuversicht im Glauben an die objektive Wahrheit der historisch-materialistischen Geschichtsauffassung. Er war von der einen grossen «Wahrheit» überzeugt, «daß man Ideen, die aus der Veränderung der Produktivkräfte und damit aus der Veränderung des gesellschaftlichen Seins entstanden sind, wohl geistig bekämpfen, mit Gewaltmitteln selbst ihren Siegeslauf vorübergehend unterbrechen, ihn aber

---

45 Grimm (wie Anm. 4), S. 209 f.

niemals auf die Dauer aufhalten kann».⁴⁶ Die Geschichte offenbarte sich ihm als gesetzmässiger Prozess mit klarer Entwicklungsrichtung und eindeutigem Ziel. Dem Historiker Grimm gerann *die* Geschichte unter der Feder zur allmächtigen Kraft, der sich niemand auf Dauer entgegenstemmen konnte. *Die* Geschichte bestimmte über die Handlungsmöglichkeiten der Menschen, sie entschied über deren Schicksal.

Bei Grimm vollzog sich, was als Deifizierung, als Vergottung der Geschichte im Horizont der marxistischen Fortschritts- und Geschichtsphilosophie bezeichnet werden kann. Die Geschichte war im geistigen Horizont des Atheisten und Marxisten an die Stelle Gottes getreten. Sie setzte der Menschheit ihre Bestimmung, sie war allmächtig, ihr konnte sich niemand widersetzen, und schliesslich war sie gütig, weil sie am Ende den Unterdrückten, den Unterjochten, den Geknechteten die Freiheit, die Erlösung, das Heil bringen würde – nicht erst am Jüngsten Tag und im Jenseits, sondern hienieden schon in der klassenlosen Gesellschaft. Nicht mehr der transzendente christliche Gott des Jenseits, aber doch die gottähnliche Geschichte im Diesseits verhiess den Proletariern Trost, Zuversicht und die Aussicht auf die Erlösung, welche sie angeblich aus der Geschichte schöpfen konnten.⁴⁷

Es ist Robert Grimm selber, der diese Deutung seiner Schrift als einer säkularen Heilsvision, als einer ins Diesseits gezogenen Eschatologie nahelegt. Grimms *Geschichte der Schweiz in ihren Klassenkämpfen* endet nämlich mit einer Strophe aus einem Gedicht, dessen Verfasser er nicht nennen und das er nur unvollständig wiedergeben wollte.⁴⁸

> «[Es sprach der Geist]⁴⁹ Sieh auf! Die Luft umblaute
> Ein unermeßlich Mahl, soweit ich schaute,
> Da sprangen reich die Brunnen auf des Lebens,
> Da streckte keine Schale sich vergebens,
> Da lag das Volk auf vollen Garben,
> Kein Platz war leer und keiner durfte darben.»

---

46 Ebd., S. 296.
47 Ebd., S. 209 f., 295 f. Vgl. die klassische Darstellung von Löwith, Karl: Weltgeschichte und Heilsgeschehen. Die theologischen Voraussetzungen der Geschichtsphilosophie, 7. Auflage, Stuttgart etc. 1979, besonders das Kapitel zu Marx ebd., S. 38–54. Siehe auch Koselleck, Reinhart: Artikel Geschichte, in: Brunner, Otto; Conze, Werner; ders. (Hg.): Geschichtliche Grundbegriffe, Bd. 2, Stuttgart 1975, S. 651 f., 666–668, 691–695.
48 Grimm (wie Anm. 4), S. 393.
49 Von Grimm weggelassen.

Diese poetische Vision einer Gesellschaft, in der alle frei von Not leben und satt werden, hat Grimm einem Gedicht von Conrad Ferdinand Meyer aus dem Jahre 1890 entnommen. Unverkennbar ist darin die heilsgeschichtliche Sehnsucht nach Erlösung enthalten, deren genuin christlich-religiöse Prägung sich offenbart, wenn man auch die erste Strophe des Gedichts liest, die Grimm seinem Leser vorenthalten hat.

«Es sprach der Geist: Sieh auf! Es war im Traume.
Ich hob den Blick. In lichtem Wolkenraume
Sah ich den Herrn das Brot den Zwölfen brechen
Und ahnungsvolle Liebesworte sprechen.
Weit über ihre Häupter lud die Erde
Er ein mit allumarmender Gebärde.»[50]

---

50 Meyer, Conrad Ferdinand: Sämtliche Werke, Historisch-kritische Ausgabe, hg. von Hans Zeller, Alfred Zäch, Bd. 1, Bern 1963, S. 260, N. 168. Siehe auch den Kommentar in Meyer, Conrad Ferdinand: Sämtliche Werke, Historisch-kritische Ausgabe, hg. von Hans Zeller, Alfred Zäch, Bd. 4, Bern 1975, S. 345–352.

Der Experte

Brigitte Studer

Marxist, Kämpfer, Politiker – das sind Positionen, die Robert Grimm zweifelsfrei in der Schweizer Geschichte eingenommen hat. Die Einteilung berücksichtigt aber weitere Funktionen nicht, so diejenige des politischen Experten, die Robert Grimm ebenfalls besetzt hat. Anfang 1934 erhielten Robert Grimm und der Ingenieur Ferdinand Rothpletz (1872–1949) vom Eidgenössischen Volkswirtschaftsdepartement den Auftrag, ein Gutachten über Arbeitsbeschaffungsmassnahmen zu verfassen. Der «Streikgeneral» und sein einstiger Gegner Rothpletz, der nach dem Generalstreik von 1918 in einer von ihm mitinitiierten Petition die Abberufung der sozialdemokratischen Berner Gemeinderäte, darunter Grimm, verlangt hatte[1] und der Anfang der 1920er Jahre Nationalrat der Bauern-, Gewerbe- und Bürgerpartei (BGB) und Leiter der Bürgerwehr der Stadt Bern gewesen war, fanden sich also vereint in der Formulierung von Krisenbekämpfungsvorschlägen.

Das Gutachten, das bereits im Mai 1934 unter dem Titel *Krisenbekämpfung – Arbeitsbeschaffung* im Francke Verlag gedruckt vorlag, erweist sich in verschiedener Hinsicht als aufschlussreich.[2] Es steht exemplarisch für die Geschichte der Expertise in der schweizerischen Politik und die Rolle eines besonderen Expertentypus, der nicht durch wissenschaftliche Qualifikationen und akademische Diplome, sondern durch praktische Erfahrung, sozusagen durch «Erfahrungskapital», legitimiert ist. Als zweites gibt es Einblick in eine historische Schlüsselphase des Staatsinterventionismus in die Wirtschaft, als im Zeichen der Krise wirtschaftsliberale, korporatistische, staatsinterventionistische und sozialistische Ordnungsmodelle um die Deutungsmacht konkurrierten. Zur Debatte standen neben der Frage der Relativierung der Handels- und Gewerbefreiheit durch Schutz des Gewerbes und der Arbeit auch das Verhältnis von Staat und Wirtschaftsverbänden sowie die konträren wirtschafts-

---

1 Berner Woche, 23. November 1918, S. 595; Berner Taschenbuch 1921, S. 260 (8. Dezember 1919), zitiert in Bern – die Geschichte der Stadt im 19. und 20. Jahrhundert, hg. von Robert Barth, Emil Erne, Christian Lüthi, Bern 2003, S. 136.
2 Grimm, Robert; Rothpletz, Ferdinand: Krisenbekämpfung, Arbeitsbeschaffung. Gutachten, dem Eidg. Volkswirtschaftsdepartement erstattet, Bern 1934.

politischen Optionen Deflationspolitik contra Arbeitsbeschaffung und Kaufkrafterhaltung. Schliesslich wirft Robert Grimms Rolle als Teilnehmer in diesem Deutungsstreit ein Schlaglicht auf die Akzelerationsphase Mitte der 1930er Jahre im langen Prozess der Integration der Arbeiterbewegung in die bürgerlich-liberale Gesellschaft. Der Sozialdemokrat Robert Grimm konnte sich sowohl als Klassenkämpfer wie als politischer Pragmatiker zeigen. Um diese verschiedenen Punkte zu beleuchten, wird im Folgenden zunächst nach dem Inhalt der Gutachtenvorschläge gefragt, sodann nach dem politischen, administrativen und wirtschaftlichen Kontext, in welchem der Gutachtenauftrag zu situieren ist, und schliesslich nach dessen Wirkung.

Die Expertise

Die beiden «Experten» – so unterzeichneten Grimm und Rothpletz in der Vorbemerkung das rund 130-seitige Gutachten – hatten zwar separat gearbeitet, doch erwiesen sich ihre Ergebnisse als genügend kompatibel, um als gemeinsame Stellungnahme veröffentlicht zu werden. Die Autoren plädierten für die Einführung eines Krisenartikels in der Bundesverfassung und skizzierten ein ausführliches wirtschaftspolitisches Krisenprogramm, dessen Kernelemente die Förderung einzelner Wirtschaftszweige und die Bekämpfung der Arbeitslosigkeit durch staatliche Arbeitsbeschaffungsmassnahmen bildeten. Als unverzichtbare Mittel einer solchen Politik betrachteten sie die Äufnung eines Krisenfonds von anfänglich 500 Millionen Franken sowie die Zentralisation der Krisenmassnahmen bei einer Zentralstelle im Eidgenössischen Volkswirtschaftsdepartement. Diese sollte durch eine Verwaltungskommission bestehend aus Wirtschaftsvertretern flankiert sein und eine breite Aufgabenpalette übernehmen, von der Beobachtung des Krisenverlaufs der Gesamtwirtschaft über die Arbeitsbeschaffung im In- und Ausland bis zu Versicherungs-, Fürsorge- und Hilfsmassnahmen aller Art. Durch die administrativ-institutionelle Zentralisierung sollten die bislang über zahlreiche Bundesstellen und -departemente verstreuten Interventionen und Massnahmen der Bundesverwaltung, aber auch die diversen politischen Handlungskompetenzen vereinigt werden.

Bevor die beiden Gutachter aber ihre Lösungsvorschläge formulierten, stellten sie einführend in einem von Grimm verfassten Teil den Stand der Arbeitslosigkeit dar, zeichneten die Wirkung der bisherigen Massnahmen und Hilfsleistungen des Bundes zur Unterstützung der Betroffenen sowie zur Bekämpfung der Arbeitslosigkeit nach und breiteten in einem von Rothpletz verfassten Teil syste-

matisch die verschiedenen Arbeitsbeschaffungsmöglichkeiten durch öffentliche Aufträge aus.[3] Ferner diskutierten sie die Krisenursachen.
Ihr Programm zur Krisenbekämpfung und Arbeitsbeschaffung war umfassend. Es erstreckte sich sowohl auf die Förderung der Exportwirtschaft als auch auf die Ausführung von Staatsaufträgen und die Subventionierung von Notstandsarbeiten. Ersteres sollte hauptsächlich dank dem Ausbau der staatlichen Risikogarantie, dann durch die Ausrichtung von Exportprämien, die Wiederaufnahme der Handelsbeziehungen mit «Russland», die Entwicklung des Clearingverkehrs, die staatliche Regulierung des Kapitalmarktes und die Kontrolle des Kapitalexportes zugunsten der Arbeitsbeschaffung geschehen. Doch nicht nur Unternehmen, auch der Staat sollte vermehrt Arbeitsplätze anbieten. Grimm und Rothpletz zählten eine Reihe solcher Staatsaufträge und Notstandsarbeiten auf. Diese bezogen sich mehrheitlich auf den Strassenbau, auf den Ausbau der Eisenbahnlinien und Bahnhöfe sowie auf die Elektrifizierung der Bahnen, auf Gebäudesanierungen und auf Meliorationsarbeiten, also hauptsächlich auf männliche Erwerbssektoren. Innovativ zeigten sich die beiden Autoren insofern, als sie nicht nur den Sekundär-, sondern auch den Tertiärsektor berücksichtigten und erstmals eine finanzielle Förderung der Beschäftigung von technischen Berufen, Intellektuellen und Künstlern empfahlen. Die dafür veranschlagte Summe war zwar bescheiden: 300 000 Franken sollten ihnen zugeteilt werden – von einem immerhin auf 500 Millionen geschätzten Gesamtprogramm. Darüber hinaus erörterten sie einige der damals in Politik und Öffentlichkeit diskutierten Vorschläge zur Reduktion der Arbeitslosigkeit wie Massnahmen gegen das «Doppelverdienertum», den Ersatz ausländischer durch schweizerische Arbeitskräfte, die Senkung des Pensionsalters und die Verlängerung der Schulpflicht. Ob der gewünschten Wirkung solch «administrativer Massnahmen» äusserten sie sich indessen skeptisch.
Nicht unbehandelt durfte selbstverständlich der strittigste Punkt der politischen Diskussionen über eine staatliche Krisenintervention bleiben, deren Finanzierung, wenn er auch nur kurz gestreift wurde. Neben den bereits bewilligten Krediten des Bundes für Krisenmassnahmen, meinten die Autoren, könnten auch Bankkredite und Anleihen, die Ausgabe von Bundesobligationen und die Errichtung einer Staatslotterie vorgesehen werden. Auf neue fiskalische Einnahmen zur Finanzierung der vorgeschlagenen Staatsaufgaben verzichteten die beiden.
Bevor die Wirkungen des Gutachtens rekonstruiert werden, widmet sich der nächste Abschnitt den Verfassern und ihrer Legitimation als Experten. Im Vor-

---

3 Die einzelnen Teile sind im veröffentlichten Gutachten nicht signiert.

dergrund steht dabei die Frage, welche Stellung ihnen, insbesondere Grimm, im Rahmen des sich im krisenhaften Kontext der ersten Hälfte der 1930er Jahre etablierenden Systems von Expertenkonsultationen in der eidgenössischen Politik zukommt.

Die Experten

Mit dem Konzept der «Verwissenschaftlichung des Sozialen» hat die Geschichtswissenschaft ihren Blick auf die Rolle der Experten in den (sozial)politischen Aushandlungs- und Entscheidungsprozessen gelenkt. Diesen humanwissenschaftlichen Experten, die nach Lutz Raphael seit dem ausgehenden 19. und insbesondere im 20. Jahrhundert zu den Juristen als bereits älteren Staatsautoritäten in Konkurrenz treten, wird in der Regel aufgrund ihrer Fachkenntnisse und -qualifikationen gutachterliche Urteilskompetenz zugebilligt respektive zugewiesen.[4] Das Beispiel von Grimm und Rothpletz zeigt indes, dass die öffentliche Verwaltung – hier der Schweiz – auch andere Formen der Expertise herbeizog. Der Status des Experten als Berater der Politik aufgrund seiner spezifischen Kenntnisse ist nicht verfasst und kennt keinen formalisierten Zugang. Eine Typologie des Experten und seiner Tätigkeit muss auch von intermediären Funktionen ausgehen, die weder auf rein technischen Kenntnissen noch auf wissenschaftlich spezialisiertem Wissen beruhen, die aber dennoch «instituierend», also Normen setzend, wirken.[5] Gerade im Fall der Schweiz erscheint der Beizug von Experten, die nicht wissenschaftliche, sondern politische Erfahrung vorweisen können, als bezeichnend für das politische Milizsystem.[6] Im Fall

---

4 Lutz, Raphael: Die Verwissenschaftlichung des Sozialen als methodische und konzeptionelle Herausforderung für eine Sozialgeschichte des 20. Jahrhunderts, in: Geschichte und Gesellschaft 22 (1996), S. 165–193.

5 Vgl. die Typologie von Castel, Robert: Savoirs d'expertise et production de normes, in: Chazel, François; Commaille, Jacques (Hg.): Normes juridiques et régulation sociale, Paris 1991, S. 177–188. In unserem Fall handelt es sich aber noch um eine weitere Form der Expertise, deren zugrunde liegendes Wissen nicht formalisiert ist.

6 Die Rolle der Experten in der Schweizer Politik ist erst ansatzweise erforscht. Siehe etwa Herren, Madeleine; Zala, Sacha: «Die Experten verpflichten ihre Regierungen in keiner Weise». Experten im Milizsystem der schweizerischen Aussenpolitik der Zwischenkriegszeit, in: Traverse 2001/2, S. 96–109; Pavillon, Sophie: Les affinités économiques et le bon usage du diagnostic conjoncturel en Suisse, 1932–1947, ebd., S. 110–123; Lengwiler, Martin: Expertise als Vertrauenstechnologie: Wissenschaft, Politik und die Konstitution der Sozialversicherungen (1880–1914), in: Gilomen, Hans-Jörg; Guex, Sébastien; Studer, Brigitte (Hg.): Von der Barmherzigkeit zur Sozialversicherung. Umbrüche und Kontinuitäten vom Spätmittelalter bis zum 20. Jahrhundert, Zürich 2002, S. 259–270, und ders.: Expertenwissen im Sozialstaat: zwischen Verwissenschaftlichung, Bürokratisierung und Politisierung, in: Studien & Quellen 2006, S. 167–190.

von Grimm und Rothpletz war es ihr Praxiswissen und ihre Erfahrung in der öffentlichen Verwaltung, die sie legitimierten, wie Bundesrat Edmund Schulthess dem Nationalrat erklärte.[7] Rothpletz hatte in der ersten Nachkriegskrise das eidgenössische Arbeitslosenfürsorgeamt geleitet, Grimm war langjähriger Berner Gemeinderat und da für die öffentlichen industriellen Betriebe zuständig. Ausserdem sorgte die unterschiedliche Parteizugehörigkeit der beiden für den politischen Ausgleich.[8] Die Zusammenarbeit zwischen dem Sozialdemokraten Grimm und dem mittlerweile dem Freisinn angehörenden Rothpletz[9] verweist überdies auf die konkreten Praktiken, welche die Herausbildung der helvetischen Konkordanzdemokratie in den 1930er Jahren erst ermöglichten und untermauerten. Form und Funktion der Expertise von Grimm und Rothpletz waren damals schon kein Einzelfall mehr. So legten im Mai 1934 beispielsweise auch der freisinnige Präsident des schweizerischen Gewerbeverbandes August Schirmer, Verfechter einer berufsständischen Wirtschaftsstruktur, und der Gewerkschafter und Sozialdemokrat Max Weber im Auftrag von Bundesrat Edmund Schulthess ein gemeinsames Gutachten zur Neuorganisation der eidgenössischen Wirtschaftspolitik vor.[10] Expertenmandate vom Vorsteher des Volkswirtschaftsdepartements richteten sich damals noch an andere Politiker, im November 1934 etwa, zur heftig umstrittenen Frage der Einschränkung der Handels- und Gewerbefreiheit, an Fritz Joss, Berner BGB-Regierungs- und -Nationalrat sowie ehemaliger kantonaler Gewerbesekretär.[11]

Das offizielle Mandat an Grimm und Rothpletz ist im Kontext grundsätzlicher ideologischer Kontroversen über die Wirtschaftspolitik bei gleichzeitiger intensiver ausserparlamentarischer interparteilicher Diskussion über Krisenlösungsmuster zu situieren. Als die beiden Anfang 1934 von Bundesrat Schulthess den Auftrag zu ihrem Gutachten über Krisen- und Arbeitsbeschaffungsmassnahmen erhielten, manifestierten sich die Wirkungen der Wirtschaftskrise in der Schweiz mit voller Wucht. Im März 1934 lancierten konservative Kräfte die

7 Wirtschaftsprogramm und Arbeitsbeschaffung. Aus der Rede von Bundesrat Schulthess in Beantwortung der Motionen Pfister und Huggler und der Petition der sozialdemokratischen Partei, 26./27. März 1934, Schweizerisches Bundesarchiv (BAR), J I.6 1000/1355, Bd. 9. Siehe auch Amtliches stenographisches Bulletin Nationalrat, 27. März 1934, S. 207.
8 Ebd.
9 Rothpletz war 1930 von Bern nach Aarau gezogen, wo er der FDP beitrat. Lüthi, Christian: Rothpletz, Ferdinand, in: Historisches Lexikon der Schweiz, Bd. 10, Basel 2011, S. 485.
10 Gemäss Hugo Bänziger ist dieser Entwurf in den Akten nicht mehr auffindbar, sein Inhalt jedoch aus anderen Dokumenten rekonstruierbar. Bänziger, Hugo: Der Weg zur wirtschaftlichen Verständigung. Die Revision der Wirtschaftsartikel 1930–1947, Lizentiatsarbeit Universität Bern 1983, S. 95 f. Schirmer und Weber stützten die Idee eines Wirtschaftsrates, allerdings nur mit konsultativer Funktion.
11 Ebd., S. 64.

korporatistische Initiative für eine Totalrevision der Bundesverfassung, im Mai desselben Jahres gewerkschaftliche die Kriseninitiative mit einem von einer aktiven Konjunkturpolitik geprägten Wirtschaftsprogramm. Die damalige Krise war allerdings nicht nur ökonomisch. Faschistische Machtträger im Süden, nationalsozialistische im Norden und der politische Druck der Erneuerungsbewegungen in der Schweiz zwangen die politischen Kräfte zur Suche nach neuen Positionierungen und Lösungen. Zur Debatte stand insbesondere die Handels- und Gewerbefreiheit, obschon ein Gutachten des renommierten Staatsrechtlers Dietrich Schindler noch 1930 zur Auffassung gekommen war, dass diese in der Schweiz in Stein gemeisselt sei. Doch seit Beginn der 1930er Jahre wurde das dominante liberale Wirtschaftskonzept durch andere, in erster Linie staatsinterventionistische und korporatistische Deutungsmuster konkurrenziert. Zahlreiche Akteure drängten mit ihren Orientierungs- und Handlungsangeboten auf den politischen Markt. Selbst die zum Handeln gedrängte Bundesverwaltung forderte 1930 eine Verfassungsgrundlage für die Wirtschaftspolitik und damit eine gewisse Lockerung des Verfassungsprinzips der Handels- und Gewerbefreiheit.[12] 1931/32 häuften sich die parlamentarischen Interventionen, sowohl von links wie von rechts, die staatliche Schutzmassnahmen für bedrängte Gewerbesektoren und zugunsten von Arbeitslosen verlangten. Vermehrt wurden ab 1932 auch Stimmen laut, die eine Übertragung staatlicher Kompetenzen an die Wirtschaftsverbände beantragten.[13] Daneben forderten Verbände und Private den Bundesrat durch Eingaben zur Krisenintervention auf.[14] Auch Wissenschaftler, an vorderster Front Nationalökonomen, nahmen sich der Problematik einer Neuordnung der Wirtschaft an. Auf Vorschlag von Eugen Böhler, Professor für Nationalökonomie an der ETH Zürich und einer der Hauptvertreter der Hinwendung der Wirtschaftswissenschaft zu einer angewandten, empirischen und politisch orientierten Forschung,[15] traf sich im Oktober 1932 ein Professorenkreis von 24 Ökonomen, «wovon 21 Ordinarii», in Vevey.[16] Der Initiant Böh-

12 Zu den Diskussionen aus Sicht des Vororts des Schweizerischen Handels- und Industrievereins Wetter, Ernst: Grundsätzliches zur Revision der Wirtschaftsartikel, in: Festgabe für Bundesrat Dr. h. c. Edmund Schulthess zum 70. Geburtstag, Zürich 1938, S. 163–182.
13 Die Postulate Gelpke (BGB) und Schneider (SPS) vom 19. Juni 1931 verlangten die Einschränkung der Handels- und Gewerbefreiheit, das Postulat Schmid-Ruedin (FDP) vom Angestelltenverband vom 15. Juni 1932 forderte die Schaffung eines Wirtschaftsrats. Diese und weitere Eingaben sind dokumentiert in BAR, E 7290 (A) 1, Bde. 17 f.
14 Eingaben des Schweizerischen Gewerkschaftsbundes vom März 1932 und vom 22. September 1932 (Stempel), BAR, E 7170 (A) - 1, Bd. 46.
15 Böhler war Gründer und Leiter des Betriebswirtschaftlichen Instituts der ETH Zürich (1929), des Instituts für Wirtschaftsforschung (1938) sowie der Schweizerischen Gesellschaft für Konjunkturforschung.
16 Siehe dazu die Korrespondenz mit Bundesrat Schulthess, BAR, E 7800 1000/1961, Bd. 109. Zu

ler, der 1935 mit dem St. Galler Ökonomen Paul Keller seinerseits einen Bericht zur Krisenbekämpfung publizierte und in der zweiten Hälfte der 1930er Jahre mit seiner Konjunkturforschungsstelle zum wichtigsten Wirtschaftsexperten des Bundesrates avancierte, lehnte selbst Staatseingriffe weitgehend ab, zumindest wenn sie nicht der «Wiederbelebung der Wirtschaft», insbesondere des Exports, sondern sozialpolitischen Zielsetzungen dienten.[17]
Bundesrat Schulthess, der die «Verständigung als ein Gebot absoluter Notwendigkeit» betrachtete, bemühte sich in der ersten Hälfte der 1930er Jahre trotz «aller Gegensätzlichkeit», adäquate Krisenlösungen zu finden.[18] Dazu traf er sich wiederholt mit den verschiedenen Kollektivakteuren und vor allem den wirtschaftlichen Spitzenverbänden zu Besprechungen und Konferenzen über die damals wichtigsten wirtschaftspolitischen Fragen, die Wirtschaftsartikel der Bundesverfassung, die Arbeitsbeschaffung, die Gewerbegesetzgebung und die Preiskontrolle.[19] Man kann diesbezüglich darauf hinweisen, dass sich im institutionalisierten Beizug organisierter Interessen eher die damals von rechtsbürgerlichen Kräften bemängelte «Verwirtschaftlichung der Politik» als die in der Schweiz erst in Ansätzen realisierte Verwissenschaftlichung des Sozialen zeigt.[20] 1934 wurde Schulthess vom Bundesrat sogar ermächtigt, zweimal pro Jahr eine

den Teilnehmern zählte auch Jakob Lorenz, der seit 1925 Berater von Bundesrat Schulthess war, 1929/30 kurz die Direktion des Bundesamtes für Statistik innehatte und zwischen 1932 und 1935 die Kommission für Konjunkturbeobachtung des BIGA leitete, bevor er einen Lehrauftrag für Volkswirtschaft und Sozialpolitik an der Universität Freiburg übernahm und als Führer der «Aufgebots»-Bewegung einer der eifrigsten Propagandisten einer korporativen Ordnung in der Schweiz wurde. Auch Böhler, der ebenfalls Mitglied und zeitweise Präsident der Kommission für Konjunkturbeobachtung war, beschäftigte sich in den 1930er Jahren mit korporatistischen Modellen. Honegger, Claudia et al.: Konkurrierende Deutungen des Sozialen. Geschichts-, Sozial- und Wirtschaftswissenschaften im Spannungsfeld von Politik und Wissenschaft, Zürich 2007, S. 63 f. Zu Lorenz' Biographie siehe Zürcher, Markus: Jacob Lorenz: Vom Sozialisten zum Korporationstheoretiker, in: Mattioli, Aram (Hg.): Intellektuelle von rechts. Ideologie und Politik in der Schweiz 1918-1939, Zürich 1995, S. 219-238.

17 Böhler, E.; Keller, P.: Krisenbekämpfung. Ergebnisse der Krisenpolitik des Auslandes. Grundlagen eines positiven Programms für die Schweiz, Zürich 1935, S. 195. Die Verfasser akzeptierten gleichwohl die «vorsichtige Verwendung des Staatskredits», «in beschränktem Masse zur Arbeitsbeschaffung», S. 196.

18 Siehe die Berichterstattung über seinen mehrstündigen Vortrag im Rahmen der Volkswirtschaftlichen Gesellschaft des Kantons Bern, National-Zeitung, Nr. 111, 8. März 1934.

19 Zum Beispiel am 31. Mai 1932 mit Vertretern des Schweizerischen Gewerkschaftsbundes, des Föderativverbands und der schweizerischen Angestelltenverbände zu einer «Konferenz betreffend das Problem der Krisenbekämpfung». BAR, E 7170 (A) - 1, Bd. 46. Die zahlreichen wirtschaftspolitischen Treffen, die Schulthess ab 1933 und ab 1935 sein Nachfolger Obrecht abhielten, werden dargestellt in Bänziger (wie Anm. 10).

20 Dürr, Emil: Neuzeitliche Wandlungen in der schweizerischen Politik. Eine historisch-politische Betrachtung über die Verwirtschaftlichung der politischen Motive und Parteien, Basel 1928.

grosse und viermal eine kleine Expertenkonferenz mit Wirtschaftsvertretern durchzuführen.[21] In dieser offenen politischen Situation des heftigen Meinungsstreits um die Wirtschaftspolitik des Bundes griff Schulthess aber nicht nur zur «zweiten Gesetzgebungsebene» (Leonhard Neidhart) von Expertenkonferenzen, sondern beauftragte auch des Öfteren einzelne Debattenteilnehmer mit schriftlichen Gutachten zu spezifischen Fragen und Aspekten. Diese Experten hatten die Funktion, aus ihrer Perspektive die Rahmenbedingungen des politischen Handelns zu kartographieren, neue Lösungswege vorzuzeichnen und die Grenzen des Möglichen abzustecken. Grimm und Rothpletz taten dies im Bereich der Krisenmassnahmen und der Arbeitsbeschaffung. Es stellt sich aber die Frage, ob ihre Vorschläge auch aufgegriffen und realisiert wurden, ob sie somit auch Normen setzten und zu den zeitgenössischen Diskursträgern gezählt werden können.

Die Effekte der Expertise

Das Gutachten von Grimm und Rothpletz war trotz Weiterführung der bundesrätlichen Deflationspolitik keineswegs wirkungslos. Es generierte nämlich den nötigen Druck zur Verabschiedung des ersten Bundesprogramms zur Arbeitsbeschaffung. Der im Herbst 1934 vom Bundesrat beantragte Kredit fiel freilich mit rund dreissig Millionen Franken im Vergleich zu dem von den beiden Experten geforderten Gesamtbetrag von 500 Millionen höchst bescheiden aus.[22] Bundesrat Schulthess war in der Tat nicht gewillt, den Gutachtenvorschlägen zu einer Beschäftigungspolitik in dieser Grössenordnung nachzukommen, wiewohl er konzedierte, dass der Bund seine Anstrengungen noch vermehren könne. Doch vom Grundsatz des Budgetgleichgewichts rückte er nicht ab.[23]
Darüber hinaus dienten die Schlussfolgerungen des Gutachtens als Diskussionsgrundlage für die erwähnte Kriseninitiative des Schweizerischen Gewerkschaftsbundes.[24] Das im November 1934 eingereichte Begehren propagierte neben Arbeitsbeschaffungsmassnahmen eine aktive Ausgabenpolitik des Staates, ging aber mit der Forderung nach Lohn- und Preisvorschriften und der Sicherung von Minimaleinkommen über die Gutachtenvorschläge hinaus. Es hätte

---

21 Bänziger (wie Anm. 10), S. 97.
22 Botschaft des Bundesrates an die Bundesversammlung über Arbeitsbeschaffung und andere Krisenmassnahmen vom 9. Oktober 1934, in: Bundesblatt der schweizerischen Eidgenossenschaft 1934 III, S. 373–461.
23 In seiner «Aarauer Rede» von Ende November 1934 lobte Bundesrat Schulthess zwar den Gedanken der Exportförderung im Gutachten, verteidigte aber eine entschiedene Abbaupolitik.
24 Bänziger (wie Anm. 10), S. 92.

dem Bund ein Instrumentarium für eine antizyklische Konjunkturpolitik in die Hand gegeben, ohne die liberale Verfassungsbasis zu verlassen.[25] Nach einer heftigen Abstimmungskampagne wurde es im Juni 1935 jedoch verworfen.[26] Dennoch betrachteten die Initianten das Ergebnis nicht als Misserfolg. Mehrere Kantone hatten dem Begehren zugestimmt, so die beiden Basel, Bern, Solothurn und Schaffhausen. Ausserdem hatten sie weit über ihre Anhängerschaft hinaus mobilisieren können. Grimm meinte vor der Geschäftsleitung seiner Partei, immerhin hätten über 400 000 Stimmbürger die Abbaupolitik des Bundesrates desavouiert.[27] Vor allem aber erlebten die Initianten, dass der Bundesrat 1936, knapp ein Jahr nach der Abstimmung, mit der Frankenabwertung und der Wehranleihe von seiner strikten Deflationspolitik abrückte. Im selben Jahr wurde das Arbeitsbeschaffungsprogramm unter dem Druck der Arbeitsbeschaffungsinitiative der SPS aufgestockt – wenn auch nur in geringem Mass.[28] Schliesslich sah das 1938 verabschiedete Rüstungsprogramm die Hälfte der eingesetzten rund 400 Millionen Franken für Arbeitsbeschaffungsmassnahmen vor.[29] Dies bedeutete einen ersten bescheidenen Erfolg für das Krisenlösungsangebot der Linken, das auf der Kaufkrafttheorie basierte, welche auch im Gutachten von Grimm und Rothpletz vertreten wurde. Arbeitsbeschaffungsmassnahmen sollten in diesem Sinne nicht nur unmittelbar den Arbeitslosen helfen, sondern auch den Konsum ankurbeln.

Möglich wurde die im Gutachten von Grimm und Rothpletz postulierte beschäftigungspolitische Entwicklung durch die gegenseitige Annäherung von Freisinn und Sozialdemokratie und die allmählich in die Wege geleitete Verständigungspolitik in der zweiten Hälfte der 1930er Jahre. Sie war begleitet von einer allmählichen Abkehr von einer reinen Deflations- und Sparpolitik hin zu

25 Degen, Bernard: Sozialdemokratie. Gegenmacht? Opposition? Bundesratspartei? Die Geschichte der Regierungsbeteiligung der schweizerischen Sozialdemokraten, Zürich 1993, S. 37. Analog Scheiben, Oskar: Krise und Integration. Wandlungen in den politischen Konzeptionen der Sozialdemokratischen Partei der Schweiz 1928–1936: ein Beitrag zur Reformismusdebatte, Zürich 1987, S. 189, und Voigt, Christian: Robert Grimm. Kämpfer, Arbeiterführer, Parlamentarier. Eine politische Biographie, Bern 1980, S. 233.
26 Bei der Rekordstimmbeteiligung von 84,4 Prozent wurde die Initiative mit 567 425 gegen 425 242 Stimmen (57 Prozent) abgelehnt. Bundesblatt 1935 II, S. 77–79.
27 Sitzung vom 23. Juni 1935, Schweizerisches Sozialarchiv, SPS-Archiv, Ar 1.110.24.
28 Botschaft des Bundesrates an die Bundesversammlung betr. die Erhöhung des Krediteres für die Durchführung des Bundesbeschlusses vom 23. Dezember 1936 über Krisenbekämpfung und Arbeitsbeschaffung vom 7. September 1937, in: Bundesblatt 1937 II, S. 796–809.
29 Botschaft des Bundesrates an die Bundesversammlung über den Ausbau der Landesverteidigung und die Bekämpfung der Arbeitslosigkeit vom 7. Juni 1938, in: Bundesblatt 1938 I, S. 857–921. Das Rüstungsprogramm wurde in der Volksabstimmung vom 4. Juni 1939 akzeptiert, worauf die SPS ihre Arbeitsbeschaffungsinitiative zurückzog.

einer keynesianisch inspirierten «überkonjunkturellen Finanzpolitik».[30] Grimm war an diesem Prozess, in welchem Aufrüstung und Arbeitsbeschaffung konzeptuell miteinander verschränkt wurden, an vorderster Front beteiligt.[31] Eine solche Konzeption fand sich schon im Gutachten und seine Verfasser dürften für ihre Diffundierung keine unwesentliche Rolle gespielt haben. Um es mit dem Wissenschaftssoziologen Bruno Latour zu sagen, leisteten sie eine doppelte «Übersetzungsarbeit». Dank ihrer zwischenparteilichen Zusammenarbeit und als «Praxisexperten» brachten Grimm und Rothpletz gegen die wissenschaftliche Expertise der Nationalökonomen und die rein interessengeleiteten Standpunkte der Wirtschaftsverbände und Parteien Argumente ins Spiel, welche ihren wirtschaftspolitischen Ordnungsvorstellungen und Anliegen allmählich auch in breiteren Kreisen Legitimität verschaffen konnten.[32] Vor allem aber banden sie diese Interessen in eine argumentative Repräsentationskette ein, sodass Arbeitsbeschaffungsmassnahmen zunehmend mit einer Reihe weiterer Fragen verflochten wurden.[33] So assoziierten Grimm und Rothpletz Arbeitsbeschaffungsmassnahmen diskursiv mit der Stabilisierung der politischen Ordnung. Des Weiteren sollten Arbeitsbeschaffungsmassnahmen der «Demoralisierung des Volkes» vorbeugen.[34] Wie Grimm auch später mehrmals betonte, würden Arbeitsbeschaffungsmassnahmen der «Vertrauensschaffung» und damit der nationalen Einigung dienen. Der Schritt – der im Gutachten erst angetönt wird – von der Anerkennung konjunkturpolitischer Massnahmen und der Bekämpfung der Arbeitslosigkeit als Staatsziele zur Befürwortung der Landesverteidigung

30   Eine solche Politik forderte der ehemalige freisinnige Nationalrat Emil Göttisheim 1935 in seiner Schrift *Einfluss der Wirtschaftskonjunktur auf den schweizerischen Bundeshaushalt in den Jahren 1924–1933*, zitiert nach Hürlimann, Gisela: Öffentliche Finanzen und Budgetkulturen im Wandel, in: Traverse 1/2010, S. 229–252, hier S. 236.
31   So partizipierte Grimm während der Beratungen der Begutachtenden Kommission für Wirtschaftsgesetzgebung im Oktober 1936 an zwei der vier Unterkommissionen, so auch an derjenigen, die den Schlussbericht erstellte. Er bemängelte wiederholt die zu wenig weit gehenden Massnahmen der bürgerlichen Mehrheit, nahm aber letztlich doch eine pragmatische Haltung ein. Bänziger (wie Anm. 10), S. 130. Zur politischen Entwicklung der Sozialdemokratischen Partei in den 1930er Jahren siehe neben Scheiben (wie Anm. 25) auch Morandi, Pietro: Krise und Verständigung. Die Richtlinienbewegung und die Entstehung der Konkordanzdemokratie 1933–1939, Zürich 1995.
32   Vor allem die wissenschaftlichen Experten können von ihrem Status als vermeintlich «objektive», nicht interessengebundene Sachverständige profitieren. Gegenüber den «Praktikern» wird ihnen hingegen oft zu wenig Nähe zur sozialen «Realität» vorgeworfen.
33   Akrich, Madeleine; Calloun, Michel; Latour, Bruno: Sociologie de la traduction. Textes fondateurs, Paris 2006, S. 13, 240.
34   Dieses Deutungsmuster des Gutachtens nahm auch Bundesrat Schulthess in seiner Rede vor dem Nationalrat auf.

ist klein. In der Wehranleihe 1936 wurde die Verbindung von militärischer und wirtschaftlicher Landesverteidigung explizit vollzogen.

Grimm und Rothpletz legten somit auf parastaatlicher Ebene Fährten, denen bald auch andere folgten. Dies manifestierte sich noch in weiterer Hinsicht. Die von den beiden Experten gewünschte, bei der Bundesverwaltung zentralisierte Koordinations- und Lenkungsfunktion der Krisenpolitik, womit die beiden eine der Idee eines korporativen Wirtschaftsrates widersprechende Konzeption vertraten, wurde zwar ebenfalls nur zögerlich umgesetzt. Doch schon im Sommer 1934 wurde das BIGA um die neu gegründete Eidgenössische Zentralstelle für Arbeitsbeschaffung erweitert. Und im Sommer 1940, als man das Kriegsende nahe meinte, wurde die Eidgenössische Arbeitsbeschaffungskommission gebildet, um der befürchteten Massenarbeitslosigkeit zu begegnen. Deren Präsidium wurde Robert Grimm anvertraut, der von 1939 bis 1945 die Sektion Kraft und Wärme der Eidgenössischen Zentralstelle für Kriegswirtschaft leitete. Unter den weiteren Mitgliedern dieses kleinen Gremiums befand sich auch der Ingenieur Ferdinand Rothpletz.[35] Kurz darauf wurde daraus auf Druck der Wirtschaftsverbände die Stelle des Delegierten für Arbeitsbeschaffung, die allerdings nicht Grimm zufiel, dem offenbar immer noch das Odium des Generalstreikführers anhaftete.[36]

Schliesslich wurde auch der Impuls zur Wissenschaftsförderung, den die beiden gegeben hatten, von behördlicher Seite aufgegriffen.[37] In der bundesrätlichen Botschaft über Arbeitsbeschaffung und Krisenmassnahmen von 1934, die sich mindestens zwanzigmal direkt auf das Gutachten bezog, wurden Arbeitsbeschaffungsmassnahmen für Wissenschaftler, Intellektuelle und Künstler als unterstützungswürdig bezeichnet. Laut Botschaft beruhten Krisenmassnahmen

---

35 Vgl. das entsprechende Dossier in BAR, E 7290 (A) -/1, Zentralstelle für Arbeitsbeschaffung, Bd. 144. Forster, Gilles: La création de possibilités de travail dans le secteur des transports durant la Seconde Guerre mondiale. Un nouvel instrument économique et idéologique au service de l'industrie d'exportation? in: Groebner, Valentin; Guex, Sébastien; Tanner, Jakob (Hg.): Kriegswirtschaft und Wirtschaftskriege (Schweizerische Gesellschaft für Wirtschafts- und Sozialgeschichte, Bd. 23), Zürich 2008, S. 274; Zimmermann, Adrian: «Tätigkeit ... nicht müssige Stempelei», in: Leimgruber, Matthieu; Lengwiler, Martin (Hg.): Umbruch an der «inneren Front». Krieg und Sozialpolitik in der Schweiz, 1938–1948, Zürich 2009, S. 50–55.

36 Stattdessen wurde der Baugewerbevertreter Johann Laurenz Cagianut gewählt, der allerdings kurz darauf verstarb und durch den Saurer-Manager Otto Zipfel ersetzt wurde.

37 Die Idee der Exportförderung durch Beiträge an die wissenschaftliche Forschung war allerdings schon 1931 von Eugen Böhler aufgeworfen worden (Technik und Wirtschaft in den geistigen Entscheidungen der Gegenwart, Zürich 1931), doch blieb seine Schrift offenbar ohne direkte politische Folgen. Fleury, Antoine; Joye, Frédéric: Die Anfänge der Forschungspolitik in der Schweiz. Gründungsgeschichte des Schweizerischen Nationalfonds zur Förderung der wissenschaftlichen Forschung 1934–1952, Baden 2002, S. 26.

für Letztere auf der gesellschaftlichen «Pflicht» zu «helfen». Für Wissenschaftler (womit in erster Linie Ingenieure und Techniker gemeint waren) lagen sie hingegen im «Interesse des Landes».[38] Wenn diese Idee auch vorerst noch rhetorisch blieb, kann dem Gutachten dennoch die Funktion einer Initiierung der eidgenössischen Forschungsförderung zugeschrieben werden. Es dauerte zwar noch etliche Jahre, doch 1952 konkretisierte sich mit der Bildung des Schweizerischen Nationalfonds zur Förderung der wissenschaftlichen Forschung die von Grimm und Rothpletz erstmals in offiziellem Auftrag formulierte Vorstellung von der Nützlichkeit einer finanziellen Unterstützung der Wissenschaft in der Schweiz.[39]

Fazit

Es lässt sich festhalten, dass das Gutachten von Grimm und Rothpletz am Anfang einer der zentralen wirtschafts- und sozialpolitischen Auseinandersetzungen der Krisen- und Kriegszeit steht: das Verhältnis von Staat und Wirtschaft oder anders formuliert die Frage der Legitimation, des Zwecks und des Ausmasses der Staatsintervention. Grimm und Rothpletz entwickelten in ihrem Text eine Reihe von Lösungsangeboten für die Krise, die damals bei der bürgerlichen Mehrheit, insbesondere im Hinblick auf die finanziellen Konsequenzen, noch als inakzeptabel galten, die aber immer mehr ins Zentrum der Diskussion rückten und auf die sich in der zweiten Hälfte der 1930er Jahre schliesslich Freisinn und Sozialdemokratie in einem finanzpolitischen Kompromiss einigten. Eine solche «Konzentration der Mitte» hatte Robert Grimm seit 1935 explizit angestrebt.[40] Die beiden Experten stützten dabei ihr Anliegen einer staatlichen Wirtschaftsförderung und Arbeitsbeschaffung mit der diskursiven Anbindung an die Armeeaufrüstung. Die damals wachsende Etablierung der Sozialpolitik als notwendiges Politikfeld vollzog sich über den Weg der militärischen Landesverteidigung.

Indem Grimm und Rothpletz für eine stärkere finanzielle, organisatorische und politische Rolle des Staates plädierten, akzeptierten sie implizit, dass das

---

38 Bundesblatt 1934 III, S. 439.
39 Zur Initialfunktion des Gutachtens siehe Fleury/Joye (wie Anm. 37); Odermatt, André: «Forschung von heute bedeutet Arbeit für morgen». Die Institutionalisierung der staatlichen Forschungsförderung in der Schweiz 1934–1947, Lizentiatsarbeit Universität Bern 2002; Gugerli, David; Kupper, Patrick; Speich, David: Die Zukunftsmaschine. Konjunkturen der ETH Zürich 1855–2005, Zürich 2005, S. 217.
40 Scheiben (wie Anm. 25), S. 240–250, 276.

kapitalistische Wirtschaftssystem als reformierbar galt.[41] Grimms Schwiegersohn Adolf McCarthy führt diesen Pragmatismus des Sozialdemokraten auf den Einfluss von Rothpletz zurück.[42] Die Haltung Grimms lässt sich aber auch anders erklären: Er zeigte von jeher eine Tendenz zur Verbindung von Klassenkampfrhetorik und praktischer Reform – ja in den Augen seiner ersten Frau, Rosa Grimm, zur «Verwechslung von Reformarbeit mit Klassenkampf».[43] Wie dem auch sei: Grimm deklarierte im Februar 1934, als die Gewerkschaften über die Kriseninitiative eine Zusammenarbeit mit dem Mittelstand suchten, während die sozialdemokratische Partei den radikaleren «Plan der Arbeit» aufstellte, dass es besser wäre, die bürgerlichen Wirtschaftsverbände zu unterhöhlen, anstatt mit ihnen zu verhandeln.[44] Das hinderte ihn nicht, gleichzeitig ein Wirtschaftsprogramm zu unterschreiben, das der Exportwirtschaft und der Armee den Hauptteil der staatlichen finanziellen Unterstützung zukommen lassen wollte.

41 Was damals bei den Kommunisten noch nicht der Fall war, wie das Votum des Zürcher KP-Nationalrats Robert Müller in der Debatte über Arbeitsbeschaffungsmassnahmen 1934 zeigt. Amtliches Stenographisches Bulletin Nationalrat 1934, S. 213 f.
42 McCarthy, Adolf: Robert Grimm. Der schweizerische Revolutionär, Bern, Stuttgart 1989, S. 267 (ohne Beleg).
43 Studer, Brigitte: Rosa Grimm (1875–1955): Als Frau in der Politik und Arbeiterbewegung. Die Grenzen des weiblichen Geschlechts, in: Auf den Spuren weiblicher Vergangenheit (2). Beiträge der 4. Schweizerischen Historikerinnentagung, Zürich 1988, S. 163–182, hier S. 167.
44 Protokoll des 16er Ausschusses vom 15. Februar 1934, S. 3, zitiert nach Bänziger (wie Anm. 10), S. 89.

Die Anti-Grimm-Kampagne von 1926

Andreas Thürer

Als kämpferischer, einflussreicher, taktisch wendiger, geachteter und gefürchteter Sozialistenführer war Robert Grimm bis in die Zeit des Zweiten Weltkrieges hinein der wohl am erbittertsten bekämpfte Gegner der konservativen und extremen Rechten.
Im vorliegenden Aufsatz wird Grimm vorwiegend aus der Optik des Schweizerischen Vaterländischen Verbandes (SVV), einer der wichtigsten Organisationen der helvetischen Rechten, betrachtet.[1] Dieser wurde am 5. April 1919 als Dachorganisation von den 1918 entstandenen Bürgerwehren gegründet und mobilisierte vor allem abseits der Öffentlichkeit gegen die Linke und ihre Vertreter. Nach dem «kleinen Bürgerwehr-Frühling» im Zusammenhang mit dem deutschen Kapp-Putsch und dessen Abwehr durch einen Generalstreik im März 1920 setzte allmählich das Decrescendo der schweizerischen Bürgerwehrbewegung ein. Der Schwerpunkt der SVV-Tätigkeit verlagerte sich auf die Abwehr von Streiks in als lebensnotwendig erachteten Betrieben. Die mit dem Sammelbegriff «Werkdienst» bezeichneten streikbrechenden Organisationen verloren nach dem englischen Generalstreik vom Mai 1926 und den letzten beiden kleineren Streiks in öffentlichen Betrieben in der Schweiz, im Gaswerk Biel am 7. Juni 1926 und bei den Ferrovie regionali ticinesi Ende Oktober 1926, zunehmend an Bedeutung.[2] Den Anhängern einer Aktivierung des SVV kam so die Kampagne gegen Grimm im Jahre 1926 gelegen. An der Aktion beteiligte sich auch der Nachrichten- und Pressedienst des SVV, der für die ganze Dauer der Verbandstätigkeit (1919–1948) bestand.[3]

1 Der Beitrag ist im Wesentlichen eine Zusammenfassung eines Kapitels meiner Dissertation: Thürer, Andreas: Der Schweizerische Vaterländische Verband 1919–1930/31, Basel 2010, S. 816–934. Die dort entnommenen Informationen werden meist nicht gesondert mit Seitenzahlen und erneuten Quellenangaben versehen.
2 Thürer (wie Anm. 1), S. 627f., 715–726.
3 Vgl. Thürer, Andreas: Schweizerischer Vaterländischer Verband, www.hls-dhs-dss.ch/index.php (28. Oktober 2011); ders.: Der Schweizerische Vaterländische Verband (SVV): ein «antisozialistischer Schutzwall» (1919–1930/31), in: Caillat, Michel et al. (Hg.): Histoire(s) de l'anticommunisme en Suisse. Geschichte(n) des Antikommunismus in der Schweiz, Zürich 2009, S. 133–146.

Umstrittener Vizepräsident

Nachdem Grimm seine sechsmonatige Gefängnisstrafe abgebüsst hatte, zu der er als Präsident des Oltner Aktionskomitees nach dem Generalstreik von 1918 von einem Militärgericht verurteilt worden war, kehrte er mit voller Energie ins politische Leben zurück. Mit zwei ordnungspolitischen Interpellationen zog er die Aufmerksamkeit der «Vaterländischen» auf sich. Am 21. Januar 1920 reichte er im Grossen Rat des Kantons Bern eine Interpellation zur Berner Bürgerwehr ein, und am 28. April 1920 interpellierte er im Nationalrat in Sachen «Allgemeine Weisungen für Ordnungstruppen», die in der sozialdemokratischen Presse allgemein nach dem Vorsteher des Militärdepartements Bundesrat Karl Scheurer als «Scheurer-Erlass» bezeichnet wurden. Die Weisungen, die nach verbandseigenen Angaben vom SVV mitgeprägt worden waren, werden von René Zeller als «heftigste Antwort» bezeichnet, die «der Landesstreik seitens der staatlichen Gewalt nach sich zog».[4] Die Interpellation im Berner Grossen Rat ist wohl landesweit der bedeutendste parlamentarische Vorstoss zum Thema Bürgerwehr. Grimm las «schmunzelnd» zwei geheime Protokolle der Bürgerwehr vom Herbst 1919 zur Bewaffnungsfrage vor, die er Abschnitt für Abschnitt kommentierte. Dann ordnete er die damaligen Bürgerwehren in den historischen Kontext ein und verglich sie humorvoll mit den «revolutionären Bürgerwehren» von 1832 und 1846.[5]

Bei den städtischen Wahlen in Bern vom 12./13. Juni 1920 kam die Retourkutsche. Die Bürgerwehren, die erheblich zur Bildung eines Bürgerblocks beitrugen, kämpften gegen den «roten Terror», der nach ihrer Auffassung vor allem von Stadtpräsident Gustav Müller und Gemeinderat Grimm verkörpert wurde. Es fehle den Genossen an Kraft, sich aus dem «Terror» der «beiden Parteityrannen» zu lösen. «Wehe dem, der es versuchte, blutigrot würde die Peitsche des Führers die Striemen ziehen im Fleisch des Parteisklaven», heisst es in der Wahlkampfnummer des Bürgerwehr-Bulletins.[6] In den Gemeinderatswahlen siegte der Bürgerblock mit seinen vier Kandidaten. Die drei Sozialdemokraten Müller, Oskar Schneeberger und Grimm, gegen welche die Bürgerwehr im November 1918 ein Abberufungsverfahren eingeleitet hatte, wurden wiedergewählt. Die Linke verlor aber die Mehrheit in der Stadtregierung.[7]

---

4 Thürer (wie Anm. 1), S. 265–270, 325; Zeller, René: Ruhe und Ordnung in der Schweiz. Die Organisation des militärischen Ordnungsdienstes von 1918 bis 1938, Bern 1990, S. 98.
5 Thürer (wie Anm. 1), S. 325–333; Tagblatt des Grossen Rates des Kantons Bern, Jg. 1920, S. 186–195.
6 Bulletin der Bürgerwehr der Stadt Bern, Nr. 12, Juni 1920, S. 4.
7 Thürer (wie Anm. 1), S. 304, 310–314.

Das eigentliche Comeback auf nationaler und internationaler Ebene gelang Grimm ab dem Sommer 1920. Nach der Bekanntgabe der 21 Aufnahmebedingungen setzte er sich gegen einen Beitritt der Sozialdemokratischen Partei der Schweiz (SPS) zur Komintern und für die Sammlung der linkssozialistischen Kräfte in der Wiener Internationale ein. Am Parteitag der SPS vom Dezember 1920 verliessen die Anhänger der Dritten Internationale die Versammlung und formierten sich im März 1921 zur Kommunistischen Partei. Für den SVV war entscheidend, dass Grimm in der neu formierten Partei «geschickt die Führerschaft an sich […] riss» und zugleich führend in der Wiener Internationale mitwirkte, die «gefährlicher» sei als die Moskauer Organisation. Nur «Schlafmützen-Bürger» glaubten, dass der «Diktator vom Landesstreik» ein «ganz räsonnabler Bursche» geworden sei. Grimm sei klug und habe aus seinem «pompösen Misserfolg» gelernt. Er werde sich nicht mehr zu Abenteuern hinreissen lassen; bei günstiger Gelegenheit sei ihm aber «Gewaltaktionen-Politik» durchaus zuzutrauen. Diese Einschätzung behielt der SVV in den 1920er Jahren im Wesentlichen bei.[8]

Die spektakulärste Aktion gegen Grimm war die Kampagne zur Verhinderung seiner Wahl zum Nationalratspräsidenten im Dezember 1926. Er war am 9. Dezember 1925 zum Vizepräsidenten gewählt worden, freilich äusserst knapp. Normalerweise rücken die Vizepräsidenten ins Präsidentschaftsamt nach. Nur zweimal spielte dieser Automatismus nicht: 1872 und 1926. Am 6. Dezember 1926 verweigerte die bürgerliche Parlamentsmehrheit Grimm die Beförderung zum «höchsten Schweizer».

Grimms Wahl zum Vizepräsidenten des Nationalrats 1925 und seine Nichtwahl zu dessen Präsidenten 1926 bedürfen einer Einordnung in die Schweizer Innenpolitik Mitte der 1920er Jahre. Die Sozialdemokratie war auf dem Vormarsch. Bei den Nationalratswahlen vom 25. Oktober 1925 gewann sie sechs Mandate und wurde mit 49 Sitzen zweitgrösste Fraktion. Die Kommunisten erzielten einen zusätzlichen dritten Sitz. Das bürgerliche Lager verlor also insgesamt sieben Sitze an die Linke.

Den Hauptgrund für den linken Wahlerfolg sahen die vom SVV-Pressedienst herausgegebenen *Situationsberichte* in der sozialistischen Taktik. Der Verzicht auf jede revolutionäre Agitation und die Rückkehr zu den verfassungsmässigen Methoden hätten bei den Bürgerlichen einschläfernd gewirkt. Von linksbürgerlicher Seite sei sogar die Bildung eines sogenannten Linksblocks angeregt worden und vereinzelt habe man die Parole «Der Feind steht rechts» gehört. Mit zunehmender Entfernung vom Revolutionsjahr 1918 und der allmählichen

8 Ebd., S. 478–499.

Normalisierung der schweizerischen Verhältnisse habe sich eine gewisse Kollegialität entwickelt. Bürgerliche und Sozialdemokraten seien zu konzilianteren Umgangsformen zurückgekehrt. Der Bürgerliche habe dem Gegner aus lauter Höflichkeit grosse Konzessionen gemacht, welche der Sozialdemokrat zwar höflich entgegengenommen habe, in Sachfragen sei er ihm aber nicht entgegengekommen. In diesem Zusammenhang sei die Vizepräsidentenwahl des Nationalrates von 1925 eine «aufschlussreiche Episode».

Innenpolitische Reizthemen

Zwei innenpolitische Themenkreise spielten bei der Vizepräsidentenwahl von 1925 und der Präsidentenwahl von 1926 eine wesentliche Rolle: die Militär- und die Landwirtschaftspolitik.
In der Militärpolitik waren die Armeefreunde vom neuen Debattierstil der Sozialdemokraten in der nationalrätlichen Dezembersession 1925 angenehm überrascht. Sie hätten, so der SVV-Pressedienst, nicht mehr wie früher das gesamte Militärbudget über den Haufen geworfen und «provozierende und polternde Reden gegen die Schweizer Armee» gehalten; sie hätten sich in die Reihe der «ordnungsgemäss debattierenden Parteien» eingeordnet.[9] Gleichzeitig waren aber die Anhänger einer starken Armee verärgert, dass in der erwähnten Dezembersession 1925 – unter dem Eindruck der internationalen Friedenskonferenz von Locarno im Oktober 1925 – das Armeebudget auf 85 Millionen Franken fixiert wurde. Zum Entscheid der Einfrierung der Militärausgaben trugen Sozialdemokraten und Katholisch-Konservative wesentlich bei.[10]
In der Landwirtschaftspolitik ging es in erster Linie um den Abbau des im Krieg durch Notrecht geschaffenen Getreidemonopols. Grundsätzliche Monopolgegner waren vor allem Handels- und Industriekreise, welche sich im Juni 1924 in einer Eingabe an die Bundesversammlung gegen einen bundesrätlichen Kompromissvorschlag gewandt und damit bei den Bauern einen Proteststurm ausgelöst hatten. Der Konflikt übertrug sich auf die parlamentarischen Beratungen und spaltete die Politiker in zwei ungewöhnliche Lager. Freisinnige und

---

9 SVV-Situationsbericht, 25. Dezember 1925.
10 Brassel, Ruedi; Tanner, Jakob: Zur Geschichte der Friedensbewegung in der Schweiz, in: Forum für praxisbezogene Friedensforschung (Hg.): Handbuch Frieden Schweiz, Basel 1986, S. 46; Etter, Jann: Armee und öffentliche Meinung in der Zwischenkriegszeit 1918–1939, Bern 1972, S. 94–101; Walther, Heinrich: Die politischen Kämpfe der 20er Jahre, in: Festschrift Eugen Bircher zum 70. Geburtstag, Aarau 1972, S. 37.

Katholisch-Konservative waren zerstritten und Bauern-, Gewerbe- und Bürgerpartei (BGB) und SPS spannten als Monopolbefürworter zusammen.
Mit einem Volksentscheid wollten die Monopolgegner die blockierte Situation überwinden. Vorort und Handelskammern lancierten im März 1926 eine Volksinitiative, welche im Oktober mit 77 000 Unterschriften eingereicht wurde. In der Volksabstimmung, welche auf den 5. Dezember 1926 angesetzt wurde, hatten die Stimmberechtigten über eine eher belanglose Frage zu entscheiden, nämlich ob der Bund selbst Getreide importieren und mit dem Gewinn den Getreideanbau subventionieren oder ob er Letzteres einfach aus seiner Kasse tun solle.[11] Von Bedeutung war die Abstimmung vielmehr in bündnispolitischer Hinsicht, indem Bauern und Arbeiter erstmals gemeinsame Sache machten und damit zum ersten Mal seit dem Landesgeneralstreik die traditionelle Klassenfront in Frage stellten und den Bürgerblock ins Wanken brachten.[12]
Der SVV beschäftigte sich an seiner ordentlichen Delegiertenversammlung in St. Gallen am 12./13. Dezember 1925 sowohl mit der Agrarpolitik als auch mit der Wahl Grimms zum Vizepräsidenten des Nationalrates. Nachrichtendienstsekretär Viktor Sonderegger bezeichnete die Wahl Grimms als «eine Schamlosigkeit dem Volke gegenüber». Auch Pressediensekretär Karl Weber betrachtete den Entscheid der Volkskammer als «bedenkliche Erscheinung», wollte aber die Sache vorerst «auf sich beruhen lassen» und dann im nächsten Jahr bei der Präsidentenwahl erneut Stellung beziehen. In der halböffentlichen Sonntagnachmittagsveranstaltung äusserten sich Vertreter der Industrie, des Gewerbes und der Landwirtschaft zur schweizerischen Wirtschaftspolitik. Mit dieser Aussprache in geschütztem Rahmen versuchte der SVV die Risse im Bürgerblock zu kitten.
Auch im politisch bewegten Jahr 1926 war es das Ziel des SVV, die Einheit des Bürgertums trotz sachlicher Differenzen in der Monopolfrage sowie die Abgrenzung gegenüber der Linken durch die Bekämpfung der Kandidatur Grimms aufrechtzuerhalten. In der agrarpolitischen Auseinandersetzung empfahl der SVV den Monopolgegnern, die Agitation nicht mit «einem verhängnisvollen Schlagwort von der rot-grünen Allianz» zu verschärfen, und der bäuerlichen Seite legte er nahe, das Schlagwort «Monopolgegnerschaft gleich Bauerngegnerschaft» nicht zu verwenden. Eine Vergiftung der Atmosphäre solle vermieden

---

11 Baumann, Werner; Moser, Peter: Bauern im Industriestaat. Agrarpolitische Konzeptionen und bäuerliche Bewegungen in der Schweiz 1918–1968, Zürich 1999, S. 46; vgl. auch Schmid, Hanspeter: Wirtschaft, Staat und Macht. Die Politik der schweizerischen Exportindustrie im Zeichen von Staats- und Wirtschaftskrise (1918–1929), Zürich 1983, S. 368–377.
12 Gruner, Erich: Die Parteien in der Schweiz, 2. Auflage, Bern 1977, S. 142.

werden, weil man einander nach der Abstimmung wieder brauche und die «prinzipielle Einigkeit in vaterländischen Fragen [...] keinen Schaden nehmen» dürfe. Der für eine konsequente Bürgerblockpolitik wohl prekärste Moment im Abstimmungskampf um das Getreidemonopol war der von Bauernführer Minger und Grimm detailliert vorbereitete «Volkstag» im bernischen Lyss vom 14. November 1926. Im bevölkerungsreichsten Kanton der Schweiz war die Zusammenarbeit von Bauern und Sozialisten im Monopolkampf besonders ausgeprägt, und im Seeländer Dorf, einem regionalen Bahnknotenpunkt in der Nähe des «roten Biel», sollte eindrücklich demonstriert werden, dass, wie sich die SPS-Geschäftsleitung ausdrückte, «Bauer und Arbeiter in einer grossen, lebenswichtigen Grundsatzfrage Hand in Hand [...] marschierten».[13] Nationale Signalwirkung hatte der geplante Doppelauftritt von Bundesrat Scheurer und Arbeiterführer Grimm. Einsendungen im *Berner Tagblatt*, und in den *Basler Nachrichten* protestierten in letzter Minute gegen den gemeinsamen Auftritt von «Kriegsminister» und «Revolutionsgeneral». Die beiden Blätter dürften nicht zufällig ausgewählt worden sein, hatte doch der Chefredaktor des BGB-Organs *Berner Tagblatt* Ende Oktober die Leitung der Berner Anti-Grimm-Aktion übernommen und der Inlandchef der liberalkonservativen *Basler Nachrichten* war Pressesekretär des SVV. Der «Volkstag» der Monopolbefürworter konnte nicht in der vorgesehenen Form stattfinden. Der freisinnige EMD-Chef und der Arbeiterführer traten getrennt auf: Scheurer sprach in der Turnhalle und Grimm im «Rössli».

Anti-Grimm-Aktion

Der Hauptakzent der direktpolitischen Tätigkeit des SVV im Herbst 1926 lag so klar auf der Anti-Grimm-Aktion. Die Bewegung begann sich im Sommer 1926 zu formieren, und zwar zunächst in vaterländischen Kreisen ausserhalb des Verbandes. Früh und wirksam blies das *Journal de Genève* zum Sturm. Lebhafter Widerstand gegen die Wahl Grimms wurde auch im Organ des Schweizerischen Unteroffiziersverbandes geäussert. Schliesslich war es ein Vertreter der Genfer Société Patriotique, der das Anliegen an den SVV herantrug.[14] Die Skeptiker, welche diesen aus der direkten Politik heraushalten wollten, konnten für eine Kompromisslösung gewonnen werden: der SVV sollte die Bildung eines Komi-

13 Freier Aargauer, Nr. 280, 29. November 1926.
14 Bei der Organisation handelt es sich höchstwahrscheinlich um die dem SVV nahe stehende Union des sociétés patriotiques (UPS), welche während des Zweiten Weltkrieges auch SVV-Sektion wurde. Vgl. dazu Thürer (wie Anm. 1), S. 116, 119, 141–149.

tees veranlassen, diesem die Durchführung der Aktion überlassen und sein Sekretariat zur Verfügung stellen. Am 30. August 1926 wandte sich der SVV an alle Sektionen beziehungsweise an «bewährte Vertrauensleute». Die konstituierende Sitzung des Nationalen Aktionskomitees fand am 18. Oktober 1926 im Bahnhofbuffet Olten statt. An dieser Sitzung wurde der Massnahmenkatalog festgelegt und ein Arbeitsausschuss eingesetzt.
Das Hauptziel der Aktion war die Beeinflussung des Wahlkörpers; die bürgerlichen Nationalräte sollten zur Nichtwahl Grimms bewogen werden. Bereits an der konstituierenden Sitzung setzte sich das Nationale Aktionskomitee zum Ziel, dass jeder einzelne bürgerliche Nationalrat und die Präsidenten der bürgerlichen Fraktionen persönlich aufgesucht werden sollten. «Schwankende Herren» sollten nach Auffassung des Arbeitsausschusses von den kantonalen Komitees ein zweites Mal aufgesucht werden. Die besuchten Parlamentarier sollten zu einer Erklärung aufgefordert werden, welche so rasch als möglich an die schweizerische Geschäftsstelle weiterzuleiten war. «Erfahrene Pressefachleute» empfahlen, die Stellungnahmen der Parlamentarier in der Presse zu veröffentlichen, «sei es, dass die Namen derer, die erklären, nicht für Grimm zu stimmen, oder die Namen der andern, die auf direkte Befragung keine Antwort geben oder sich für Grimm einsetzten, publiziert würden». Einzelne Kantonalkomitees erhoben diese Empfehlung zum Beschluss.[15] Die direkte Beeinflussung der Parlamentarier, der Kern der Aktion, war eingebettet in eine vielfältige Öffentlichkeitsarbeit, vor allem eine Pressekampagne und bürgerliche Protestversammlungen.
Die Pressekampagne, die auch von der *Schweizerischen Mittelpresse*[16] unterstützt wurde, war heftig und polemisch. Der SVV stellte den kantonalen Aktionskomitees eine Reihe von vervielfältigten Musterartikeln und zwei Dokumente zur Verfügung: Das sogenannte *Memorial Grimm* vom Frühjahr 1918 sollte die Umsturzabsichten von «Streikgeneral» Grimm in Erinnerung rufen, obwohl Bundesanwaltschaft und Bundesrat bereits im Februar 1920 zum Schluss gelangt waren, dass Grimms Schrift keine Aufforderung zu Revolution und Aufruhr gewesen sei. Das zweite vom SVV-Nachrichtendienst zur Verfügung gestellte Dokument ist eine Zusammenfassung eines Vortrages, den Grimm am 3. März 1926 im Rahmen eines von der SP der Stadt Zürich veranstalteten Kurses über Armeefragen gehalten hatte. Die «Verneinung der Gewalt», so führte Grimm aus, könne «nicht die Grundlage für den Kampf gegen den Militarismus

---

15 Ebd., S. 828.
16 Diese Presseagentur wurde wie der SVV im Umfeld des Landesstreiks gegründet und war eng mit dem SVV verbunden. Dies zeigte sich unter anderem darin, dass SVV-Pressesekretär Karl Weber zugleich Vorsitzender der Pressekommission der *Mittelpresse* war. Vgl. dazu ebd., S. 99 f.

sein». Derjenige von 1918 sei «nicht der letzte Generalstreik» gewesen und die Arbeiterschaft könne auch in Zukunft im Kampf gegen die herrschende Klasse «zur Notwehr gezwungen» werden. Die Quintessenz des SVV-Berichterstatters war, dass sich Grimm in seinem Vortrag «ohne jede Verbrämung [...] zum reinen Machtstandpunkt» bekannt habe und «Zoll für Zoll der Generalstreikführer von 1918 und der Bürgerkriegsstratege seines damaligen Memorandums» geblieben sei.

Bei den vaterländischen Protestdemonstrationen in den vier grossen Stadtkantonen Zürich, Bern, Basel und Genf sowie bei den zwei grossräumig angelegten Landsgemeinden in Freiburg und im luzernischen Sempach war Grimm als «Führer des Revolutionsversuches von 1918» ein Leitmotiv; ein anderes Thema waren die während des Ordnungsdienstes an Grippe gestorbenen Soldaten, die als «Helden und Märtyrer» zur Rettung des Vaterlandes ihr Leben geopfert hätten. Die Grosskundgebungen in der Westschweiz vom 21. November und in der Zentralschweiz vom 28. November wurden mit den spätmittelalterlichen Schlachten von Murten und Sempach verknüpft. Beide Demonstrationen hatten eine nationale Signalwirkung und waren gewiss auch ein deutlicher Wink für die noch unentschlossenen katholisch-konservativen Nationalräte. Zwei Äusserungen an lokalen Kundgebungen seien besonders vermerkt. An der Basler Protestversammlung vom 2. Dezember soll ein Studentenvertreter gefragt haben, warum Grimm noch lebe; es sei höchste Zeit, von Worten zu Taten überzugehen.[17] Drei Tage später bezeichnete der Präsident der Zürcher SVV-Sektion an einer Kundgebung in Horgen die «Bescherung Grimms» im Jahre 1918 als «Dolchstoss», der «unzähligen Wehrmännern das Leben gekostet» habe. Dasselbe Bild brauchte der Genfer Karikaturist Noël Fontanet in einem Holzschnitt.[18] So verhalf die Anti-Grimm-Aktion auch der Schweiz zu einer «Dolchstosslegende».

Dem Nationalen Aktionskomitee wurde auch eine landesweite Kundgebung am Wahltag in Bern vorgeschlagen. Auf eine Umsetzung wurde verzichtet, weil eine solche Massendemonstration von den Nationalräten «vielleicht als allzu starker Druck empfunden werden würde». Als wirksamer wertete man einen in der Presse breit gestreuten, von «Namen mit Klang» unterzeichneten nationalen Aufruf.[19] Auch Resolutionen waren erwünscht, ein Mittel, das vor allem der Freisinn an Abstimmungsveranstaltungen über das Getreidemonopol einsetzte, etwa in den Kantonen Zürich, Schaffhausen, Appenzell Ausserrhoden und der

17 Basler Vorwärts, 3. Dezember 1926.
18 Thürer (wie Anm. 1), S. 889 f., 928.
19 Verzeichnis der Unterzeichner des nationalen Aufrufs ebd., Anhang, S. 298–304.

Das Fotoalbum der Familie Grimm

Zur Illustration dieses Bandes haben wir Seiten aus einem Fotoalbum der Familie Grimm verwendet. Anlässlich unserer Tagung kamen wir in Kontakt mit Barbara Oswald, einer Enkelin von Robert Grimm. Sie stellte uns Fotoalben der Familie zur Verfügung, die das Schweizerische Sozialarchiv in Zürich digitalisieren konnte. Dort sind sie nun auch öffentlich zugänglich. Die Alben enthalten Bilder sowohl aus dem öffentlichen als auch aus dem privaten Leben Robert Grimms. Auch einige seiner Bekannten und Freunde sind dokumentiert. Auf einigen Seiten fehlen Bilder. Es könnte sich zum Teil um solche handeln, die Adolf McCarthy, Grimms Schwiegersohn und vormaliger Besitzer des Albums, in der Biographie seines Schwiegervaters verwendet hat.[1] Einige bei McCarthy abgedruckte Bilder sind allerdings im Album zu finden. Ein Teil der Seiten und sogar der Fotos sind mit weisser Farbe beschriftet; es soll sich dabei um Anmerkungen von Grimms zweiter Ehefrau Jenny handeln. Wie wir feststellen mussten, sind diese nicht immer zuverlässig. Unsere Legenden weichen deshalb teilweise davon ab. Grundsätzlich gilt es zu bemerken, dass Grimm noch vor der Ära der allgegenwärtigen Fotografie lebte. Viele wichtige Stationen seines Lebens und Wirkens sind deshalb überhaupt nicht oder nur spärlich bildlich dokumentiert. Das Gros der bekannten Aufnahmen fällt in seine Zeit als Magistrat. Gleiches gilt übrigens für Tonaufnahmen, von denen nur für seine letzten Lebensjahre einige wenige existieren.

[1] McCarthy, Adolf: Robert Grimm. Der schweizerische Revolutionär, Bern 1989.

Als wandernder Handwerksgeselle verbrachte Grimm 1900/01 einige Monate im damals deutschen Strassburg. Ein Foto von Grimm als Redaktor findet sich bei McCarthy.

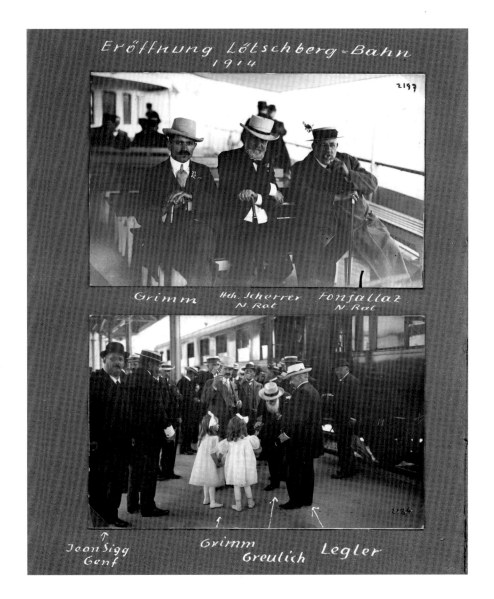

Als junger Nationalrat nahm Grimm 1913 an der feierlichen Eröffnung des Lötschbergtunnels teil. Bereits 1918 trat er in den Verwaltungsrat der Bern-Lötschberg-Simplon-Bahn ein, 1946–1953 amtete er als deren Direktor. Neben ihm sitzen auf dem oberen Bild Heinrich Scherrer, sozialdemokratischer Ständerat von St. Gallen, und Charles-Eugène Fonjallaz, freisinniger Nationalrat aus der Waadt. Unten stehen im Vordergrund Jean Sigg, sozialdemokratischer Nationalrat aus Genf, Herman Greulich, sozialdemokratischer Nationalrat aus Zürich und grosser alter Mann der schweizerischen Arbeiterbewegung, sowie David Legler, Glarner Nationalrat der Demokratischen und Arbeiterpartei.

Im Mai 1913 fand auf Initiative schweizerischer Persönlichkeiten in der Aula der Universität Bern eine Konferenz deutscher und französischer Parlamentarier statt, die den drohenden Krieg abwenden wollten.

Ansprache von Grimm an die Matrosen von Kronstadt Ende Mai 1917, zusammen mit Alexander Martinov (1865–1935), einem Führer der Menschewiki. Ausschnitt aus einer Zeitschrift.

Demonstration in Winterthur. An der Maidemonstration in Bern anfangs der 1920er Jahre neben Grimm Konrad Ilg, der langjährige Präsident des Schweizerischen Metall- und Uhrenarbeiterverbands (SMUV), und Samuel Scherz, sozialdemokratischer Stadt- und Kantonspolitiker in Bern.

Grimm als Mairedner, wahrscheinlich 1922.

Sitzung des Büros der Sozialistischen Arbeiter-Internationale (SAI) in Brüssel vom 23./24. November 1929, von links nach rechts: Pierre Renaudel, SFIO Frankreich; Alexandre Bracke, SFIO Frankreich; Willem Hubert Vliegen, SDAP Niederlande; William Gillies, LP Grossbritannien; Emile Vandervelde, POB Belgien; Luc Sommerhausen, Historiker und Publizist Belgien; Friedrich Adler, Sekretär SAI; Louis de Brouckère, POB Belgien; Otto Wells, SPD Deutschland; Joseph van Roosbroeck, POB Belgien; John Price, Sekretär SAI; Johan Willem Albarda, SDAP Niederlande; Alsing Emanuel Andersen, DSU Dänemark; Adolf Sturmthal, SPÖ Österreich; Raphael Rein Abramovich, RSDRP Russland im Exil.

Grimm sprach an Pfingsten 1931 auf dem Jugendtag der Sozialistischen Jugend der Schweiz auf der Piazza Indipendenza in Bellinzona. Die Kundgebung gegen Arbeitslosigkeit und Faschismus bauf dem Bundesplatz fand in den 1930er Jahren statt.

Der gleichaltrige Otto Bauer (1881–1938) war ein führender Austromarxist und Freund Grimms. Der Parteitag der französischen Sozialisten tagte Ende Mai 1936, kurz nach dem Wahlsieg der Volksfront in den Parlamentswahlen. Auf der Gästetribüne sitzen unter anderen der Deutsche Rudolf Breitscheid (1874–1944), führender SPD-Politiker im Exil, der Belgier Louis de Brouckère (1870–1951), Vorsitzender der Sozialistischen Arbeiter-Internationale (SAI), und Marc Jarblum (1888–1972), Sozialist und Zionist, aus Polen nach Frankreich emigriert.

Berner Stadtregierung, um 1937, von links nach rechts: Otto Steiger (BGB), Grimm, Fritz Raaflaub (FDP), Ernst Reinhard (SP), Herrmann Lindt (BGB), Präsident, Hans Markwalder, Stadtschreiber, Ernst Bärtschi (FDP) und Eduard Freimüller (SP).

Grimm im Atelier des Berner Bildhauers und Malers Karl Schenk, Ende der 1930er Jahre.

Robert und Jenny Grimm, nicht datiert.

Robert und Jenny Grimm mit den Bundesräten Johannes Baumann und Rudolf Minger Ende der 1930er Jahre im Berner Tierpark.

Grimm und Konrad Ilg während einer Nationalrats-Kommissionssitzung, wahrscheinlich 1937 in Mürren.

Robert und Jenny Grimm in ihrer Wohnstube am Engeriedweg 17 in Bern, zweite Hälfte der 1950er Jahre.

Waadt; dort tagten die Radikalen unter dem Vorsitz des Grimm-Gegners Paul Maillefer. Im Freisinn gab es aber auch Kräfte, welche der Kampagne aus grundsätzlichen oder taktischen Gründen entgegenwirkten, etwa in den Kantonen St. Gallen, Wallis und Genf.

Der gemässigt bürgerliche Standpunkt in der öffentlichen Auseinandersetzung über die Wahl Grimms wurde vor allem in der Inner- und Ostschweizer Presse vertreten. Die Zeitungen, welche Grimm das Präsidium nicht verweigern wollten, brachten ihm kaum besondere Sympathien entgegen; sie hätten lieber einen konzilianteren, «weniger grimmigen Genossen» auf dem Präsidentenstuhl gesehen. Sie billigen ihm aber grosse Fachkompetenz zu. Zudem wollte man den hergebrachten Vorsitzturnus nicht unterbrechen und der zweitgrössten Landespartei in der Kandidatennomination nicht dreinreden. Schliesslich sollte Grimm auch nicht unnötig zum Märtyrer gemacht werden, was sich aufs bürgerliche Lager im Endeffekt kontraproduktiv hätte auswirken können. Im Übrigen wurde ganz nüchtern festgestellt, dass Grimm auf dem Präsidentenstuhl nicht viel Unheil anrichten könne.

Druck aufs Parlament

Aufsehen in der kritischen bürgerlichen Presse löste die Meldung der christlichsozialen *Hochwacht* aus, wonach zur Bekämpfung der Wahl Grimms von sämtlichen bürgerlichen Parlamentariern eine unterschriebene, zur Veröffentlichung bestimmte Erklärung einfordert werde. Die Zeitung bezweifelte allerdings, dass sich alle Angesprochenen «von einem ad hoc zusammengestellten Komitee ihre Meinung abtrotzen lassen». Scharf reagierte das freisinnige *St. Galler Tagblatt*: Wenn diese Nachricht stimme, so müsse sie «stärkstes Befremden» auslösen. Man könne in einer Eingabe die Mitglieder des Parlamentes ersuchen, dem sozialdemokratischen Führer die Stimme nicht zu geben, aber es gehe unter keinen Umständen an, dass die Nationalräte in einer Frage, die in ihre eigene Kompetenz falle und übrigens auch durch geheime Stimmabgabe erledigt werde, vorher einem unverantwortlichen Komitee gegenüber schriftlich erklärten, wie sie stimmen würden. Es sei anzunehmen, dass alle Ratsmitglieder diese Zumutung, die einem politischen Erpressungsversuch verzweifelt ähnlich sehe, entschieden ablehnen würden. Zumindest ein Nationalrat blieb fest: der katholisch-konservative Walliser Cyrille Pitteloud soll trotzig erklärt haben: «Je voterai comme je veux.» Im Übrigen gaben viele Ratsmitglieder – namentlich Grimm-Gegner – ihren vaterländischen Betreuern ihre Wahlabsichten freimütig bekannt.

Überblicken wir die politische Karte der Schweiz bezüglich der Anti-Grimm-Kampagne, so ergibt sich ein uneinheitliches Bild. Die ganze politisch sehr vielfältige Westschweiz wurde von einer nationalistischen Grundwelle erfasst. Das dominierende Bürgertum stellte sich fast geschlossen gegen die Kandidatur Grimms; vor allem in Neuenburg scheint die Anti-Grimm-Bewegung sogar aufs sozialistische Lager übergegriffen zu haben. Im Unterschied zur übrigen Schweiz zeigten sich die Katholisch-Konservativen hier eher bereit, sich in die Phalanx gegen Grimm einzureihen. Auch grenzte sich die Westschweizer Kampfgemeinschaft nicht gegen rechts ab. In weiten Teilen der bürgerlichen Romandie blieb Grimm die Unperson von 1918, in welcher sich die Angst vor einem Überschwappen des Bolschewismus verkörperte. Im Tessin, wo die Sozialisten seit 1922 im Staatsrat sassen, konnte die Bewegung kaum Fuss fassen. Entscheidend mitgewirkt haben dürfte hier ein antifaschistischer Reflex. In der deutschen Schweiz nahmen zuerst freisinnige Kreise die Anti-Grimm-Parole aus der Romandie auf, wie etwa in Zürich; umgekehrt zeigte sich im Freisinn auch gesinnungsliberaler Widerstand wie in St. Gallen. Viele Katholisch-Konservative übten aus Solidarität mit einer Minderheit und Bauernpolitiker wegen der Frage des Getreidemonopols vorerst Zurückhaltung, schwenkten dann aber doch zu den Grimm-Gegnern über. Im Aargau und in Basel-Stadt, wo der SVV mit starken Sektionen verankert war, scheint der Bürgerblock von Anfang an gespielt zu haben. In der Innerschweiz, Graubünden und Appenzell Innerrhoden warf die Bewegung keine grossen Wellen. Am auffälligsten ist das fast vollständige Abseitsstehen des Kantons Bern, wo Grimm über eine eigene Hausmacht verfügte, Bauern und Sozialisten gut zusammenspannten und, so Bürgerwehr-Präsident Ferdinand Rothpletz, Grimm als vorzüglicher Verwaltungsmann geradezu Achtung genoss.
Am Parteitag der SPS vom November 1926 verabschiedeten die Delegierten einstimmig eine Resolution, in der sie gegen das «inszenierte Kesseltreiben» der «reaktionären Kreise» gegen Grimm protestierten.[20] Als Organisatoren der Aktion nahmen die Sozialdemokraten insbesondere die öffentlich in Erscheinung tretenden «Galonierten» und die «Jeunesse dorée» wahr.[21] Tatsächlich wurde die Kampagne von vielen Mitgliedern militärischer Vereine aktiv unterstützt; offiziell beteiligten sich aber weder der Schweizerische Unteroffiziersverband noch die Schweizerische Offiziersgesellschaft. Auch die Verbindungsstudenten taten sich in allen Universitätsstädten hervor. Für deren Mobilisierung engagierte sich der Zürcher ETH-Professor Hans Eduard Fierz, der auch, so die *Berner Tag-*

20 Berner Tagwacht, 8. November 1926.
21 Berner Tagwacht, 7. Dezember 1926.

wacht, hinter dem *Schweizerbanner*, dem Organ der frontistischen Schweizer Heimatwehr, stecke.[22] Den SVV als gewiss wichtigste Trägerorganisation konnten die Sozialdemokraten freilich nicht enttarnen.

Am 5. Dezember 1926 fand die eidgenössische Volksabstimmung über das Getreidemonopol statt. Die Monopolgegner siegten mit einem Stimmenanteil von 50,4 Prozent knapp. Die Niederlage der «rot-grünen Allianz» war ein schlechtes Omen für die Wahl des Nationalratspräsidenten am folgenden Tag. Die Schutzvorkehrungen der Polizei gaben dem Wahltag ein besonderes Gepräge. Seit 1848 habe, so die *Neuen Zürcher Nachrichten*, noch keine Präsidentenwahl der Volkskammer so viel Spannung ausgelöst.[23] Punkt achtzehn Uhr eröffnete Präsident Hoffmann die Wahlsitzung. Nach den vorangehenden Fraktionssitzungen sei die Ausgangslage klar gewesen. Im ersten Wahlgang wurde der jurassische Sozialdemokrat Achille Grospierre mit 122 von 195 Stimmen gewählt; er lehnte erwartungsgemäss ab. Grimm erhielt fünfzig. Im zweiten Wahlgang wurde der vom freisinnigen Fraktionschef Henri Calame vorgeschlagene Lausanner Radikale Paul Maillefer mit 115 Stimmen gewählt; Grimm erhielt 53. Nach Auffassung der *Neuen Zürcher Zeitung* bekam Grimm eine, auf keinen Fall aber viele bürgerliche Stimmen.[24] Der kommunistische *Basler Vorwärts* stellte fest, dass alle 49 Sozialdemokraten anwesend gewesen seien, und beteuerte gleichzeitig, dass alle drei Kommunisten für Grimm gestimmt hätten; der offizielle Kandidat sei nicht von allen Sozialdemokraten unterstützt worden.[25]

Nach einer Protesterklärung des sozialdemokratischen Fraktionschefs Arthur Schmid, «der vielen wie Feuer ins Herz brannte» und «manchem den Kopf erröten liess», verliessen die Abgeordneten der beiden Linksparteien den Saal.[26] Der Protest der Linken erinnert an den «Auszug auf den Aventin» im faschistischen Italien: aus Entrüstung über die Ermordung des reformistisch-sozialistischen Abgeordneten Giacomo Matteotti hatten die Angehörigen der antifaschistischen Oppositionsparteien am 18. Juni 1924 das Parlament verlassen.

Auf dem Waisenhausplatz wurde der Nichtgewählte von 8000 bis 10 000 Anhängern mit grossem Beifall empfangen. Grimm wirkte nicht verdrossen und riet zu «Geschlossenheit und Zielbewusstheit im Klassenkampf auf allen Linien»; das nächste Ziel bestehe darin, stärkste Fraktion zu werden. Nach der Auflösung der Kundgebung richtete sich Grimm im Volkshaus in einer zweiten Rede an seine

22 Berner Tagwacht, 30. November 1926.
23 Neue Zürcher Nachrichten, 7. Dezember 1926.
24 Neue Zürcher Zeitung, Nr. 1995 und 1996, 7. Dezember 1926.
25 Basler Vorwärts, Nr. 286, 7. Dezember 1926.
26 Berner Tagwacht, 7. Dezember 1926.

Getreuen: Ihm sei vorgeworfen worden, seit 1918 der Gleiche geblieben zu sein, und deshalb könne er nicht gewählt werden. «Nun wohl, möge jeder von uns stets der gleiche bleiben. Dann ist uns der Sieg gewiss.»[27]

Rechtsbürgertum feiert nationale Wiederaufrichtung

Die Nichtwahl Grimms und die Wahl Maillefers setzte Zeichen in der schweizerischen Innenpolitik. Der neue Nationalratspräsident aus Lausanne war 1919 wegen seiner frankophilen und antisozialistischen Haltung nicht zum Bundesrat gewählt worden. Die unterschiedliche Haltung des Parlaments 1919 und 1926 kann als Zeichen dafür gewertet werden, dass der Graben zwischen West- und Deutschschweiz, der sich im Ersten Weltkrieg aufgetan hatte, allmählich zugeschüttet wurde oder doch weniger tief geworden war als der bürgerlich-sozialistische Gegensatz; in rechtsbürgerlichen Kreisen der deutschen Schweiz fand der zum Teil militante Antisozialismus in der Romandie Anerkennung. Das rechtsbürgerliche Zusammenspannen über die Sprachgrenze hinweg bremste die in beiden Lagern um Entspannung bemühten Kräfte entscheidend.
Für Sieger und Verlierer war der 6. Dezember 1926 ein historischer Moment. Die liberal-demokratische *Gazette de Lausanne* feierte ihn als «Tag der nationalen Wiederaufrichtung», und das sozialdemokratische *Volksrecht* markierte ihn als Tag des «ersten eklatanten Sieges des Faschismus in der Schweiz.»[28]
Tatsächlich hatte der von der äussersten Linken und vorab von rechts in Frage gestellte schweizerische Parlamentarismus eine Veränderung erlebt. Anders als in faschistischen Staaten wurde in der Schweiz das Parlament nicht abgeschafft, aber es wurden die Entfaltungsmöglichkeiten der linken Opposition eingeschränkt. «Indem […] die bürgerlichen Fraktionen dem Kandidaten der äussersten Linken den Aufstieg auf den Präsidentenstuhl verwehrt» hätten, hätten sie, so die *Neue Zürcher Zeitung*, erklärt, dass «auch ein aus der Proportionalwahl des Nationalrates abgeleiteter Fraktionsanspruch nicht als Regel ohne Ausnahme gelten dürfe».[29] Schwerwiegender als das Abrücken vom festen Turnus der Ratspräsidentschaft und vom Grundsatz der Kandidatenauslese durch die jeweilige Partei war die von den *Monatsheften für Politik und Kultur* heftig kritisierte Druckausübung auf die Parlamentarier: Es stehe dem Volk zu, die Volksvertreter zu wählen und sie allenfalls auch wieder abzuwählen. Es sei aber

---

27 Ebd.
28 Basler Nachrichten, 8. Dezember 1926; Volksrecht, 6. Januar 1927.
29 Neue Zürcher Zeitung, Nr. 1995, 7. Dezember 1926.

ein Verstoss gegen die persönliche Freiheit und Würde, während der Amtsdauer «auf die persönliche Überzeugung und freie Entschlussfähigkeit der Gewählten durch Drohung mit Nichtwiederwahl und Fenstereinschlagen einwirken zu wollen». Damit erniedrige man die Institution der Volkswahl. Das sei dann nicht mehr Volks-, sondern «Pöbelherrschaft». Liessen sich die Volksvertreter solche Zumutungen gefallen, so sei «auch unser Parlament reif für eine Behandlung à la Mussolini».[30]

Der Druck rechter Gruppierungen auf Parlamentarier zur Verhinderung der Wahl linker Politiker in bedeutende Ämter machte nach 1926 Schule. Das Anti-Grimm-Komitee wurde nicht aufgelöst und drei Jahre später reaktiviert. 1929 ging es dem SVV und seinen Alliierten mit einer Grossaktion um die Verhinderung der Wahl Emil Klötis zum ersten sozialdemokratischen Bundesrat. Die Anti-Klöti-Kampagne richtete sich gegen den weiteren Vormarsch der Sozialdemokratie, welche 1928 bei den Nationalratswahlen einen zusätzlichen Sitz gewonnen und in Zürich die Mehrheit in der Exekutive erobert hatte und mit Klöti auch den Stadtpräsidenten stellen konnte. Die Aufnahme dieses gemässigten Sozialdemokraten in die Landesregierung konnte verhindert werden. Grimm kommentierte die historische Wahl in seiner Schrift *Der 12. Dezember des Bürgertums*. Als Pendant zur Anti-Grimm-Bewegung auf kantonaler Ebene kann die Aktion gegen die Wahl des Kommunisten Fritz Wieser zum Präsidenten des Grossen Rates von Basel-Stadt in der Amtsperiode 1928/29 betrachtet werden. Die Basler Aktion unter der Leitung des BGB- und Bürgerwehrexponenten Hans Kramer konnte zwar die Wahl Wiesers nicht verhindern, ebnete aber den Weg zu einer neuen Organisationsform, welche der Basler Bürgerwehr grossen Handlungsspielraum einräumte und ihr bei der Anti-Klöti-Aktion auf dem Platz Basel eine sehr wirksame Arbeit ermöglichte.[31]

Der SVV erlebte durch die Aktion gegen Robert Grimm einen Aufschwung. Gründungspräsident Eugen Bircher wäre nach dem Sieg über Grimm gerne offensiver gegen die aktive Sozialdemokratie vorgegangen, wurde aber zurückgepfiffen. Seine Idee, den SVV in eine politische Partei umzuwandeln, wurde schroff abgelehnt. Lebendig blieben aber bei Bircher und bei den «Vaterländischen» ein militanter Antisozialismus und eine besondere Aversion gegen Grimm bis in die Zeit des Zweiten Weltkrieges, als die Integration der Sozialdemokratie besonnenen bürgerlichen Kräften als selbstverständliche Notwendigkeit erschien. Der SVV habe, so heisst es im Geschäftsbericht 1939/40, «antidemokratische Bewegungen verschiedener Schattierungen, von national-

---

30 Freier Aargauer, 4. Dezember 1926.
31 Thürer (wie Anm. 1), S. 751–755.

sozialistischen Anwandlungen bis zum landesverräterischen Treiben einzelner Subjekte, alle Aufmerksamkeit geschenkt». Gleichzeitig habe aber auch die Beobachtung der SPS «trotz deren patriotischem Gebaren nicht vernachlässigt» werden dürfen. Die Sozialdemokraten hätten «die ernste Lage des Landes für ihre parteipolitischen Ambitionen auszunützen» versucht und «damit das allgemeine Landesinteresse trotz gegenteiliger Beteuerung» hintangestellt. Aus diesen Gründen habe der SVV «wiederum Stellung genommen gegen die Beteiligung der Sozialisten am Bundesrat». Er stellte sich gegen die Zusammenarbeit der bürgerlichen Parteien mit den Sozialdemokraten und brachte seine Bedenken in einer nicht für eine breite Öffentlichkeit bestimmten Eingabe an die bürgerlichen Parteien sowie an die betreffenden Fraktionen der Bundesversammlung zum Ausdruck.[32] An der Sitzung des SVV-Arbeitsausschusses vom 30. August 1940 bezeichnete Bircher die Bereitschaft der bürgerlichen Parteien, mit den Sozialdemokraten zusammenzuarbeiten, als «eine Charakterlumperei».[33]

Anlass zu besonderen Schritten, so heisst es im SVV-Geschäftsbericht 1939/40 weiter, habe eine von Nationalrat Grimm herausgegebene Broschüre gegeben, welche wegen ihres neutralitätswidrigen Inhaltes vom Bundesrat beschlagnahmt worden sei.[34] Eine Eingabe des SVV, welche Entfernung von Grimm aus seinen öffentlichen Ämtern und Aufklärung der Öffentlichkeit über die Angelegenheit verlangt habe, sei vom Bundesrat bisher unberücksichtigt geblieben und es sei auch noch keine Antwort dazu eingetroffen.[35] Die gleiche Forderung erhob bekanntlich die sogenannte *Eingabe der Zweihundert* vom 15. November 1940, welche sich auch auf die Broschüre Grimms bezog, der seit dem 31. Mai 1940 als Regierungspräsident des Kantons Bern amtete. Es erstaunt nicht, dass die *Eingabe der Zweihundert* auch von SVV-Mitgliedern unterzeichnet wurde. Aufschlussreich ist die Feststellung, dass Grimms Broschüre im Juli 1940 die deutsche und die italienische Gesandtschaft zu einer Intervention beim schweizerischen Aussenministerium veranlasst hatte. Darin wurde Grimm als untragbar erklärt.[36] Für Grimm hatten die Druckversuche der faschistischen Regierungen und der schweizerischen extremen Rechten keine Konsequenzen.

Nach dem Krieg wehte dann ein anderer Wind. Die «Zweihundert» gerieten ins Schussfeld der öffentlichen Kritik. Der SVV hatte in den ersten Monaten des

---

32 Schweizerisches Bundesarchiv (BAR), SVV 10, SVV-Geschäftsbericht, 1. Oktober 1939 bis 30. September 1940, S. 4f.
33 BAR, SVV 2, Prot. SVV-Arbeits-Ausschuss, 30. August 1940.
34 BAR, SVV 10, SVV-Geschäftsbericht, 1. Oktober 1939 bis 30. September 1940, S. 4. Es handelt sich um: Die Arbeiterschaft in der Kriegszeit, Bern 1940.
35 SVV-Geschäftsbericht, 1. Oktober 1939 bis 30. September 1940, S. 4.
36 Vgl. den *Biographischen Nachtrag* von Bernard Degen in diesem Band.

Jahres 1946 Bedenken, in die «Hetze von links» hineingezogen zu werden; vorab die Unterzeichner aus den eigenen Reihen bereiteten dem Verband Bauchweh.[37] Es scheint, dass sich der SVV der öffentlichen Debatte über die beiden anpasserischen Eingaben, der «Aktion Grimm» von 1940, entziehen konnte.

Angesichts des veränderten politischen Klimas in der unmittelbaren Nachkriegszeit dürfte es dem «Bürgerwehrgeneral» Bircher, der seit 1942 als BGB-Vertreter im Nationalrat sass, eigenartig zumute gewesen sein, dem «Streikgeneral» Grimm in der grossen Kammer gegenüberzusitzen, der im Dezember 1945 zum «höchsten Schweizer» gewählt wurde.

---

37 Thürer (wie Anm. 1), S. 920 f.

Zwischen Markt und Plan

Energiebewirtschaftung im Zweiten Weltkrieg

Simon Wenger

«Drü Jahr tüe mir scho bald organisiere
Und Brennstoff ‹flüssig› und au ‹fest› rationiere. […]
Trotz aller Müeh, wo mir üs gä hei,
Isch nie verstummet die ewigi Kritisiererei,
Vo Lüte, wo meine si chönntis besser mache;
Es wär mängisch zum ‹Brüele›, we me nid müessti lache.
Üse Chef, Herr Robert Grimm,
Steckt mängisch scho vertüflet drinn.
Trotzdem chunnt er immer wieder obe-n-uf,
Es isch halt emal e so si Bruch:
‹Entweder biege-n-oder bräche,
Aber sich nid la z'Bode stäche›.»[1]

Der Kampf, den Robert Grimm im Zweiten Weltkrieg auf Biegen und Brechen ausfocht, war der Kampf um Kraft und Wärme. Zwischen 1939 und 1947 leitete er – neben seiner Tätigkeit als Nationalrat und Berner Regierungsrat – die gleichnamige Amtsstelle im Kriegsindustrie- und Arbeitsamt (KIAA) des Eidgenössischen Volkswirtschaftsdepartementes (EVD). Seine Sektion Kraft und Wärme war zuständig für die Versorgung von Wirtschaft und Bevölkerung mit Energie unter dem Vorzeichen des Krieges. Der Kern des Problems lag darin, den verknappten Energiebestand mit dem volkswirtschaftlichen Energiebedarf in ein kriegswirtschaftlich wohlüberlegtes Verhältnis zu bringen. An beiden Seiten war Hand anzulegen: Einerseits musste der Bestand möglichst hoch gehalten werden, sei es durch Import, Lageräufnung oder die Bereitstellung inländischer Ersatzenergien. Andererseits war der Bedarf nach Verbrauchergruppen und Verwendungszwecken zu überprüfen, nach Dringlichkeitskriterien abzustufen und entsprechend einzuschränken. Die Behörden wiesen dieser Aufgabe eine hohe

---

[1] Gruppe Flüssige Brennstoffe ihrem Sektionschef: Drei Jahre Rationierung flüssiger Kraft- und Brennstoffe, 28. August 1942, S. 1, Schweizerisches Bundesarchiv (BAR), J 1 173 31. Ich danke Bernard Degen, Mario König und Adrian Zimmermann für die wertvollen Hinweise.

Priorität in der kriegswirtschaftlichen Planung zu. So wurde die Sektion grosszügig mit Personal ausgestattet[2] und zu Kriegsbeginn kursierte die Idee, sie zu einem eigenen Amt auszubauen.[3] Ernst Speiser, der Leiter des KIAA, bewertete die Energiebewirtschaftung retrospektiv gar als «Schlüsselstellung im Ganzen der Bewirtschaftung».[4] So zentral die Aufgabe war, so viel Angriffsfläche bot sie für die nie verstummende «Kritisiererei». Am polemischsten äusserte sich Gottlieb Duttweiler, der Grimm öffentlich als «Chef für Kälte und Schwäche» bezeichnete, worauf dieser auf Ehrverletzung klagte.[5]

Die Tätigkeit von Grimms Sektion möchte ich im Folgenden anhand der stationär verwendeten Energieträger rekonstruieren. Dabei kommt der Kohle eine zentrale Bedeutung zu: Sie deckte in den 1930er Jahren über sechzig Prozent des Endenergieverbrauchs der schweizerischen Volkswirtschaft.[6] Gleichzeitig war ihre Verfügbarkeit äusserst prekär, hing sie doch fast vollständig vom Import ab. Die ersten Abschnitte beschäftigen sich mit den handelsdiplomatischen und aussenwirtschaftlichen Voraussetzungen und der kriegswirtschaftlichen Organisation des Kohlenimports im Spannungsfeld von staatlichen, halbstaatlichen und privaten Akteuren. Danach gehe ich auf die bisher noch wenig diskutierte[7] kriegswirtschaftliche Allokationsproblematik ein: Wie und nach welchen Kriterien wurden die begrenzten Energieressourcen auf die volkswirtschaftlichen Verwendungsoptionen verteilt? Fluchtpunkt ist die Frage, bis zu welchem Grad die energetischen Voraussetzungen für die Sicherung der Leistungsfähigkeit des industriellen Produktionsapparates gegeben waren. Von Interesse ist auch hier der spezifische Mix von marktwirtschaftlichen Komponenten einerseits, Planelementen beziehungsweise anderen Formen der Wirtschaftslenkung – von

---

2 Im Zenit der Personalentwicklung Mitte 1943 verfügte das KIAA mit seinen siebzehn Dienststellen über einen Personalgesamtbestand von knapp 1700 zuzüglich 300 Experten. Davon kam der Sektion mit zirka 260 (exklusive Experten) allein gut ein Siebtel zu. Speiser, E[rnst]: Kriegsindustrie- und Arbeitsamt, in: Eidgenössisches Volkswirtschaftsdepartement (Hg.): Die schweizerische Kriegswirtschaft 1939–1948, Bern 1950, S. 506–552, hier S. 516f. und 549; Grimm, R[obert]: Sektion für Kraft und Wärme, ebd., S. 708–749, hier S. 743.
3 Speiser (wie Anm. 2), S. 533.
4 Ebd., S. 516, vgl. S. 514 und 508f.
5 Voigt, Christian: Robert Grimm. Kämpfer, Arbeiterführer, Parlamentarier. Eine politische Biographie, Bern 1980, S. 255 f. Zu der «gehässigen Kampagne» gegen Grimm, die nach seiner Ernennung von Armee- und Industriellenkreisen geführt wurde, siehe McCarthy, Adolf: Robert Grimm. Der schweizerische Revolutionär, Bern 1989, S. 285 f. Zu den Attacken der extremen Rechten siehe Butikofer, Roland: Le refus de la modernité. La Ligue vaudoise: une extrême droite e la Suisse (1919–1945), Lausanne 1996, S. 343 f.
6 Bundesamt für Energiewirtschaft: Energiestatistik der Schweiz 1910–1985, Zürich 1987, S. 52.
7 Zu Forschungsstand und neueren Forschungsergebnissen siehe Groebner, Valentin; Guex, Sébastien; Tanner, Jakob (Hg.): Kriegswirtschaft und Wirtschaftskriege (Schweizerische Gesellschaft für Wirtschafts- und Sozialgeschichte, Bd. 23), Zürich 2008.

Grimm als Vehikel zur «Höherführung der [...] sozialen Zustände» gewertet[8] – andererseits: In welcher Form und bis zu welchem Punkt gelang es dem in der Krisenbekämpfung[9] der 1930er Jahre und unter dem Vollmachtenregime[10] des Krieges aufgewerteten Staat, in die preisgeleitete Marktverteilung einzugreifen? Und: Was versprach sich Grimm als Sozialist von der Kriegswirtschaft im Blick auf die Nachkriegsordnung?

Grimms Wahl zum Sektionsvorsteher

Dass ausgerechnet Grimm vom EVD in das exponierte Amt berufen wurde, hat fachliche und vor allem politische Gründe. Grimm brachte nebst seinen Kompetenzen als «dynamischer Verwaltungsfachmann»[11] spezifisch energiewirtschaftliche Qualifikationen mit. Im Berner Gemeinderat stand Grimm von 1918 bis 1938 den industriellen Betrieben vor, die die Gas- und Elektrizitätswerke sowie die Verkehrsanstalten umfassten.[12] Die politischen Motive liegen auf der Hand. Da der Sozialdemokratie die Regierungsbeteiligung vorenthalten wurde, musste sie auf anderen Wegen in die Verantwortung eingebunden werden, wollte man denn ihre Anliegen berücksichtigen, ihrer Opposition zuvorkommen und die kriegsbedingten Entbehrungen als Ausdruck des «nationalen Schulterschlusses» legitimieren können. Und gerade Robert Grimm, 1918 Streikführer, schien dazu wie berufen zu sein.[13]

---

8 Grimm, Robert: Freie und gelenkte Wirtschaft, Bern 1949, S. 30.
9 Siehe dazu den Beitrag von Brigitte Studer in diesem Band. Zwischen Krisen- und Kriegswirtschaftspolitik lassen sich diesbezüglich zahlreiche Kontinuitäten ausmachen, so etwa auch im Kohleimporthandel. Kontinuitäten besprechen ausführlich Meier, Martin; Frech, Stefan; Gees, Thomas; Kropf, Blaise: Schweizerische Aussenwirtschaftspolitik 1930–1948 (Veröffentlichungen der UEK, Bd. 10), Zürich 2002, S. 73–91.
10 Beruhend auf dem parlamentarischen Vollmachtenbeschluss vom 30. August 1939 (Amtliche Sammlung [AS] 55.769) delegierte der Bundesrat dem KIAA am 25. Juni 1940 (AS 56.971) gesetzgeberische Kompetenzen. Für die Energiebewirtschaftung waren im Oktober 1939 vorzeitig schon gewisse Befugnisse an das EVD übertragen worden (AS 55.1075 und AS 55.1125). Vgl. Weber, Ernst: Grundsätze der kriegswirtschaftlichen Praxis des EVD, Basel 1946, S. 109–126.
11 Voigt (wie Anm. 5), S. 252.
12 Grimm betätigte sich auch als energiewirtschaftlicher Experte. Vgl. die verschiedenen Gutachten im Nachlass, zum Beispiel zu Liquidations- und Konzessionsfragen in Schuls/Tarasp 1927–1933 (BAR, J 1 173 6, 17, 49 und 55) sowie seine einschlägige Publizistik (Bibliographie in diesem Band).
13 Insgesamt war die Linke nur «marginal» in der kriegswirtschaftlichen Organisation repräsentiert. McCarthy (wie Anm. 5), S. 283, vermutet, dass die «freundschaftliche» Beziehung zwischen Grimm und EVD-Vorsteher Obrecht für die Wahl mitverantwortlich war.

Besonders den Elektrizitätsverbänden war Grimm ein Dorn im Auge. Im Juli 1940 forderten sie vom Bundesrat, die Zuständigkeit für den Strom der Sektion zu entziehen und «wie früher» dem Eidgenössischen Amt für Elektrizitätswirtschaft zu übertragen – womit die Stromwirtschaft aus der kriegswirtschaftlichen Gesetzgebung herausgelöst worden wäre.[14] Im Entwurf für die Stellungnahme des KIAA wies Grimm diese Forderung dezidiert zurück.[15] Als Kompromiss wurde im Februar 1940 eine eigene Sektion für Elektrizität im KIAA geschaffen.[16] Die Elektrizitätswirtschaft gegen kriegswirtschaftspolitische Interventionen gänzlich zu immunisieren war der Stromlobby zwar nicht gelungen, sie gewann aber an Einfluss auf die kriegswirtschaftliche Planung.[17] Zudem waren ihre Exportinteressen, die insbesondere auch die involvierten Kapitalgeber (Geschäftsbanken und Finanzierungsgesellschaften) teilten, dem direkten Aktionsradius von Grimm entzogen. Grimm galt ihnen schon lange als «hostile aux exporteurs».[18]

In der Grafik 1 stechen zwei Trends ins Auge: Zum einen nehmen die Importmengen im Laufe des Krieges markant ab und fallen 1945 nahezu komplett aus; zum anderen stammt die Kohle zwischen 1941 und 1944 fast vollständig aus deutschen Lieferungen. Zudem fällt auf, dass diese Importe bis 1943 auf dem Niveau der Vorkriegskonjunktur verharren oder dieses gar übertreffen.

Wie war der Kohlenimporthandel organisiert? Ende 1939 wurde die Schweizerische Zentralstelle für Kohlenversorgung (Carbo) geschaffen.[19] Dieses Kriegssyndikat hatte seit 1932 eine Vorgängerorganisation in der Krisenpolitik.[20] In der Carbo waren der Kohlenhandel, die Industrie, die Gaswerke und die Bahnen

---

14 Schweizerischer Elektrotechnischer Verein, Verband Schweizerischer Elektrizitätswerke, Schweizerischer Wasserwirtschaftsverband an den Bundesrat, 15./17. Juli 1940, zitiert S. 9, BAR, E 7393 33000. Zudem verlangten sie eine Garantieerklärung dafür, dass künftig der Stromverbrauch nicht eingeschränkt werde.
15 Grimm, Sektion, an Renggli, KIAA, 29. Juli 1940, BAR, E 7393 33000.
16 Lusser, F.: Sektion für Elektrizität, in: Eidgenössisches Volkswirtschaftsdepartement: Die schweizerische Kriegswirtschaft 1939–1948, Bern 1950, S. 816.
17 Der Verband Schweizerischer Elektrizitätswerke hatte gegenüber der Sektion für Elektrizität konsultative Rechte. Lusser (wie Anm. 16), S. 816.
18 Kleisl, Jean-Daniel: Electricité suisse et Troisième Reich (Publications de la CIE, vol. 5), Lausanne 2001, S. 29. Am 27. März 1923 forderte Grimm in einem nationalrätlichen Postulat, die Stromexporte zugunsten des Inlandkonsums einzuschränken. Das Postulat stiess eine Auseinandersetzung an, die 1930 schliesslich zur Schaffung des Amtes für Elektrizitätswirtschaft führte. 25 Jahre Amt für Elektrizität, in: Der schweizerische Energie-Konsument, Jg. 35 (1955), S. 317 f.
19 AS 55.1061 f. Grundlegend war der Bundesratsbeschluss vom 22. September 1939 über kriegswirtschaftliche Syndikate.
20 Im Rahmen des Kompensationshandels wurden die Kohlenimporte schon seit 1932 durch die Schweizerische Zentralstelle für Kohleneinfuhr zentral erfasst und von den Behörden

Grafik 1: *Kohlenimporte und industrieller Energieverbrauch 1938–1947*
(in tausend Tonnen Kohlenwert)

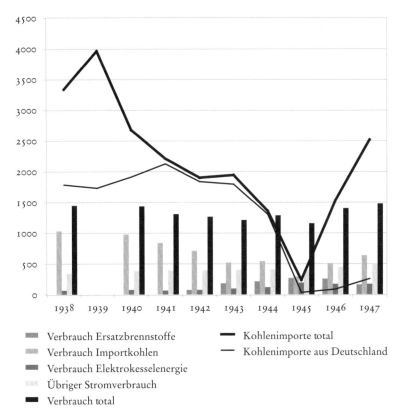

- Verbrauch Ersatzbrennstoffe
- Verbrauch Importkohlen
- Verbrauch Elektrokesselenergie
- Übriger Stromverbrauch
- Verbrauch total
- Kohlenimporte total
- Kohlenimporte aus Deutschland

Der Umrechnung von Kilowattstunden in Kohlenwert liegt der Faktor von Hotz, S. 3 (siehe Quellen), zugrunde. Für den «übrigen Stromverbrauch» gelten die Werte nur approximativ, da der Umrechnungsfaktor je nach Stromanwendung variiert. Für das Jahr 1939 liegen mit Ausnahme des Stroms keine Angaben vor. Ebenso fehlen insgesamt Angaben zum Gas- und zum stationären Erdölverbrauch der Industrie; zusammen machten sie 1938 acht Prozent des gesamtschweizerischen Endenergieverbrauchs aus. Bundesamt für Energiewirtschaft (wie Anm. 6), S. 52.

Quellen: Import: Zweifel, Harry: Der schweizerische Brennstoffmarkt 1939–1946, Bern 1948, S. 41 und 51; Verbrauch: Grimm, Sektion: Der Kohlenverbrauch der Industrie in den Jahren 1940 bis 1943, 5. Februar 1944; Grimm, Sektion: Notiz an das KIAA, Kohlen- und Brennstoff-Verbrauch der Industrie (1941–1946), 23. Februar 1947, beide BAR, E 7393 33113; Grimm, Sektion, Kohlenplan für das Jahr 1947, Dezember 1946, BAR, E 7393 33110; Statistisches Jahrbuch der Schweiz, Ausgabe 1945, S. 192 und 1955, S. 186; Hotz, W[alter]: Kohlenrationierung der Industrie und Verbrauch von Elektrokessel-Energie sowie Ersatzbrennstoffe, Sonderdruck aus: Der schweizerische Energiekonsument, Jg. 25, 2 (1945), S. 2.

vertreten. Sie unterstand der Aufsicht der Sektion. Die Carbo war ursprünglich als Importzentrale vorgesehen, musste aber aufgrund persönlicher Gegensätze in eine Rationierungsstelle umfunktioniert werden.[21] Die Details dieses Konflikts sind nicht aktenkundig. Gemäss Harry Zweifel bestanden unüberbrückbare Gegensätze zwischen den assoziierten Verbrauchern und Importeuren. Eine Anfrage von Gottlieb Duttweiler lässt dagegen vermuten, dass der Klein- und der Gross- beziehungsweise Importhandel aneinandergerieten.[22] Da die Importzentralisierung in der Carbo scheiterte, verblieb der Kohlenimporthandel in den Händen der privaten Importeure. Sie unterstanden einer kontinuierlich verfeinerten behördlichen Kontrolle.[23]

Nur für einige wenige Lieferländer errichteten die Behörden staatliche Monopole.[24] Im Geschäftsbereich des KIAA stellten diese die Ausnahme dar, während der Grossteil des Importgeschäfts der Privatwirtschaft verfügbar blieb.[25] Ein erstes Monopol wurde im Mai 1940 für nordamerikanische Kohle geschaffen.[26] Der Kredit konnte nur teilweise eingesetzt werden und nach der französischen Niederlage stoppte die englische Blockade die Lieferungen. Nach dem Einbruch des Überseehandels wurden die Behörden auf die südosteuropäischen Staaten als Ersatzmärkte aufmerksam. Im November 1940 beschloss der Bundesrat auf Antrag der Handelsabteilung, mit dem verbleibenden Rest des USA-Kredits einzuspringen.[27] Der quantitativ nie bedeutende Import der «Balkankohle» wurde

kontingentiert. Mit der Carbo bestanden vielfältige personelle Überschneidungen. Baerlocher, Charles: 10 Jahre Schweizerische Zentralstelle für Kohleneinfuhr 1932–1942, [s. l.] [s. a.].
21 Schaper, W.: Die Bewirtschaftung der einheimischen Brennstoffe, in: Zeugin, Louis et al. (Hg.): Einheimische Brennstoffe. Das Buch der Heizungsfragen, Basel 1945, S. 11–48, hier S. 14, und Grimm (wie Anm. 3), S. 730 f.; zitiert aus Grimm, Sektion, an Renggli, KIAA, Amerikanische Kohle, 22. Mai 1940, BAR, E 7393 3311.
22 Zweifel, Harry: Der schweizerische Brennstoffmarkt 1939–1946, Bern 1948, S. 77. Duttweiler schlug 1940 vor, die «Übergewinne» der Grossisten und Importeure an die Detailhändler umzuverteilen. Duttweiler an Preiskontrollstelle, 7. September 1940, BAR, E 7393 3311.
23 Seit dem 26. April 1940 unterstand der Kohlenimport der Bewilligungspflicht (AS 56.418). 1941 verfügte das EVD den Assoziationszwang, wonach nur noch Mitglieder der Carbo Einfuhrbewilligungen erhalten konnten (AS 57.32), und 1942 führte das KIAA das Obligatorium der sogenannten Kohlenhandelskarte ein (AS 58.165).
24 Zur Unterscheidung von «partieller», «komplementärer» und «monopolistischer Zentralisierung» siehe Schmuki, Heinrich: Die rechtliche Organisation der kriegswirtschaftlichen Syndikate, Aarau 1945, S. 67 f. und 78.
25 Speiser (wie Anm. 2), S. 514.
26 Sitzungsprotokoll des Bundesrates vom 24. Mai 1940, Einkauf amerikanischer Kohle, in: Diplomatische Dokumente der Schweiz (DDS), Bd. 13, Nr. 288, S. 684–686.
27 Hauswirth, Handelsabteilung, an Renggli, KIAA, Kohleneinfuhr aus dem Balkan, 1. November 1940; Sitzungsprotokoll des Bundesrates, Einkauf von Kohle in den Balkanländern, 15. November 1940, beide BAR, E 7393 3311.

bei der Sektion zentralisiert.[28] Der überwiegende Grossteil des Kohlenimporthandels blieb in privaten Händen und bewegte sich im Rahmen der allgemeinen bilateralen Wirtschaftsabkommen.

Abhängigkeit der Schweiz von deutschen Kohlenlieferungen

Zu Kriegsbeginn versuchten die Behörden allseitig möglichst umfangreiche Kohlenlieferungen auszuhandeln.[29] Im Zuge der Errichtung der westlichen Blockade und der deutschen Gegenblockade konzentrierten sich die handelsdiplomatischen Bemühungen ab 1940 auf Deutschland. Die beinahe vollständige «Einkreisung» durch die Achsenmächte brachte die Schweiz in eine empfindliche Versorgungsabhängigkeit. Deutschland nutzte seine monopolartige Stellung als Kohlenlieferant wiederholt als Druckmittel in der Gestaltung seiner Wirtschaftsbeziehungen zur Schweiz. Umgekehrt setzte die Schweiz ihre Leistungen als Finanz- und Werkplatz, als Transitland und Stromproduzent nicht zuletzt dazu ein, den unentbehrlichen Betriebsstoff Kohle vertraglich zugesichert zu bekommen.
Während der Verhandlungen zum Wirtschaftsabkommen vom 9. August 1940 sperrte Deutschland die Kohlenlieferungen.[30] Die Schweizer Delegation versuchte erfolglos, die Kreditgewährung mit den Kohlenlieferungen zu koppeln; Mitte Juli gab sie den deutschen Kreditwünschen unabhängig von der Kohlenfrage nach. Erst als man sich Anfang August auch in der Frage der Gegenblockade geeinigt hatte, stiegen die Kohlenimporte rasch wieder an. Vereinbart wurden 870 000 Tonnen bis Ende 1940, hochgerechnet 2,1 Millionen Jahrestonnen.[31] Gemessen an den Vorkriegsimporten und der starken Anspannung des deutschen Wirtschaftssystems war diese Menge beachtlich.[32] Bezeichnenderweise sahen sich die deutschen Wirtschaftsbehörden in der Folge gezwungen, ihre Kohlenplanung zugunsten der Schweiz umzustellen.[33] Das verweist auf die Bedeutung, die die deutschen Ministerien den vertraglichen Gegenleistungen und den Exportprodukten der Schweizer Industrie beimassen, sowie überhaupt

---

28 Basis der Balkanzentralisierung war die Verfügung des EVD vom 14. Januar 1941 (AS 57.32).
29 Vgl. Meier (wie Anm. 9), S. 181 f.
30 Zu den deutschen Importen nach Monat siehe Kleisl (wie Anm. 18), S. 123.
31 Meier (wie Anm. 9), S. 179–189; Vogler, Robert Urs: Die Wirtschaftsverhandlungen zwischen der Schweiz und Deutschland 1940 und 1941, Basel 1997, S. 151.
32 Die deutschen Kohlenimporte betrugen vor 1935 1,4 Millionen Jahrestonnen, danach 1,8 Millionen. Jenny, Hans: Der Schweizerische Kohlenhandel, Zürich 1941, S. 16 f.
33 Meier (wie Anm. 9), S. 186.

auf ihr Interesse an der Aufrechterhaltung einer leistungsstarken Volkswirtschaft in der Schweiz, die ihre Kooperationsbereitschaft unmissverständlich signalisierte. Gleichzeitig konnten sie mit einer ausgeglichenen Energiehandelsbilanz rechnen, da die Kohlenlieferungen mit der energetisch gleichwertigen Gegenlieferung von Strom verknüpft waren.[34]

Auch im Vorfeld zum Abkommen vom 18. Juli 1941 verhängte Deutschland ein Kohlenembargo. Im Abkommen schliesslich – die Schweiz erhöhte den Clearingkredit auf generöse 850 Millionen Franken – waren monatlich 200 000 Tonnen Kohlen bis Ende 1942 vorgesehen.[35] Mit diesem Jahrestotal von 2,4 Millionen Tonnen steigerte Deutschland seine Zusagen nochmals beachtlich. Ein gutes Jahr später, im Vertrag vom 5. September 1942, wurde eine Lockerung der Gegenblockade verbunden mit einer Reduktion der Kohlenbezüge auf 150 000 Tonnen monatlich beziehungsweise 1,8 Millionen Tonnen jährlich ausgehandelt, womit Deutschland sein Kohlenmanko reduzieren konnte.[36]

Nachdem im Winter 1942/43 keine Einigung über eine Verlängerung des Abkommens gefunden worden war, lag ein offener Wirtschaftskrieg in der Luft.[37] In Bundesbern erwog man die möglichen Szenarien, wobei Kohlezufuhr und Beschäftigungslage direkt miteinander in Zusammenhang gebracht wurden. So erklärte EDV-Vorsteher Walther Stampfli vor der Zolltarifkommission: «Weit über 50 000 Arbeiter sind mit Deutschland-Aufträgen beschäftigt. Bei eintretendem Kohlenausfall würden aber noch viel mehr Arbeiter von Arbeitslosigkeit betroffen.»[38] In einer grundsätzlichen Beurteilung der ökonomischen Bedeutung der Schweiz kamen die deutschen Behörden im Juni jedoch zum Schluss, dass von einem konfrontativen Vorgehen abzusehen sei.[39] Im Abkommen vom 23. Juni 1943 wurden die Kohlenlieferungen wiederum auf 150 000 Monatstonnen festgesetzt, wofür die schweizerische Delegation einen neuen, clearing-

---

34 Die Verknüpfung von Stromexporten und Kohlenimporten im Aussenhandel mit Deutschland bestand in den folgenden Kriegsjahren fort. Siehe Kleisl (wie Anm. 18), S. 83–87 und 197.
35 Meier (wie Anm. 9), S. 209–211; Vogler (wie Anm. 31), S. 146–149.
36 Meier (wie Anm. 9), S. 227–229. Im Februar 1943 erklärten die deutschen Ministerien intern, die der Schweiz seit 1940 zugestandenen Mehrlieferungen seien zu umfangreich gewesen. Ebd., S. 186, Anm. 151.
37 Meier (wie Anm. 9), S. 232–244. Deutschland reduzierte wiederum die Kohlenlieferungen. Der Bundesrat hob kurzfristig die Bundestransfergarantie im Zahlungsverkehr auf. Frech, Stefan: Clearing. Der Zahlungsverkehr mit den Achsenmächten (Veröffentlichungen der UEK, Bd. 3), Zürich 2001, S. 149 f.
38 Protokoll Zolltarifkommission Nationalrat, 20. Januar 1943, zitiert nach Meier (wie Anm. 9), S. 235, Anm. 401.
39 Meier (wie Anm. 9), S. 241.

gebundenen «Kohlenkredit» gewährte.⁴⁰ Diese Regelung galt im Wesentlichen bis zum Kriegsende, bis im August 1944 lieferte Deutschland vertragsgemäss auf dem Niveau der Vorkriegskonjunktur.

«Kohlenkrise» bei Kriegsende

Zwischen Herbst 1944 und Herbst 1945 kam der Kohlenimport praktisch vollständig zum Erliegen.⁴¹ Grimm warnte die Leitung des KIAA im Juni 1945 eindringlich vor einer «Katastrophe».⁴² Diese sogenannte Kohlenkrise war eine europäische Krise. Sie gründete in den verminderten Fördermengen und dem anziehenden Wiederaufbaubedarf, zunächst aber vor allem im Kollaps des Verkehrssystems.⁴³ Um die Transportkapazitäten hinsichtlich der Versorgungsprioritäten zu optimieren, setzte der Bundesrat im Februar 1946 die Rhein-Verkehrskommission ein. Sie wurde von Grimm präsidiert.⁴⁴ Aus welchen konkreten Motiven er dieses Amt übernahm, ist nicht aktenkundig. Neben der Elektrizitätswirtschaft war die Verkehrswirtschaft für Grimm jedenfalls ein Feld, auf dem sich «für Kriegs- und Nachkriegszeit [...] der Gedanke der Planwirtschaft von selbst [aufdrängt]».⁴⁵ Die Kohlenimporte stiegen ab Herbst 1945 zwar wieder an, die Versorgungslage blieb vorerst aber labil.⁴⁶
Mit dem Zusammenbruch Deutschlands verschob sich die aussenwirtschaftspolitische Konstellation grundlegend. Die Versorgungspolitik der Alliierten behandelte die kriegszerstörten Länder prioritär. «Auf zwei Fronten», so ein

---

40 Pro Tonne wurden fünfzig Franken Kredit gesprochen; bis 1945 sollten sich beachtliche 128 Millionen Franken anhäufen. Frech (wie Anm. 37), S. 154 f.
41 Hotz, W[alter]: Kohleneinfuhr der Schweiz 1938–1945 und Energieverbrauch im Rationierungsjahr 1945/46, Sonderabdruck aus: Der schweizerische Energie-Konsument, Jg. 25, H. 10 (1945), S. 1.
42 Grimm, Sektion, Notiz für das KIAA, 21. Juni 1945, BAR, E 7393 3311.
43 Vgl. dazu mit Fokus auf die Gründung der Montanunion im Jahr 1951/52 Gillingham, John: Coal, Steel and the Rebirth of Europe 1945–1955. The Germans and French from Ruhr Conflict to Economic Community, Cambridge 1991. Zum Verhältnis der Schweiz zur Montanunion siehe Jost, Hans Ulrich: Europa und die Schweiz 1945–1950. Europarat, Supranationalität und schweizerische Unabhängigkeit, Zürich 1999, S. 100–104 und 120–126.
44 Sitzungsprotokoll des Bundesrates vom 5. Februar 1946, BAR, J 1.173 48.
45 Protokoll des Parteivorstandes der SPS, 5. April 1941, Schweizerisches Sozialarchiv, Zürich (SozArch), Ar 1.111.9. Ich danke Adrian Zimmermann für den Hinweis.
46 Die Kohlenimporte erreichten erst 1951 das Vorkriegsniveau, gleichzeitig stiegen die Erdölimporte exponentiell an. Ritzmann-Blickenstorfer, Heiner (Hg.): Historische Statistik der Schweiz, Zürich 1996, S. 678 und 689.

interner Bericht der Handelsabteilung,[47] sei «unsere Kohlenoffensive» nun zu führen: in den bilateralen Abkommen mit einzelnen Staaten[48] sowie in den Verhandlungen mit der alliierten Ad-hoc-Agentur European Coal Organisation (ECO). Die Politik der ECO gegenüber der Schweiz zielte darauf ab, die Kohlenzuteilungen von Wiederaufbauhilfen abhängig zu machen. In dieser Absicht unterschied sie zwischen einer garantierten Grundquote und «belohnenden» Zusatzkontingenten. Die schweizerische Verhandlungsdelegation versuchte dagegen, die bilateral ausgehandelten Kohlenbezüge möglichst weitgehend aus der Verteilrechnung der ECO herauszuhalten.[49]

Die Verstaatlichung der Kohlenimporte aus den USA, vom Balkan sowie neu aus Polen wurde über das Kriegsende hinaus aufrechterhalten.[50] Die Kohlenimporteure forderten seit der alliierten Durchbrechung der Gegenblockade die Reprivatisierung des staatlichen Teilmonopols. Insbesondere der Verband des Schweizerischen Kohlen-Imports und Grosshandels, der sich schon 1940/41 gegen die «staatlichen Übergriffe» gewehrt hatte, rief dazu auf, «das verlorene Terrain zurückzugewinnen».[51] Anfang 1945 planten Vertreter des Handels, der Industrie, der Bahnen und der Gaswerke in Absprache mit der Handelsabteilung des EVD die Gründung einer «Gesellschaft für Kohleneinfuhr aus Übersee».[52] Diese sollte die künftigen Importe aus den USA «bis zur Rückkehr normaler Verhältnisse» abwickeln.[53] Das Vorhaben scheiterte, weil die USA Kohlenkäufe nur von Staat zu Staat tätigen wollten.[54] Erst per 1. Januar 1947 wurden die polnischen und amerikanischen Importe an neue, privatrechtliche Importeursvereinigungen übertragen.[55] Die Zentralisierung des Imports der Balkankohle fiel mit der im Herbst 1948 beschlossenen Liquidation der Carbo endgültig dahin.[56]

47 Hauswirth, Handelsabteilung, an Hotz, Handelsabteilung, Kohleneinfuhrfragen, 19. April 1947, BAR, E 7393 33110.
48 Bilaterale Kohlenregelungen bestanden mit Frankreich, Belgien, Holland, Polen, Tschechoslowakei, Ungarn und Jugoslawien.
49 Ähnlich wie Hauswirth schätzte auch Grimm die Politik der ECO ein. Grimm, Sektion, an Stampfli, Internationale Kohlenkonferenz in Paris (21.–23. Mai 1946), 27. Mai 1946, BAR, E 7393 33110.
50 Die polnischen Importe wurden aufgrund des Wirtschaftsabkommens vom 4. März 1946 von der Sektion getätigt. Grimm (wie Anm. 2), S. 733.
51 Zitiert nach Zweifel (wie Anm. 22), S. 84 f.
52 Matti an Handelsabteilung, Kohlenimport aus Uebersee, 28. Februar 1945, BAR, E 7393 33110.
53 Statuten der Schweizerischen Gesellschaft für Kohleneinfuhr aus Uebersee GmbH, Entwurf vom 16. März 1945, Art. 2, BAR, E 7393 33110.
54 Kaufmann, KIAA, an Matti, 9. April 1945, BAR, E 7393 33110.
55 Hauswirth, Handelsabteilung, an Hotz, Handelsabteilung, Kohleneinfuhrfragen, 19. April 1947, S. 23, BAR, E7393 33110. Die Statuten und Reglemente liegen im Bundesarchiv. BAR, E 7393 33110.
56 Carbo, Protokoll der ordentlichen Generalversammlung, 1. September 1948, BAR, E 7393 216.8.

Kriegswirtschaftliche Praxis und Grimms sozialistische Perspektive

In der Zentralisierung des Importhandels sah Grimm eine Nachkriegsperspektive. Darauf verwies er schon im Februar 1940, als er vor der Politischen Kommission der SPS die Bedeutung der Kriegswirtschaft für eine sozialistische Nachkriegsordnung unterstrich: «Wir dürfen uns nicht darauf beschränken, vom sozialistischen Standpunkt aus eine Verschiebung zum Staatssozialismus zu erstreben, wir müssen auch auf Verschiebungen hinweisen, die der Arbeiterschaft nicht gleichgültig sein können, wie beispielsweise die Einfuhrmonopole unter staatlicher Kontrolle, die unter dem Zwang der Verhältnisse kommen werden. Kriegswirtschaftliche Formen bilden sich, die man versuchen muss in die Friedenszeit hinüberzuretten.»[57] Dieses Votum für nichtetatistische Wirtschaftslenkung machte Grimm in der Diskussion um ein Grundsatzpapier von Walther Bringolf, das für einen föderativ und auffallend stark basisdemokratisch verfassten Sozialismus eintrat. Solche dezentralen Lösungen entsprachen einem Trend in der Sozialdemokratie seit den 1930er Jahren. Das Programm der *Neuen Schweiz* von 1942, das letzte Strukturreformprojekt der SPS vor ihrem Paradigmenwechsel hin zum Wachstumsreformismus im Kalten Krieg,[58] legte viel Wert auf kooperative Elemente wie die Selbstverwaltung in Genossenschaften und die Mitbestimmung der Betriebsräte, die im Rahmen eines vage umschriebenen staatlichen Plans die Erweiterung der Demokratie auf die ökonomische Sphäre vorantreiben sollten.[59] Das Programm sah auch eine Importzentralisierung in Genossenschaften mit staatlicher Beteiligung vor.

Dennoch: Grimms Votum von 1940 ist pragmatisch zu verstehen. Es ging ihm weniger um die Zielvorstellung eines möglichst kooperativ verfassten Sozialismus als vielmehr um die einmalige machtpolitische Gelegenheit, die nicht- oder halbstaatlichen Lenkungsinstrumente der Kriegswirtschaft über den Krieg hinaus weiterzuführen, um sie zu gegebenem Zeitpunkt in sozialistischer Rich-

---

57 Protokoll der Politischen Kommission der SPS, 10. Februar 1940, SozArch, Ar 1.111.9. Ich danke Adrian Zimmermann für den Hinweis.

58 Degen, Bernard: Sozialdemokratie: Gegenmacht? Opposition? Bundesratspartei? Die Geschichte der Regierungsbeteiligung der schweizerischen Sozialdemokraten, Zürich 1993, S. 49 f. und 61–65.

59 Sozialdemokratische Partei der Schweiz: Die neue Schweiz, Zürich 1942, S. 2, 5 und passim. Vgl. dazu auch die «Richtlinien für die Tätigkeit der Partei», die die Delegierten am Parteitag im Mai 1941 berieten: Sie forderten zwar eine «Planung der Wirtschaft» auf eidgenössischer Ebene, aber «keine Wirtschaftsbürokratie im Staat, sondern Selbstverwaltung auf genossenschaftlicher Grundlage». Protokoll des Parteivorstandes der SPS, 5. April 1941, SozArch, Ar 1.111.9.

tung umzusteuern. Im Dezember 1944 schlug Grimm der nun unter Ernst Nobs stehenden Finanzverwaltung vor, eine permanente Importzentralisierung zu prüfen. Die Frage der Organisation (Amtsstelle, Syndikat oder Genossenschaft) stellte er als «zunächst nebensächlich» zurück. Im Kern sprach er sich dafür aus, einen Teil des Handelskapitals zu sozialisieren: Im Zuge wachsender Ansprüche an die öffentliche Hand – Grimm nannte die Altersversicherung, die Landwirtschaftssubventionen und die Arbeitsbeschaffung – müsse der Staat den «Mut» aufbringen, «gewisse private Importeursgewinne zu beschneiden, ohne deswegen die Arbeitsgelegenheiten selbst zu vermindern oder die Konsumentenpreise zu erhöhen».[60]

Die «Neue Schweiz» scheiterte – als Initiative «Wirtschaftsreform und Rechte der Arbeit» – im Mai 1947 an der Urne. Im Dezember 1947 hakte Grimm im Nationalrat mit einem «planwirtschaftlichen Verstaatlichungsprogramm» nochmals nach.[61] Konkret sollte die Motion den Bundesrat beauftragen, basierend auf den neuen Wirtschaftsartikeln Vorschläge zur Importzentralisierung von Roh- und Hilfsstoffen sowie von Gütern des Massenkonsums auszuarbeiten. Grimm erkannte darin primär den Zweck, durch die Ballung der nationalen Kaufkraft das Preisniveau zu senken und so die Produktions- und Lebensbedingungen zu verbessern.[62] Der Nationalrat wies die Motion zurück.[63] Überhaupt arbeitete die Zeit nun gegen wirtschaftspolitische Lenkung. Auf das ab 1950 beschleunigte ökonomische Wachstum folgte ein Deregulierungsschub, der die staatlichen Eingriffe, nicht aber die Macht der Wirtschaftsverbände zurückstutzen sollte.[64] Der Aussenhandel wurde mit dem Beitritt zur Europäischen Zahlungsunion 1950 grundsätzlich liberalisiert.[65]

60 Grimm, Sektion, an Reinhardt, Finanzverwaltung, 6. Dezember 1944, BAR, J 1 173 47.
61 E. M. [Emmy Moor?]: Kraft und Wärme. Ein Beispiel erfolgreicher Planwirtschaft, in: Berner Tagwacht, 24. August 1948.
62 Grimm (wie Anm. 8), S. 7 und 30–32. Neben der Importzentralisierung forderte die Motion eine Kontrolle der Kartelle, kriegswirtschaftliche Bereitschaftsmassnahmen und die Einrichtung einer konsultativen Wirtschaftskommission.
63 Vgl. dazu Grütter, Fritz: Robert Grimm 70jährig, in: Rote Revue, Jg. 30 (1951), S. 158.
64 Einen Überblick bietet Tanner, Jakob: Staat und Wirtschaft in der Schweiz. Interventionistische Massnahmen und Politik als Ritual, in: Studer, Brigitte (Hg.): Etappen des Bundesstaates. Staats- und Nationsbildung der Schweiz 1848–1998, Zürich 1998, S. 237–259, hier S. 252.
65 Meier (wie Anm. 9), S. 298–301.

Verteilung von Kohle als Mittel der Wirtschaftslenkung

Wenden wir uns der Frage der Verteilung zu. Neben der Importabhängigkeit der Kohle war der Energiebewirtschaftung mit dem Ressourcenprivileg des Militärs eine zweite äussere Grenze gesetzt. Die Deckung des «Heeresbedarfs» stellte eine der Grundaufgaben des KIAA dar.[66] Die Armee konnte ihren Energiebedarf selbständig, ohne Mitsprache der kriegswirtschaftlichen Instanzen bestimmen.[67] Grimm sprach spitz von der «in gewissen Kreisen bestehenden Auffassung über den Vorrang der militärischen Belange» und hielt dafür, die Rangordnung umzukehren: Die «Aufrechterhaltung der Wirtschaft» sei «vielleicht noch wichtiger als der Aktivdienst».[68]

Die Verteilung der Kohle, wie sie von den Behörden und insbesondere der Sektion gestaltet wurde,[69] privilegierte die Industrie vor dem Gewerbe und dieses wiederum vor den privaten Haushalten. Die «Kraft» der industriellen Produktion stand deutlich über der häuslichen «Wärme». Gegenüber der Normalverteilung vor 1939 wurde die Kohle massiv umverteilt. Legitimiert wurde dies immer wieder mit dem Argument der Beschäftigungssicherung.[70]

Der Hebel zu dieser Umverteilung war ein Rationierungssystem, das die Zuteilung beziehungsweise den Verbrauch von Kohle nach Verbraucherkategorien – Industrie, Gewerbe und private Haushalte[71] – abgestuft einschränkte. Die freigegebenen Quoten sanken zwar in allen Kategorien ab 1940 stetig bis zum Tiefpunkt 1945, immer jedoch waren die Einschränkungen für die Industrie am geringsten. Zusammenhängende Zahlenreihen, die den Effekt dieser Politik

---

66 Speiser (wie Anm. 2), S. 527.
67 Grimm (wie Anm. 2), S. 736 f.
68 Ebd., S. 708 f.
69 Die Urheber von einzelnen Entscheiden in den administrativen Prozeduren zu identifizieren ist, abgesehen von theoretischen Einwänden, nicht einfach: Die de jure ermächtigte oder de facto erlassende Instanz war oftmals nicht die sachlich entscheidende. Die wichtigen Entscheide wurden in der Regel von der Sektion vorbereitet und am wöchentlichen «Amtsrapport» des KIAA, der von einem Gremium aus den Leitern des Amtes und seiner Sektionen abgehalten wurde, beschlossen.
70 Schaper (wie Anm. 21), S. 34; Grimm (wie Anm. 2), S. 735. Hotz setzt den industriellen Kohlenverbrauch mit der Beschäftigung in Verbindung. Hotz, W[alter]: Der industrielle Kohlenverbrauch in der Schweiz [1943], in: Zeuggin, Louis et al. (Hg.): Einheimische Brennstoffe. Das Buch der Heizungsfragen, Basel 1945, S. 274–292, hier S. 283 f. Die Arbeitssicherung war eine der dem KIAA vom Bundesrat am 8. März 1938 übertragenen Aufgaben. Speiser (wie Anm. 2), S. 527.
71 Unter «Industrie» fielen rund 1200 «industrielle Grossverbraucher» mit einem Jahresverbrauch über sechzig Tonnen. Die Kategorie «Hausbrand» (Raumheizung) umfasste fünf abgestufte Untergruppen. Moor, L.: Die Bewirtschaftung der flüssigen, festen und gasförmigen Kraft- und Brennstoffe sowie der Ersatztreibstoffe und Schmiermittel, [s. l.] 1944, S. 66 f.

aufzeigen würden, fehlen. Der Mangel einer Energieverbrauchsstatistik war eine schmerzliche «Lücke», mit der sich die Behörden konfrontiert sahen.[72] Aus den nur punktuell greifbaren Zahlen wird der Trend jedoch deutlich: Die Industrie steigerte ihren Anteil am jährlichen Kohlenverbrauch von 28 Prozent im Jahr 1938 (total 3,7 Millionen Tonnen) auf 37 Prozent anno 1943 (total 1,4 Millionen Tonnen), während umgekehrt die statistisch zusammengefasste Grossgruppe private Haushalte und Gewerbe von führenden 48 Prozent auf 27 Prozent zurückfiel.[73]

Die Wärmeversorgung der privaten Haushalte war auf eine soziale Umverteilung hin angelegt. Die Kohlenzuteilungen orientierten sich nicht am individuellen Vorkriegsverbrauch, sondern an einer standardisierten Verbrauchsnorm, die die geographische Höhenlage, die Anzahl Personen und Zimmer einbezog.[74] So wurden zwar nicht direkt die effektiven Bezüge, aber doch die Berechnung des Wärmebedarfs von den Besitzverhältnissen losgelöst.[75] Die Behörden verfolgten damit nicht so sehr ressourcenökonomische Sparziele, sondern sie orientierten sich am «Grundsatz, dass in der Rationierung Arme und Reiche gleichgestellt sind».[76] Die Kohle für die private Raumheizung gehörte damit in die Reihe jener Güter des «allgemeinen Volksbedarfs», in deren Verteilung soziale Unterschiede durch die Bewirtschaftungspolitik teilweise ausgeglichen werden sollten.[77] Für die auf soziale Stabilisierung erpichten Behörden war dieser Ausgleich kaum Zweck als vielmehr ein Mittel, um die sozialen Spannungen zu vermeiden, die von der eklatant ungleichen Verteilung der Kriegskosten im Ersten Weltkrieg ausgegangen und im Generalstreik kulminiert waren.

Industrieintern wurde die Kohle zunehmend auf Branchen und Betriebe umverteilt, die in der kriegswirtschaftlichen Rangordnung favorisiert wurden. Auf Basis des Verbrauchs von 1940 wurde quartalsweise eine Gesamtquote zum Verbrauch freigegeben; sie zerfiel in eine Grundquote und in zwei Zusatzquoten.

72 Schlatter, A.: Die Brennholzversorgung der industriellen Kohlenverbraucher, in: Schweizerische Zeitschrift für Forstwesen, Jg. 95, H. 4 (1944), S. 97–110, Zitat S. 104; vgl. auch Grimm (wie Anm. 2), S. 709.
73 Parallel zur Industrie stiegen auch die Anteile der Gaswerke (von 19 auf 28,5 Prozent) und der Transportanstalten (von 5 auf 7,5 Prozent). Die angeführten Zahlen stammen aus Grimm (wie Anm. 2), S. 732; Hotz (wie Anm. 41), S. 2, und Schaper (wie Anm. 21), S. 35.
74 Moor (wie Anm. 71), S. 68–70. Nur Wohn- und Schlafzimmer wurden eingerechnet. Die Rationierung bestand seit 1940.
75 Die Rationierungen verteilten Bezugsansprüche, aber keine Güter. Vgl. Speiser (wie Anm. 2), S. 531.
76 Schaper (wie Anm. 21), S. 37. Einen weiteren Umverteilungseffekt hatte die Aufhebung der Unterscheidung zwischen Zentral- und Ofenheizung im Frühjahr 1943. Moor (wie Anm. 71), S. 57.
77 Speiser (wie Anm. 2), S. 531.

Die Grundquote bezog sich allein auf den Kohlenverbrauch des einzelnen Betriebs im Basisjahr. Sie repräsentierte im Rationierungssystem die Kohlenallokation nach den Marktverhältnissen. Dagegen wurden die Zusatzquoten (die «Manövriermasse» der Sektionen und die «Amtsreserve» des KIAA) von den Behörden nach kriegswirtschaftlichen Relevanzüberlegungen verteilt.

In der Entwicklung dieses Systems fällt die Korrelation von «Mangel» und «Plan» auf: Je mehr die Gesamtquoten herabgesetzt wurden, desto grösser wurde der Anteil der Zusatzquoten – je weniger Kohle zu verteilen war, desto mehr verschob sich die Verfügungsgewalt vom Markt zum Plan.[78] Gemäss dem Resümee von Walter Hotz, Chef der Sektionsabteilung Kohlenverbrauch der Industrie, wurden die Zusatzquoten an Betriebe verteilt, die entweder für die Landesverteidigung arbeiteten, an der lebenswichtigen Inlandversorgung beteiligt waren, kriegsbedingte Ersatzstoffe oder aussenhandelspolitisch wertvolle Exportwaren produzierten.[79] Direkt aus den Akten lässt sich die Verteilung der Amtsreserve für den Zeitraum April 1943 bis März 1946 rekonstruieren. Als «Schlüsselindustrien» galten Baustoffe, Chemie, Eisen und Maschinen sowie Nahrungsmittel.[80] Darunter wurden grossmehrheitlich die Zement-, die Soda-, die Roheisen- und Blockfabrikation sowie die Zuckerherstellung bedient. Vergleicht man die Anteile der Branchen an den Amtszuschüssen mit den Proportionen ihres Normalverbrauchs im Basisjahr, dann sticht vor allem die massiv überdurchschnittliche Berücksichtigung der Eisenindustrie ins Auge.[81] Neben diesen Branchenzuschüssen wurde jeweils bis zu einem Drittel der Amtsreserve der Produktion von Ersatztreibstoffen zugewiesen, wobei namentlich die Treibstoffproduktion der Holzverzuckerungs AG (Hovag) in Domat/Ems, die nachmalige Ems Chemie AG Christoph Blochers, profitierte.[82]

78 Der Höhepunkt dieser Entwicklung war im Januar 1945 erreicht, als überhaupt keine Grundquoten mehr freigegeben wurden. Zur Entwicklung des Quotenverhältnisses siehe Hotz, W[alter]: Kohlenrationierung der Industrie und Verbrauch von Elektrokessel-Energie sowie Ersatzbrennstoffe, Sonderdruck aus: Der schweizerische Energiekonsument, Jg. 25, 2 (1945), S. 2, und Grimm (wie Anm. 2), S. 736.
79 Hotz (wie Anm. 78), S. 2.
80 Grimm, Sektion, Verteilungsplan für die Brennstoffversorgung der Industrie im Kohlenjahr 1945/56, 11. April 1945, S. 4, BAR, E 7393 33113.
81 Der Anteil der Eisenindustrie stieg von dreizehn Prozent 1940 bis auf 35 Prozent in den Kriegsjahren. Die Proportionen sind rekonstruierbar aus den Akten in den Dossiers «Kohlenamtsreserve» im Bestand BAR, E 7393 33113, sowie Grimm, Sektion, Verteilungsplan für die Brennstoffversorgung der Industrie im Kohlenjahr 1945/56, 11. April 1945, BAR, E 7393 33113.
82 Mit der Hovag wie auch der Lonza schloss der Bund langfristige Lieferverträge ab. Grimm (wie Anm. 2), S. 724 f. Die Abnahmepflicht für inländische Ersatztreibstoffe sollte als «kriegswirtschaftliche Hypothek» noch in den Nachkriegsjahren zu hitzigen Debatten führen. Speiser (wie Anm. 2), S. 526. Das mit Staatshilfe aufgezogene «Kriegskind» Hovag verdankte seine

Parallel zur Einschränkung des Kohlenkonsums gewannen Ersatzenergien an Bedeutung. Im Oktober 1940 wurde das Brennholz der Rationierung unterworfen,[83] ein Jahr später die sogenannte Elektrokesselenergie für die industrielle Dampferzeugung in die Kohlenrationierung integriert.[84] Der übrige Elektrizitätsverbrauch – im Zuständigkeitsbereich der erwähnten Sektion für Elektrizität – wurde nur in Wintern mit unterdurchschnittlichen Wasserverhältnissen eingeschränkt, wovon die Industrie geringfügig betroffen war.[85] Verteilung und Verbrauch aller übrigen Ersatzbrennstoffe (Torf, Holzkohle, Inlandkohle, Sägemehl, Schlackenauslese und anderes mehr) war bis Kriegsende allein Sache des Marktes. Erst angesichts der Kohlenkrise wurden sie im April 1945 schlagartig der Rationierung unterstellt und in einem «festen Plan» koordiniert. Nach Walter Hotz orientierte sich das KIAA allein an den «allgemeinen Interessen», denen die Produktion der einzelnen Industriebetriebe diente.[86] Die Sektion hatte allerdings vorgängig Erhebungen durchgeführt, um den individuellen Ersatzbrennstoffverbrauch im Jahr 1944 festzustellen, was die marktorientierte Basis für die Verteilung darstellte.[87] Auch in die Produktion der Inlandkohle intervenierte der Staat mit einer Absatzgarantie nun schubartig stärker.[88]

Die Graphik zu den Kohlenimporten und dem Energieverbrauch bilanziert die Energieversorgung der Industrie. Trotz ihrer Kohlenabhängigkeit zu Kriegsbeginn und trotz der starken Verknappung der Kohle verbrauchte die Industrie in den einzelnen Kriegsjahren jeweils mehr als 85 Prozent ihres gesamten Energieverbrauchs im Jahr 1938 – und selbst während des Importausfalls 1945 waren immer noch knapp achtzig Prozent gedeckt.[89] In Bezug auf die Produktivität des

Umstellung auf die Friedensproduktion stark dem Know-how deutscher Experten, worunter aus der NS-Zeit belastete Personen waren, die von Grimm teilweise protegiert wurden. Uhlig, Christiane; Barthelmess, Petra; König, Mario; Pfaffenroth, Peter; Zeugin, Bettina: Tarnung, Transfer, Transit. Die Schweiz als Drehscheibe verdeckter deutscher Operationen (1939–1952) (Publikationen der UEK, Bd. 9), Zürich 2001, S. 183–188 und 431 f.

83 AS 56.1644. Zur Lenkung von Produktion und Verteilung des Brennholzes siehe Moor (wie Anm. 71), S. 56 f. und 66–73; Schaper (wie Anm. 21), S. 12–16.
84 Moor (wie Anm. 71), S. 80.
85 Lusser (wie Anm. 16), S. 825–828. Der gesamthafte Stromkonsum wuchs zwischen 1938/39 und 1945/46 beschleunigt um rund siebzig Prozent. Ebd., S. 819.
86 Hotz, W[alter]: Erläuterungen zur gegenwärtigen Kohlensituation, Sonderabdruck aus: Der schweizerische Energie-Konsument, Jg. 25, H. 5 (1945), Zitate S. 2 und 3.
87 Grimm, Sektion, Verteilungsplan für die Brennstoffversorgung der Industrie im Kohlenjahr 1945/46, 11. April 1945, S. 5, BAR, E 7393 33113.
88 Schaper (wie Anm. 21), S. 18 f.; Fehlmann, H.: Bureau für Bergbau, in: Eidgenössisches Volkswirtschaftsdepartement: Die schweizerische Kriegswirtschaft 1939–1948, Bern 1950, S. 831–841.
89 Der Deckungsgrad lag effektiv sogar noch höher, als die rohen Verbrauchsmengen anzeigen, da Behörden und Betriebe Massnahmen zur Steigerung der Energieeffizienz ergriffen. Siehe zum

Werkplatzes Schweiz kann dieses Ergebnis zugleich als hemmend wie auch als erhaltend bewertet werden. Dass die Industrie in der Kriegswirtschaft mit einem stark reduzierten Kohlenbudget auskommen und entsprechende Substitutionskosten in Kauf nehmen musste, ist sicherlich einer jener angebotsseitigen Engpässe, die zur allgemeinen «Wachstumsschwäche» beitrugen.[90] Zugleich brachte die Dekade 1938–1948 der Schweiz dank Rüstungskonjunktur, trotz Mangelwirtschaft und trotz den immer wieder beklagten «staatlichen Übergriffen» den Ausstieg aus der Depression der 1930er Jahre.[91] Das insgesamt nur leicht verknappte Energiebudget war eine zentrale Voraussetzung, die es ermöglichte, die industrielle Produktion in wesentlichen Teilen aufrechtzuerhalten. Dies war zunächst von höchster Wichtigkeit hinsichtlich der innenpolitischen Stabilisierung durch Arbeitssicherung und in Bezug auf die wirtschaftliche Kooperation mit den Achsenmächten. Im Weiteren erlaubte es der Schweiz, sich in der ökonomischen Nachkriegsordnung mit Vorsprung auf die kriegsversehrten Länder zu positionieren und ihre «künftige weltwirtschaftliche Bedeutung» zu behaupten.[92] Damit einher ging die aktive Beteiligung am Wiederaufbau, die durch die kreditbasierte Exportoffensive handelsdiplomatisch gefördert wurde und zur Rehabilitierung des aussenpolitischen Ansehens beitragen sollte.[93]

Grimms Fazit

Grimm demissionierte vorzeitig. Die Sektion wurde im Sommer 1947 aufgelöst,[94] Grimm ersuchte schon im April um seinen Rücktritt. Er begründete den Entscheid damit, dass er bei der Bestimmung einer Verhandlungsdelegation nach Polen nicht berücksichtigt worden war, was er als persönliche Zurücksetzung

---

Beispiel AS 58.440, AS 56.1393; vgl. auch Bauer, Bruno: Anpassung der Wärmeversorgung der schweizerischen Industrie an die gegenwärtige und kommende Kohlenwirtschaft, Solothurn 1942.

90 Siegenthaler, Hansjörg: Die Schweiz 1914–1984, in: Fischer, Wolfram et al. (Hg.): Handbuch der Europäischen Wirtschafts- und Sozialgeschichte, Stuttgart 1987, Bd. 6, S. 48–512, Zitat S. 499.
91 Vgl. Jost, Hans Ulrich: Politik und Wirtschaft im Krieg. Die Schweiz 1938–1948, Zürich 1998, S. 8.
92 Bauer (wie Anm. 89), S. 5. Das von Bruno Bauer, Professor für angewandte Elektrotechnik an der ETH, und der Sektion erarbeitete Programm zur Reorganisation der industriellen Wärmewirtschaft war «nicht nur kriegswirtschaftlich bedingt, sondern auch als Vorbereitung für die Leistungssteigerung unserer Industrie in der Nachkriegszeit bestimmt». Ebd. S. 12.
93 Zur Handelsoffensive 1945–1947 siehe Meier (wie Anm. 9), S. 291–294.
94 Ein Rudiment wurde noch in den Restbestand des KIAA integriert. Die Rationierung der Kohle wurde per 1. April 1948 vollständig aufgehoben. Speiser (wie Anm. 2), S. 525 f.

empfand.⁹⁵ Zudem stiess er sich an dem in Wirtschafts- und Behördenkreisen kursierenden Vorwurf, er trachte danach, die Energiesektion zu «eternisieren».⁹⁶ Mitten in der Polarisierung des Kalten Krieges und der Euphorie der Hochkonjunktur schaute Grimm nochmals zurück. 1955 bewertete er die Erfahrung der Kriegswirtschaft in einer Weise, die nicht so recht zum neuen Revisionismus passen will, durch den die westeuropäische Sozialdemokratie in den 1950er Jahren ihr spezifisch kapitalismuskritisches Gesicht verlor.⁹⁷ Grimm empfahl der Arbeiterschaft, die nach wie vor die «Gemeinwirtschaft» zum «Fernziel» habe, sich die Erfahrung der Kriegswirtschaft als eine lehrreiche «Probe aufs Exempel» vor Augen zu halten. Die interventionistische Lösung des Produktions- und Verteilungsproblems, wie sie im Rahmen der «bürgerlichen Demokratie» entwickelt worden war, führe gleichsam von innen her «das Argument ad absurdum, als ob die Privatwirtschaft das einzige Wirtschaftssystem sei, das die menschliche Gesellschaft zusammenhalte». Gerade in seiner eigenen Gegenwart, in der «der Kalte Krieg die Völker in seinen Bann [schlägt]», kam diesem «Zeugnis» für Grimm eine ganz besondere Bedeutung zu: «In dieser Situation ist es für die Arbeiterschaft eine Beruhigung und Hoffnung zugleich, dass die Schweiz in den Kriegsjahren das Zeugnis erbracht hat, wie wenig die ‹freie Wirtschaft› das letzte Wort der Geschichte sein kann und wie sehr ein von Solidarität durchdrungenes Volk sich zu höheren Formen der Wirtschaft durchzuringen vermag.»⁹⁸

---

95 Grimm an Stampfli, 27. Mai 1947, BAR, J 1 173 28.
96 Grimm an Stampfli, [April 1947], BAR, J 1 173 28; Kaufmann an Stampfli, Abbau der Kohlenbewirtschaftung, 11. April 1947, BAR, E 7393 33110.
97 Sassoon, Donald: One Hundred Years of Socialism. The West European Left in the Twentieth Century, London 1996, S. 241–273.
98 Grimm, Robert: 50 Jahre Landesgeschichte, in: Der VPOD im Spiegel des Zeitgeschehens 1905–1955. Jubiläumsausgabe in drei Bänden zum 50jährigen Bestehen des Verbandes des Personals Öffentlicher Dienste, Bd. 1, Zürich 1955, S. 52–55, hier S. 55. Zum Festhalten Grimms an linken Positionen im Kontext der Westintegration siehe auch Zimmermann, Adrian: Von der Klassen- zur Volkspartei? Anmerkungen zum ideologischen Selbstverständnis und zur gesellschaftlichen Basis der SPS im «kurzen 20. Jahrhundert», in: Traverse (2007), H. 1, S. 95–113, hier S. 96.

Schweizerische Sozialdemokratie und Westintegration nach dem Zweiten Weltkrieg

Jakob Tanner

Am 5.Juni 1947 kündigte der amerikanische Aussenminister George C. Marshall in einer Rede an der Harvard University der internationalen Öffentlichkeit ein europäisches Wiederaufbauprogramm an. Er erklärte: «Unsere Politik richtet sich nicht gegen irgendein Land oder irgendeine Doktrin, sondern gegen Hunger, Armut, Verzweiflung und Chaos. Ihr Zweck ist die Wiederbelebung einer funktionierenden Weltwirtschaft, damit die Entstehung politischer und sozialer Bedingungen ermöglicht wird, unter denen freie Institutionen existieren können.»[1] Diese Formulierungen gefroren im Kalten Krieg zu historischen Mythen. Ihre Deutung war ebenso gegensätzlich wie die Politik der beiden Antagonisten im globalen Systemkonflikt. Für die eine Seite verknüpfte sich damit die selbstlose Hilfe eines starken, freien Landes an ein Europa in Ruinen,[2] für die andere Seite handelte es sich um ein weiteres flagrantes Exempel des altbekannten, ideell drapierten Imperialismus der USA.[3]

Beide Meinungen finden sich als ideologische Positionen des Kalten Krieges in Quellendokumenten – und sie produzieren bis zum Ende des Kalten Krieges auch Echoeffekte in den Interpretationen der Historiker. Als analytische Prämissen für die Geschichtsschreibung können sie ebenso wenig dienen wie die auf Amerika zentrierte These, der Marshallplan sei die entscheidende «Initialzündung des Wiederaufbaus»[4] in Europa gewesen. Zwischen dem amerikanischen Vorschlag, der 1947 noch alles andere als ein ausgearbeiteter Plan war, und den

---

[1] Die Rede von Marshall findet sich unter www.oecd.org/document/10/0,3343,en_2649_201185_1876938_1_1_1_1,00.html (12.Januar 2010), Übersetzung J.T.

[2] Entsprechende Deutungen berücksichtigen meist durchaus auch die wirtschaftlichen Vorteile, betonen jedoch den ideellen humanitären Impetus. Todd, Lewis Paul: The Marshall Plan. A Program of International Cooperation, Washington D.C. 1951, spricht von einem «deep-rooted concern for the dignity of the individual and the sacredness of human life» (S. 1).

[3] Vgl. zum Beispiel die DDR-Propagandaschrift Mendelson, Lev A.; Claude, Henri; Ulbricht, Walter: Die Weltherrschaftspläne des US-Imperialismus. Analysen zur internationalen Lage in der Zeit nach dem 2.Weltkrieg, Münster 1972.

[4] Eine Auseinandersetzung mit dieser These findet sich in Niethammer, Lutz: Arbeiterbewegung im Kalten Krieg, in: Haberl, Othmar Nikola; Niethammer, Lutz (Hg.): Der Marshall-Plan und die europäische Linke, Frankfurt am Main 1986, S. 575–600.

Interessen der durch den Krieg zerstörten oder wirtschaftlich zurückgeworfenen europäischen Länder gab es vielmehr beträchtliche Diskrepanzen. Dass der Plan gemeinsam umgesetzt werden konnte, hing mit einem kurzfristigen und einem langfristigen Interessenparallelismus zusammen: Direkt wirksam wurde ein strukturelles Entsprechungsverhältnis zwischen Amerika, das überschüssige Finanzierungsmittel und Produktionskapazitäten aufwies, und Europa, wo eine Dollarlücke und ein grosser Warenhunger herrschten. Auf längere Frist gingen sowohl europäische als auch amerikanische Entscheidungsträger davon aus, dass durch den Abbau von Zollbarrieren und andern Handelshemmnissen die arbeitsteilige Spezialisierung im globalen Massstab vertieft, komparative Kostenvorteile realisiert und die Produktivität aller Volkswirtschaften erhöht werden könnten.[5] Bis 1952 brachte das European Recovery Program (ERP) effektiv dreizehn Milliarden Dollar an Wirtschaftshilfe nach Westeuropa, was im Durchschnitt der vier Jahre 1,2 Prozent des Nettosozialprodukts der USA entsprach.[6] Dazu kamen amerikanische Direktinvestitionen von Privatunternehmen über einen längeren Zeitraum hinweg in ungefähr derselben Höhe. Hardach gelangt zum plausiblen Befund, dass sich die europäischen Staaten «ohne die Prämie der amerikanischen Auslandhilfe [...] nicht so bald zu einer Deregulierung der internationalen Wirtschaftsbeziehungen bereit gefunden» hätten, und er führt die transnationale Wirkung des Marshallplans, «der weit über die bisherigen Dimensionen internationaler Wirtschaftspolitik hinaus[ging]», auf die «hegemoniale Rolle der USA in der Weltwirtschaft der Nachkriegsjahre» zurück.[7]

---

5   Diese Zielsetzung wurde zusätzlich direkt durch das «US Technical Assistance and Productivity Program» verfolgt. Vgl. dazu Kleinschmidt, Christian: Entwicklungshilfe für Europa. Die European Productivity Agency und das US Technical Assistance and Productivity Program, www.europa.clio-online.de/site/lang__de/ItemID__328/mid__11428/40208214/default.aspx (12. Januar 2010).
6   Hardach, Gerd: Der Marshall-Plan. Auslandshilfe und Wiederaufbau in Westdeutschland 1948–1952, München 1994, S. 11, spricht von vierzehn Milliarden Dollar.
7   Hardach (wie Anm. 6), S. 333, 11 und 323. Für die europäischen Mitgliedländer hat der Wirtschaftshistoriker Barry Eichengreen eine ERP-induzierte Zunahme des Bruttoinlandsproduktes von einem halben Prozent berechnet. Vgl. Eichengreen, Barry: The European Economy since 1945. Coordinated Capitalism and Beyond, Princeton NJ, Oxford 2007. Diese bescheidene Zahl zeigt, dass die Impulse weniger bei der Investitionstätigkeit oder der industriellen Produktionsleistung, sondern im monetären Bereich, das heisst bei der Stabilisierung von Währung und Finanzen sowie im Zahlungsbilanzgleichgewicht, zu finden sind. Vgl. unter anderem Haberl/Niethammer (wie Anm. 4), S. 13.

Schweizerischer Sonderfall und Multilateralismus der OEEC

Die Schweiz gehörte mit zu jenen sechzehn Ländern, die im April 1948 die Organization for European Economic Cooperation (OEEC) gründeten und damit am Marshallplan teilnahmen. Nach dem Zusammenbruch des «Dritten Reiches» hatte die Schweiz ihre Eingliederung in das sich abzeichnende internationale System der Nachkriegszeit durch Handelsverträge und Kreditgeschäfte intensiv vorbereitet; zwischen Kriegsende und Herbst 1947 schloss sie mit 22 Staaten 63 Abkommen und gewährte Exportkredite in der Grössenordnung von zirka zwei Milliarden Franken, welche den Auslandabsatz ankurbelten und den schweizerischen Arbeitsmarkt stabilisierten.[8] Diese aussenwirtschaftliche Agilität führte dazu, dass der Bundesrat schon drei Wochen nach der Rede Marshalls, als noch von einer möglichen Kooperation osteuropäischer Staaten ausgegangen werden konnte, überraschend schnell positiv Stellung zu diesem Vorschlag bezog und bereits am 27. Juni 1947, eine Woche bevor es zum Eklat mit dem russischen Aussenminister Molotow kam, die Mitarbeit der Schweiz ankündigte.[9]

Am Dogma der integralen Neutralität und der nationalen Souveränität festhaltend, sah diese allerdings in der supranationalen Struktur der OEEC auch eine Gefahr, der sie zunächst mit der Forderung nach einem Sonderstatus zu entgehen versuchte. Dieser Vorschlag stiess allerdings auf Ablehnung, so dass die Schweiz auf den zunächst kontroversen Artikel 14 setzte, der für die beteiligten Staaten ein Vetorecht vorsah, ohne dass damit die restlichen Mitglieder in ihrer Handlungsfähigkeit beschnitten worden wären. Diese flexible Stimmrechtsausgestaltung wurde alsbald «Schweizer Klausel» genannt, was deswegen eine einseitige Bezeichnung war, weil auch Grossbritannien und skandinavische Staaten an der so gewonnenen Handlungsfreiheit interessiert waren.[10] Obwohl dieser Artikel für das Funktionieren der OEEC bedeutungslos blieb und «kein

---

8 Tanner, Jakob: Finanzwirtschaftliche Probleme der Schweiz im Zweiten Weltkrieg und deren Folgen für die wirtschaftliche Entwicklung nach 1945, in: Petzina, Dietmar (Hg.): Probleme der Finanzgeschichte des 19. und 20. Jahrhunderts, Berlin 1989, S. 77–97, hier S. 90; Jost, Hans Ulrich: Europa und die Schweiz, 1945–1950. Europarat, Supranationalität und schweizerische Unabhängigkeit, Zürich 1999, S. 113. Einen Überblick über den Zusammenhang von Neutralität und Westintegration findet sich bei Hug, Peter: Vom Neutralismus zur Westintegration. Zur schweizerischen Aussenpolitik in der Nachkriegszeit, in: Leimgruber, Walter (Hg.): «Goldene Jahre». Zur Geschichte der Schweiz seit 1945, Zürich 1999, S. 59–100; einen Überblick über die längerfristige Entwicklungen geben Hug, Peter; Kloter, Martin: Aufstieg und Niedergang des Bilateralismus. Schweizerische Aussen- und Aussenwirtschaftspolitik 1930–1960. Rahmenbedingungen, Entscheidungsstrukturen, Fallstudien, Zürich 1999.
9 Jost (wie Anm. 8), S. 114.
10 Maurhofer, Roland: Die schweizerische Europapolitik vom Marshallplan zur EFTA 1947 bis 1960. Zwischen Kooperation und Integration, Bamberg 2001, S. 64; Jost (wie Anm. 8), S. 116.

Fall bekannt» ist, in dem er «tatsächlich zur Anwendung kam», wurde er in der Schweiz als bedeutender Verhandlungssieg gefeiert; dem kleinen neutralen Staat schien es gelungen zu sein, seine Rolle als «Sonderfall» effektvoll geltend zu machen, womit wesentliche innenpolitische Widerstände gegen einen Betritt der Schweiz zur OEEC dahinfielen.[11]

Ein weiterer Punkt, der zu Konflikten zwischen der Schweiz und den meisten der am Verhandlungsprozess im Vorfeld der Gründung der OEEC beteiligten Staaten führte, war die Kontrolle wirtschaftlicher Transaktionen durch die amerikanische Marshallplan-Behörde. Diese behandelte jedes Land, das «Mangelwaren» bezog, als *recipient country*.[12] Die Schweiz befand sich allerdings strukturell in einer ähnlichen Situation wie die USA, verfügte sie doch über die neben dem Dollar einzige voll konvertible Währung, über einen soliden Bundeshaushalt, über einen Überschuss an anlagesuchendem Kapital und über intakte Produktionskapazitäten in der Exportwirtschaft.[13] Sie wollte also keine Hilfe beanspruchen, sondern versprach sich von ihrer Teilnahme zum einen den ungehinderten Zugang zu europäischen Märkten, zum andern war sie auf internationale Rohstoffquellen angewiesen. Deswegen wollte sie aber nicht mit den andern Bezugsländern, von denen jedes mit den USA einen bilateralen Vertrag abzuschliessen hatte, gleichgesetzt werden. Durch intensives Lobbyieren gelang es der schweizerischen Diplomatie schliesslich, diese Position durchzusetzen. Und auch 1950 erreichte die Schweiz beim Beitritt zur Europäischen Zahlungsunion (EZU) aufgrund ihrer starken Gläubigerposition eine Sonderstellung. Propagandistisch stellte der neutrale Kleinstaat sein Engagement in der OEEC und später auch jenes in der EZU als solidarische Teilnahme am Wiederaufbau der europäischen Wirtschaft dar. Sie wollte demonstrieren, «dass ihre Neutralität wirtschaftliche Solidarität nicht verhinderte».[14] Tatsächlich waren die Leistungen der Schweiz bedeutend. Die Basler *National-Zeitung* berichtete in der Ausgabe vom 25./26. September 1948 unter dem Titel *Was kostet uns der Marshall-Plan?*: «Durch Zahlungsabkommen, Bank- und Währungskredite und durch Beiträge an Hilfswerke für die kriegsgeschädigte Zivilbevölkerung hat die Schweiz nach den Berechnungen des Bundesrates bisher im ganzen ungefähr 2,5 Milliarden Schweizerfranken zur Verfügung gestellt. Das sind 532 Franken pro Kopf unserer Bevölkerung.»[15] Die Schweiz stellte damit im Verhältnis zu ihrem Sozialprodukt mehr Mittel für den Wiederaufbau Westeuropas zur Verfügung als

11 Maurhofer (wie Anm. 10), S. 64.
12 Ebd., S. 54 und 65.
13 Ebd., S. 50.
14 Ebd., S. 443.
15 National-Zeitung, 25./26. September 1948, S. 8.

die USA mit dem Marshallplan. Das Ziel, dem Land eine Isolation und eine Wirtschaftskrise zu ersparen, konnte erreicht werden. Zudem eröffneten die OEEC- und EZU-Mitgliedschaft der Schweiz wichtige Informationsquellen. Sie bot auch eine gute Gelegenheit, von der Nichtmitgliedschaft bei der UNO sowie im Europarat abzulenken und eine – im Nachhinein auch von der Regierung als ungeschickt beurteilte – aggressive Feindschaft gegenüber suprastaatlichen Zusammenschlüssen zu rechtfertigen.[16] Nach innen liess sich die Fiktion aufrechterhalten, die Schweiz insistiere konsequent auf ihrem Neutralitätsstatus und sie betreibe eigentlich gar keine Aussenpolitik, sondern lediglich eine «mit humanitär-solidarischen Zielen angereicherte Aussenwirtschaftspolitik».[17] Diese offizielle neutrale Haltung verhinderte indessen die ausgeprägte Parteinahme für die «freie Welt» keineswegs. 1948 zeigte eine Gallup-Umfrage, dass fast die Hälfte der Schweizer im Marshallplan ein Instrument im Kampf gegen den Kommunismus sahen.[18] Dieser Befund wird gestützt durch die Beobachtung, dass nach dem Zweiten Weltkrieg die geistige Landesverteidigung eine zweite Konjunktur unter antikommunistischen Vorzeichen erlebte. Die Schweiz war neutral als Teil des Westens.

Geistige Landesverteidigung und sozialistische Arbeiterbewegung

Für die sozialdemokratische Arbeiterbewegung präsentierte sich die Lage, in der sich die Schweiz 1945 befand, ambivalent. Insbesondere Robert Grimm war sich bewusst, dass die starre Entgegensetzung von «Widerstand versus Anpassung» wenig tauglich war, um die Kriegserfahrung im Land zu beschreiben. Die schweizerischen Sozialdemokraten und Gewerkschafter gingen nach 1940, als die Schweiz von den Achsenmächten nahezu völlig eingeschlossen war, davon aus, dass das exportorientierte und importabhängige Land ohne wirtschaftliche Aussenbeziehungen nicht lange würde überleben können. Für Grimm war es die Massenarbeitslosigkeit, die dem Faschismus in Europa zum Durchbruch verholfen hatte. Konsequenterweise hatten für ihn die Landesversorgung und die Sicherung der Arbeitsplätze eine hohe politische Priorität. Dass dies eine weitgehende Integration der schweizerischen Volkswirtschaft in die deutsche Rüstungs- und Kriegswirtschaft zur Folge hatte, nahm er in Kauf. Der linke

---

16 Maurhofer (wie Anm. 10), S. 11 und 441.
17 Ebd., S. 69.
18 Jost (wie Anm. 8), S. 119.

Antifaschismus bezog sich nicht auf wirtschaftliche Transaktionen, im Gegenteil wertete er die Zufuhr von Rohstoffen und Nahrungsmitteln als Faktor, der nationale Moral und Widerstandwillen stärkte. Die Bereitschaft zur wirtschaftlichen Anpassung ging einher mit antifaschistischen Positionen, mit Angriffen auf die Frontenbewegung und auf jene Armeeoffiziere, bürgerlichen Politiker und Wirtschaftsvertreter, die für ihre demokratiefeindliche Haltung bekannt waren, und sie implizierte auch eine klare Kritik an der Flüchtlingspolitik des Bundesrates.

Aufgrund dieser Verbindung von Widerstandsgeste und Anpassungspragmatik konnte es nicht ausbleiben, dass auch Sozialdemokraten von unter Rechtfertigungsdruck stehenden anpasserischen Kreisen des schweizerischen Bürgertums als Gewährsleute zitiert wurden. So sah sich Robert Grimm 1946, als die Kampagne gegen die sogenannte *Eingabe der Zweihundert* lief, genötigt, eine Rede, die er im Februar 1940 gehalten hatte, nochmals zu veröffentlichen. Diese war erstmals im Frühjahr 1940 im Druck erschienen. Obwohl sie nicht in den Buchhandel gelangte, wurde sie bald von der Zensurbehörde beschlagnahmt. Im November 1940 hatten die 173 rechtsbürgerlichen Unterzeichner einer Eingabe an den Bundesrat Grimm namentlich angegriffen, gleichzeitig aber sein Argument genutzt, dass sich die Schweiz welthistorischen Wandlungsprozessen ausgesetzt sehe. Die Eingabe forderte die «Ausmerzung» der freien Presse in der Schweiz. Sie polemisierte gegen die «nebelhafte Vorstellung einer internationalen Weltdemokratie» und war allgemein auf weitgehende Anpassungsleistungen der Schweiz gegenüber dem aufstrebenden nationalsozialistischen Deutschland ausgerichtet. Unmittelbar nach Kriegsende wurde sie zum Gegenstand einer heftigen innenpolitischen Auseinandersetzung. Mit der Neuveröffentlichung der Rede konnte Grimm zeigen, wie deutlich sich seine scharfsinnige Analyse von jener der rechtsbürgerlichen Anpasser unterschied.

Robert Grimm stellt in der Rede von 1940 unmissverständlich klar, dass die Sozialdemokratie gegen Diktaturen ankämpfen müsse. Deshalb sei es auch richtig gewesen, dass sich die SPS Mitte der 1930er Jahre unter dem Eindruck der äussern Bedrohung vom «Grundsatz der Diktatur» distanziert und sich in der «Militärfrage» neu positioniert habe. Diktaturen – Grimm nennt hier «Bolschewismus und Nationalsozialismus» in einem Atemzug – «vernichten die Grundrechte der Menschheit, zerstören die Freiheiten und Rechte der Bürger, zerschlagen Treu und Glauben als Grundlage der gesellschaftlichen und zwischenstaatlichen Beziehungen. Sie bedeuten die Methoden des Massakers, die Methoden der brutalen Vernichtung des Gegners, unbekümmert um seine Klassenstellung.» Diese Diktaturen stellen «eine Gewalt dar, die sich sowohl gegen das Bürgertum [...] als gegen die Arbeiterklasse richtet». Somit ist klassenübergreifend die ganze Schweiz bedroht und muss sich gegen die faschistische Bedrohung zur Wehr setzen: «Nur ein Volk, das sich mit Gut und Blut für seine Freiheit einsetzt, wird sich behaupten oder im Fall einer Niederlage in der Geschichte ehrenhaft wieder entstehen», fügte Grimm in einem Mitte März 1940 verfassten Epilog an.[19]

Es fällt generell auf, dass der Autor – hierin in Übereinstimmung mit den meisten Exponenten der Arbeiterbewegung und mit der Landesregierung, in der die Sozialdemokraten 1943 mit Ernst Nobs erstmals Einsitz haben sollten – den Nationalsozialismus und den durch ihn ausgelösten Krieg ausschliesslich durch die Linse nationaler Selbstbehauptung und wirtschaftlicher Zwänge deutete. Systeme kollektiver Sicherheit wie der Völkerbund, in welchem die SPS zunächst einen imperialistischen Zusammenschluss sah, mit dem sie sich dann aber gegen die nationale Rechte arrangierte, konnten aus einer solchen Sicht kaum attraktiv sein. «Es hat eine Zeit gegeben, da in unseren Parteikreisen mit dem Gedanken der kollektiven Sicherheit gespielt wurde.»[20] Dieses über die Landesgrenzen hinausreichende Gedankenspiel sei nun gescheitert, denn «man musste sich überzeugen, dass bei der geographischen, der geschichtlichen und der politischen Lage der Schweiz die einzige Staatsmaxime die Politik der Neutralität sein kann, die im Verhältnis zu den andern Staaten saubere, korrekte Beziehungen voraussetzt». Deshalb sei klar, dass «die schweizerische Arbeiterschaft ihre eigene Politik […] aus ihren eigenen Verhältnissen heraus» machen muss und dass sie «nicht Anhängsel weder der einen noch der andern kriegführenden Mächte sein» kann.[21]

Diese äquidistante Haltung, die zwischen den Achsenmächten und Alliierten nicht unterscheidet, zeigt, wie sehr Grimm die staatskonstituierende «Dreiheit» aus «Demokratie, Landesverteidigung und Neutralität» verinnerlicht hatte. Im Unterschied zu den rechtsnationalen, reaktionären Kreisen setzt er jedoch Neutralität nicht mit «Gesinnungsneutralität des Bürgers» gleich: «Wir haben uns immer gegen eine derartige Gleichstellung gewehrt.» Grimm warnt vielmehr vor den «Gefahren der Zensur» und erklärt, dem Bundesrat müsse «nachdrücklich beigebracht werden, dass sich die Presse in allen zivilen Dingen nicht dem Militärstiefel unterordnen wird und dass in der Wahrung dieses Rechtes ein wesentliches Stück der geistigen Landesverteidigung liegt».[22]

Dieser nationale Standpunkt der geistigen Landesverteidigung mit seiner starken schweizerischen Unabhängigkeitsrhetorik wies kaum ein Sensorium für

19 Grimm, Robert: Die Arbeiterschaft in der Kriegszeit. Eine Rede vor dem Parteitag der bernischen Sozialdemokratie vom 18. Februar 1940, Bern 1940 (Neuauflage 1946), S. 5–9, 11 und 32.
20 Ebd., S. 8. Vgl. dazu auch den Beitrag von Marc Vuilleumier in diesem Band.
21 Grimm (wie Anm. 19), S. 28.
22 Ebd., S. 8 und 16.

die ideologische und politische Struktur des «Dritten Reiches» auf. Auf den Antisemitismus und die Verfolgung der Juden kam Grimm ebenso wenig zu sprechen wie auf den Rassismus dieses Regimes.[23] In den «Forderungen der Arbeiterschaft», die sich im Anhang der Rede finden, ist davon die Rede, die faschistische Gewalt richte sich «sowohl gegen das werktätige Bürgertum als gegen die Arbeiterklasse». Die Formulierung «werktätiges Bürgertum» hat ihre eigene Symptomatik, war doch für den Nationalsozialisten die Unterscheidung von «raffendem» und «schaffendem» Kapital zentral. Doch für Grimm umfasste die Verteidigung nationaler Interessen, wie sich vor allem nach 1945 zeigen sollte, auch den schweizerischen Finanzplatz, soweit dieser von aussen unter Druck geriet. Grimm nahm, im Verein mit dem Bundesrat und den bürgerlichen Parteien, die Kritik und die Forderungen der Siegermächte als Bedrohung wahr und verteidigte die Rolle der Schweiz gegenüber den USA, welche den neutralen Staat anlässlich der Washingtoner Verhandlungen vom Frühjahr 1946 zur Rechenschaft zogen. Für Grimm stand hier «Macht […] gegen Recht»[24] – und für das Recht stand selbstverständlich die Schweiz, die trotz der alliierten Warnungen die Raubgoldgeschäfte mit der deutschen Reichsbank bis in die letzten Wochen des Krieges hinein fortsetzte, während die USA, die nun die angekündigte Restitution einforderten, mit einem reinen Machtstandpunkt identifiziert wurden. Die Grimm'sche Analyse und die Vergangenheitsverdrängung der offiziellen Schweiz weisen hier eine breite Schnittfläche auf.

Bei Robert Grimm kommt hinzu, dass er in Übereinstimmung mit der offiziellen schweizerischen Haltung jene Exponenten des NS-Regimes schützte, welche für die Schweiz während der Kriegsjahre nützlich gewesen waren.[25] Die Kontakte zu den «Herren vom Vierjahresplan» ergaben sich aus der nebenamtlichen Funktion als Leiter der Sektion Kraft und Wärme in der kriegswirtschaftlichen Administration, die Grimm vom Herbst 1939 bis 1946 innehatte. Dass die von den Alliierten gesuchten NS-Exponenten Friedrich Kadgien, Ernst R. Fischer und Ludwig Haupt im April 1945 in die Schweiz gelangen konnten, verdankten sie massgeblich seiner Unterstützung. Grimm verwendete sich persönlich für Fischer, der Mitglied der NSDAP und der SS sowie enger Vertrauter Görings gewesen war und der nun in der Schweiz «überwintern» konnte, bevor er Mitte der 1950er Jahre in die BRD zurückkehrte, wo ihm nichts mehr passierte – aus-

---

23 Vgl. Friedländer, Saul: Das Dritte Reich und die Juden, Bd. 1: Die Jahre der Verfolgung, 1933–1939, München 1998; Bd. 2: Die Jahre der Vernichtung, 1939–1945, München 2006.
24 Uhlig, Christiane; Barthelmess, Petra; König, Mario; Pfaffenroth, Peter; Zeugin, Bettina: Tarnung, Transfer, Transit. Die Schweiz als Drehscheibe verdeckter deutscher Operationen (1939–1952), Zürich 2001 (Veröffentlichungen der UEK, Bd. 9), S. 432.
25 Uhlig (wie Anm. 24), S. 432.

ser dass er erneut eine erfolgreiche Karriere startete.[26] Als Erklärung für diesen Sachverhalt können auch die Überlegungen von Caroline Arni dienen, welche die emotionalen Grundlagen von Männernetzwerken zum Thema haben.[27] Es zeigen sich hier maskuline Habitualisierungsmuster von merkwürdiger politischer Durchlässigkeit. Als Negativfolie dient eine Sicht der «Nazis», die als eine modernisierte Form der Marx'schen «Lumpenproletarier» aufscheinen, nämlich als «bunt zusammen gewürfelter Apparat von ehemaligen Landsknechten und Abenteurern», die «kulturlos, brutal und geniesserisch zugleich» sind und die «einen diktatorischen Apparat, der in ganz anderer Art und in ganz anderem Ausmass ein Bonzentum verkörpert, von dem früher etwa die Rede war», darstellen.[28] Die Nazis sind die an die Macht gelangten Parias der Gesellschaft, und dies liefert den Hintergrund, um hochrangige, jedoch distinguierte Exponenten des nationalsozialistischen Deutschland von dieser exotisch beschriebenen Clique abzuheben. Insbesondere dann, wenn sie sich um die schweizerische Landesversorgung verdient gemacht hatten, fielen sie im Klassifikationsraster nicht unter die «kulturlosen» Nazis, sondern unter jene bürgerlichen Respektspersonen, die vom «diktatorischen Apparat» ebenso bedroht waren wie das «werktätige Bürgertum» der Schweiz.

Der Traum von der «dritten Kraft»

1945 versuchten die schweizerischen Sozialdemokraten, die Neutralität, der sie sich verpflichtet fühlten, neu und offener zu definieren, um den aussenpolitischen Spielraum der Schweiz zu erweitern. Sie forderten einen unverzüglichen UNO-Beitritt des Landes und fanden damit eine breitere innenpolitische Unterstützung, die auch den Freisinn umfasste. Doch sehr rasch rückten sie von dieser Position ab. Es ist interessant zu beobachten, dass die schweizerische Sozialdemokratie keineswegs einen europäischen Ausnahmefall darstellt, sondern ein Muster auf helvetische Verhältnisse adaptierte, das sich europaweit finden lässt. Die sozialistischen und sozialdemokratischen Parteien anderer europäischer Länder befanden sich alle im selben Dilemma, versuchten sie doch der klaren Alternative «kapitalistische Subventionen» oder «sozialistische Perspektiven» auszuweichen und diese Entscheidung «im Traum einer dritten Kraft» aufzu-

---

26 Zu Fischer vgl. ebd., S. 187, 383–385, 418f., 431–443. Interessant ist, dass Fischer massgeblich an der technischen Reorganisation der Howag in Domat/Ems (heute Ems-Chemie) beteiligt war.
27 Vgl. den Beitrag von Caroline Arni in diesem Band.
28 Grimm (wie Anm. 19), S. 6.

heben.²⁹ Die «dritte Kraft» entpuppte sich in den westeuropäischen Ländern im Rückblick als «Chimäre», wie Lutz Niethammer in einem ländervergleichenden Überblicksbeitrag *Arbeiterbewegung im Kalten Krieg* festhält.³⁰ Mit Blick nach vorne wurde die «dritte Kraft» allerdings in der Formationsphase des ERP zur Parole der Hoffnung.

Dies zeigte sich an der Marshallplan-Konferenz der sozialistischen Parteien, die am 21./22. März 1948 im Konferenzhotel Selsdon Park in Surrey, im Süden Englands, stattfand, und an die auch die SPS eine Delegation unter der Leitung des Parteipräsidenten Hans Oprecht entsandte.³¹ Eine zentrale Einsicht, für die sich die Konferenz stark machte und die auch in der schweizerischen Arbeiterbewegung Widerhall fand, war, dass «Westeuropa und der demokratische Sozialismus […] miteinander [stehen und fallen]».³² Im Bericht von Oprecht an die Parteileitung wird rapportiert, wie der französische Delegierte Guy Mollet seine Eröffnungsrede «mit dem Appell zur Gründung der sozialistischen Staaten von Europa» schloss und wie nach reger Diskussion eine diese amerikainspirierte Integrationsvision unterstützende Resolution verabschiedet wurde. Oprecht schreibt weiter: «Es geht hier um ein Europa, das Freiheit, Prosperität, Frieden und soziale Gerechtigkeit verwirklicht», und dafür ist die «amerikanische Hilfe» notwendig. Deshalb müssten sich die Sozialisten an die Spitze der europäischen Einigungsbewegung stellen. Punkt 10 der Resolution hält fest: «L'idéal de l'unité européenne ne sera préservé de l'emprise réactionnaire que si les socialistes se placent eux-mêmes à la tête du mouvement d'unification.» Angesichts solch hochfliegender Pläne musste das Profil der schweizerischen Sozialdemokraten niedrig bleiben. Nochmals Oprecht: «Die schweizerische Delegation hat sich bei den Verhandlungen über den Marshallplan sehr zurückhaltend eingestellt. Das gilt sowohl in Bezug auf die Vereinigten Staaten von Europa wie auch in Bezug auf die Mitwirkung der Schweiz bei der Vertretung der Interessen der Marshallplan-Staaten Amerika gegenüber.»³³

Zwischen dem Parteitag der SPS im April 1948, der für den OEEC-Beitritt der Schweiz votierte, und der parlamentarischen Debatte im Herbst darauf kam es innerhalb der helvetischen Linken zu Auseinandersetzungen um die Haltung

---

29 Haberl/Niethammer (wie Anm. 4), S. 18.
30 Niethammer (wie Anm. 4), S. 585.
31 Bericht von Hans Oprecht über die Marshallplan-Konferenz der sozialistischen Parteien 21./22. März in Selsdon Park, Surroy, 2. April 1948 (hektographiert, 7 Seiten), hier S. 7; Schweizerisches Sozialarchiv, Zürich (SozArch), Archiv SPS, Ar 1.170.6: Schachtel: Marshall-Plan Ende 1940er Jahre.
32 Oprecht (wie Anm. 31), S. 2.
33 Ebd., S. 7.

gegenüber dem Angebot der Amerikaner. Die Partei der Arbeit (PdA), in der Mitglieder der 1940 verbotenen Kommunistischen Partei der Schweiz eine wichtige Stimme hatten, lehnte die Idee eines ERP schroff ab. Die Molotow-Sozialisten wollten nichts mit den Marshallplan-Sozialisten zu tun haben. Sie sahen in Letzteren die willfährigen Vollstrecker eines «amerikanischen Diktats» und diagnostizierten eine Infragestellung «unserer Unabhängigkeit», die vergleichbar sei mit dem, was die *Eingabe der Zweihundert* im Jahre 1940 gegenüber Hitlerdeutschland bezweckte.[34] Hier waren, gemäss der Logik des sich verschärfenden Kalten Krieges und in Unterstützung der Stalin'schen Politik, die «Amerikaner» an die Seite der «Nazis» getreten und es wurde ein Argument bemüht, auf das sich die bürgerlichen Gegner einer linken Politik unter umgekehrten Vorzeichen, indem sie Stalin mit Hitler verglichen, ebenso stützten.

Doch auch innerhalb der sozialdemokratischen Hauptrichtung der Arbeiterbewegung gab es Spannungen. Die dominierende Argumentationsfigur findet sich in Kurzform in einem programmatischen Beitrag *Sozialismus und Marshall-Plan*, der am 12. Februar 1948 im Zürcher *Volksrecht* erschienen war: «Der Marshall-Plan ist in seiner Art ein wirklich revolutionärer Versuch, Europa wieder auf die Beine zu helfen. Er ist zugegebenermassen ein bürgerlich-revolutionärer Versuch, und es liegt ihm – wir wiederholen es – das Streben zugrunde, die Expansion des Sozialismus zu verhindern. Im Gegensatz zu den Kommunisten trauen wir uns jedoch zu, dass wir die versteckten Absichten des amerikanischen Imperialismus vereiteln können, und dass wir imstande sind, den bürgerlich begonnenen Plan sozialistisch fortzusetzen und zu vollenden.»[35]

Ob und wie dies erreicht werden könne, darob gingen die Meinungen auseinander. So kam es im September 1948 zu einem Disput zwischen Max Arnold vom VPOD, der sich unter dem Titel *Die Schweiz ist nicht armengenössig* kritisch zum Marshallplan-Beitritt äusserte, und Hans Oprecht, der erklärte: «Wir können als Schweizer, und im besonderen als Schweizer Sozialisten, nicht immer die Solidarität unter den Völkern in wirtschaftlicher und sozialer Hinsicht predigen und in einem praktischen Falle, wobei es um den wirtschaftlichen und sozialen Wiederaufbau des durch den zweiten Weltkrieg zerstörten Europas geht, beiseitestehen. Die Schweiz muss darum nach unserer Auffassung aus Solidaritätsgründen der Pariser Organisation beitreten, auch wenn wir aus den Leistungen des Marshall-Planes für uns nichts in Anspruch nehmen.» Sein Kontrahent Arnold lehnte

---

34 Berichterstattung in der Neuen Zürcher Zeitung, 5. Oktober 1948, Abendausgabe Nr. 2077, «Aussenpolitik im Nationalrat». Zitiert wird das Votum von Edgar Woog, PdA Zürich. Alle Zeitungsartikel stammen aus dem SozArch, Archiv SPS, Ar 1.170.6, Mappe: Marshall-Plan: Zeitungen, 1947–1950.

35 H. A.: Sozialismus und Marshall-Plan, in: Volksrecht, 12. Februar 1948.

diesen Schritt nicht grundsätzlich ab, denn «amerikanische Hilfe für Europa ist nötig». Doch er warnt vor «gefährlichen Tendenzen der amerikanischen Politik» und fordert das «kleine Land» zur Wachsamkeit gegenüber den «Bestrebungen einer Grossmacht» auf: «Vielleicht ist das gerade eine Aufgabe, zu der die Schweiz kraft ihrer Sonderstellung und ihrer intakten Wirtschaft befähigt ist. Das wäre dann auch ein besonderer Teil ihrer Solidarität.»[36] Man kann in dieser schweizerischen Selbstbehauptungsrhetorik, welche den nationalen Sonderfall direkt auf eine transnationale Solidarität bezieht, den Willen am Werk sehen, einen eigenständigen Weg zu finden zwischen den politischen Fronten des Kalten Krieges bei gleichzeitiger Einsicht, dass die kriegszerstörten europäischen Länder auf die amerikanische Hilfe dringend und zwingend angewiesen waren. In den folgenden Jahren, als mit der 1949 gegründeten NATO ein neues Gravitationszentrum entstand, welches das ERP auch auf militärische Interessen ausrichtete, und als sich nach der Gründung der BRD neue, von den USA unterstützte supranationale Integrationsperspektiven abzeichneten, setzten sich die Sozialdemokraten wiederum intensiv mit der Ambivalenz der *Pax Americana* auseinander.

Diese Auseinandersetzung zeigte sich in Robert Grimms Broschüre *Der Marshall-Plan und die Schweiz* aus dem Jahre 1950. Es handelt sich dabei um die Veröffentlichung eines Vortrags, den Grimm am 14. Mai 1950 vor dem Verbandsvorstand des Verbandes des Personals der öffentlichen Dienste (VPOD) gehalten hatte.[37] Grimm weist hier auf drei Widersprüche hin, die er produktiv umsetzt für eine politische Standortbestimmung. Erstens erklärt er, die Überlegungen Marshalls trügen «grosse menschliche Züge»[38] – dies auch dann, wenn sie «das Existenzinteresse Amerikas zum Ausgangspunkt haben», weshalb man die «geschäftsmässige Basis einer auswärtigen Hilfe für Europa nicht ausser acht lassen» könne. Grimm attestiert rückwirkend dem Pariser Bericht vom 16. April 1948, der die Aufgaben der neu gegründeten OEEC festlegte, «einen hohen ethischen Gehalt» – «ihre ehrliche Durchführung vorausgesetzt», fügt er an. Dass er diesbezüglich skeptisch war, zeigte sich darin, dass er sowohl die beiden Weltkriege wie auch die Konstellation in der Nachkriegszeit als einen «Kampf um die Märkte» wahrnahm. Damit ist das spendable Amerika zugleich eine in die eigene Tasche wirtschaftende Macht. Den USA geht es nicht um eine universalistische Ethik, sondern um partikulare Interessen, um kompetitive Vorteile. Zweitens konstatiert Grimm, in der Nachkriegszeit hätten «sowohl die Kapitalisten als auch die Arbeiter ein Interesse an einer Überwindung des europäischen Chaos

---

36 Der öffentliche Dienst, Nr. 39, 24. September 1948, S. 2.
37 Grimm, Robert: Der Marshall-Plan und die Schweiz, Zürich 1950.
38 Ebd., S. 6.

und der Verelendung, die der Krieg zurückgelassen hat». Analog zur Kriegszeit, als die Demokratie die Überlebensbedingung für Bürgertum und Arbeiterschaft war, stellt nun die Wirtschaftsprosperität die Grundlage für den sozialen Verteilungskampf dar. Weil der Marshallplan den Zweck verfolge, «Europa vor dem Chaos und dem völligen Zusammenbruch zu retten», könne man ihn «nicht ausschliesslich vom Standpunkt der sozialistischen oder kommunistischen Theorie aus beurteilen». Wenn dann aber praktische Gesichtspunkte in den Vordergrund rücken, so rekapituliert Grimm das unter Punkt 1 vorgebrachte Argument: Es zeige sich, dass Amerika «den Plan selbstverständlich nicht um der schönen Augen der Europäer willen aufgegriffen» hat. Vielmehr wollten die USA «den europäischen Markt erobern» und «neben der nicht zu bestreitenden humanitären Hilfe, seine Gelder in Europa profitbringend anlegen». Drittens nimmt Grimm indirekt auch auf die am 12. März 1947 – also einige Monate vor der Lancierung des Marshallplans – vom amerikanischen Präsidenten Truman vor dem Kongress verkündete Containment-Strategie Bezug. Der Marshallplan sei Teil eines übergreifenden Bestrebens, «den Kampf gegen den Kommunismus [zu] beleben und international [zu] konzentrieren». Er wird somit als Teil der amerikanischen Aussenpolitik gesehen, die Kapital und Freiheit in ein synergetisches Verhältnis bringe. Einerseits steige der europäische Kapitalismus dank des Marshallplans einem Phönix gleich aus der Asche, andererseits baue derselbe Plan «auf dem prinzipiellen Bekenntnis zur Demokratie» auf und richte «sich in seinem Wesen mit bewusster Betonung gegen die Diktatur und gegen den Bolschewismus, der unter der Maske des Kommunismus erscheint».[39]
Ein besonders schwieriger Punkt war für Grimm die beabsichtigte Verbindung von wirtschaftlicher Wiederaufbauhilfe und europäischer Einigung. Letzteres Problem stelle sich «für die Schweiz […] nicht ganz so einfach, wie viele wohlgemeinte Idealisten sich das vorstellen mögen». Den Einfluss der Schweiz auf diese transnationalen Prozesse betrachtete er allerdings – im Gegensatz zu Max Arnold, der hier eine Mission der neutralen Schweiz sah – als gering: «Vom Standpunkt der Schweiz aus gesehen, handelt es sich bei der wirtschaftlichen Vereinheitlichung Europas und der Schaffung eines einzigen europäischen Marktes um eine Machtfrage, in der die Grossen und Mächtigen über die zu ergreifenden Massnahmen, nicht die kleine Schweiz, entscheiden werden.» Deshalb verdichten sich gerade im Marshallplan «die Schwierigkeiten, die auch für uns als kleines, von der Wirtschaft des Auslandes abhängiges Land zu erwarten sind». Die hiesige Qualitätsarbeit werde durch die durchgreifende Rationalisierung der Industrieproduktion unter Druck geraten und die Schweiz sei sowohl

---

39 Ebd., S. 4–12.

im Transportsystem als auch bei der Rohstoffversorgung auf eine Kooperation mit den sich abzeichnenden europäischen Organisationen angewiesen.[40] Wie im Zweiten Weltkrieg verbanden sich in der Grimm'schen Haltung die Verteidigung der neutralen Schweiz mit der Einsicht in die Notwendigkeit einer flexiblen Anpassung des neutralen Landes gegenüber den «Grossen und Mächtigen».

Der Marshallplan als List der Geschichte

Das ERP war also für Grimm erstens eine Symbiose von ethischem Altruismus und wirtschaftlichem Eigeninteresse, zweitens eine Verbindung von notwendigem Wiederaufbau und Eroberung von Märkten in Europa durch Amerika und drittens eine freiheitliche Aktion des amerikanischen Kapitalismus gegen den Kommunismus. Diese Charakterisierung, die ihn in eine unkomfortable Nähe zu den USA brachte, veranlasste Grimm zur Formulierung einer eigenen Position. Sein politischer Lernprozess, der 1933 unter dem Schock der nationalsozialistischen Machtergreifung und der systematischen Zerschlagung der deutschen Arbeiterbewegung beschleunigt wurde, führte ihn zur festen Einsicht, dass die Linke für die Durchsetzung ihrer sozialistischen Postulate auf demokratische Rahmenbedingungen angewiesen ist. Aufgrund der repressiven Entwicklung in der Sowjetunion ging er auf Distanz zum Stalinismus. Gleichzeitig lehnte Grimm den aggressiven Antikommunismus der bürgerlichen Parteien ab. Sein Ziel war eine starke antikapitalistische Arbeiterbewegung und gemessen daran ging die schweizerische Linke fraktioniert und durch eine Spaltung geschwächt aus der Kriegszeit hervor.[41] In dieser Konstellation sah Grimm im Marshallplan eine Art List der Geschichte, ein Vehikel, das entgegen US-amerikanischer Intention sozialistische Zielsetzungen fördern konnte. Die gesellschaftlichen Verhältnisse arbeiteten – wie schon immer in einem teleologischen Geschichtsbild – für die Linke. Der Marshallplan war «wider Willen ein wertvoller Schrittmacher» für die von der Sozialdemokratie anvisierte «planmässige Entwicklung der Gemeinwirtschaft» und damit einen Promotor eines «dritten Weges»: «Der Weg zur Gemeinwirtschaft aber ist weder die blutgetränkte Strasse des Kapitalismus noch die Freiheit vernichtende Diktatur des bolschewistischen Imperialismus. Es ist der dritte Weg, der Weg des demokratischen Sozialismus, der den Menschen achtet und ihm den Aufstieg zu einem höheren Dasein ermöglichen will.»[42]

40 Ebd., S. 14–16.
41 Stirnimann, Charles: Der Weg in die Nachkriegszeit 1943–1948. Ein Beitrag zur politischen Sozialgeschichte des «Roten Basel», Basel, Kassel 1992, S. 202–208.
42 Grimm (wie Anm. 37), S. 16.

Planung lag allerdings nicht in der Logik des amerikanischen Engagements. Für dieses war die Formel *trade, not aid* massgeblich.[43] Das ERP sollte, zusammen mit dem General Agreement on Tariffs and Trade (GATT) und der EZU, den freien Welthandel in Gang bringen und ein auf Gegenseitigkeit basierendes wirtschaftliches Positivsummenspiel aufstarten. Auf dieser Win-win-Basis kann sich ein Plan, den zunächst die einen finanzieren, während die andern finanziert werden, längerfristig für alle auszahlen. Die markanten Geber- und Nehmerpositionen verlieren in einem lang anhaltenden konjunkturellen Aufschwung, der in den meisten Ländern als «Wirtschaftswunder» gedeutet wurde, an Bedeutung. Aus dieser von ökonomischen Expansionserwartungen getriebenen Logik resultierten auch die tieferen Gründe für die Nichtberücksichtigung von Wirtschaftssystemen, die sich nicht auf einen freien Austausch einlassen wollten.[44]

Grimm setzte die Akzente anders. Für ihn waren wirtschaftliche Wachstumsleistung und rationale Wirtschaftsplanung zwei Seiten desselben Megatrends der Nachkriegszeit. Diese Entwicklung vorausgesetzt, waren für ihn – in konsistenter Fortsetzung des Positionswechsels, den die SPS nach 1933 vollzog – zwei Punkte wichtig: erstens deutliche Abgrenzung gegenüber dem stalinistischen Kommunismus und zweitens eine aktive neutrale Aussenpolitik der Schweiz, welche auch gegenüber den USA Distanz wahrte. Diese Abgrenzungsdiskurse, die den «dritten Weg» erkennbar machen sollten, wurden verschmolzen mit der Rhetorik eines beflügelnden Planungsoptimismus. Der Marshallplan war ein nichtintendierter Agent einer planerischen Konzeption des Sozialstaates. Dies zeigte sich auch in der semantischen Verschiebung vom Programm (wie es in den USA genannt wurde) zum Plan (wovon die Europäer sprachen). Zunächst schien die empirische Evidenz die Position Grimms zu stützen. Denn

---

43 Wörtlich prägte der britische Schatzkanzler Richard Austen Butler diese Formel 1952. Als Prinzip lässt sie sich in die Anfänge des Marshallplans zurückverfolgen. Vgl. Hardach (wie Anm. 6), S. 334.

44 Während die einen die Haltung der USA für den Rückzug der osteuropäischen Staaten verantwortlich machen, weisen andere der Sowjetunion die Schuld zu. Die These, dass der Marshallplan tatsächlich eine Öffnung der Märkte zur *conditio sine qua non* machte, unterläuft diese den Feindbildern des Kalten Krieges folgende Schuldzuweisung. Es ist klar, dass die USA einen Plan, der nicht ein Positivsummenspiel auszulösen imstande war, weder finanzieren konnten noch wollten – und es ist ebenso einsichtig, dass die Sowjetunion die Dynamik, die sich aus einem solchen Prozess ergab, fürchtete. Für die USA ging es darum, die internationale politische Ökonomie nach ihren wirtschaftsliberalen Wünschen zu modellieren, auf Seiten der Sowjetunion verfolgte Stalin eine hegemoniale Strategie durch Planwirtschaft. So gab es spezifische Blockaden auf beiden Seiten, die sich in der dramatischen Ereignissequenz und in den spiegelverkehrten denunziatorischen Diskursen des Sommers 1947 manifestierten. Vgl. unter anderem van der Wee, Herman: Der gebremste Wohlstand. Wiederaufbau, Wachstum und Strukturwandel der Weltwirtschaft seit 1945, München 1984, S. 402.

im Europa der Nachkriegszeit verschoben sich die politischen Positionen von einer liberalen Marktideologie weg. Bürgerliche Kräfte sprachen von einer «sozialen Marktwirtschaft», welche mit einem regulierten, politisch moderierten Wettbewerbssystem nicht unvereinbar war. So schreibt Ivan T. Berend in seinem Grundlagenwerk *Markt und Wirtschaft*: «Das eigentlich Neue der ökonomischen Nachkriegsordnung in Westeuropa bestand in der Integration [der] einzelnen staatsinterventionistischen Elemente [er nennt hier in erster Linie Planungsmodelle und sozialstaatliche Komponenten] in ein System des freien Warenaustauschs.»[45] In dieses Bild passt der Marshallplan, stellte er doch «ein Konglomerat aus marktwirtschaftlichen und planwirtschaftlichen Elementen»[46] dar, die in der amerikanischen Forschung auch als «New Deal synthesis» apostrophiert werden.[47]

Grimm registrierte und reflektierte diese Tendenz hin zur Planung sehr genau und integrierte sie in eine umfassende und im weiten Reflexionsraum einer «langen Dauer» angesiedelten Kapitalanalyse. Im September 1948 hatte er am SPS-Parteitag ausgeführt: «Die freie Konkurrenz ist verschwunden. Unternehmerkoalitionen, Verbände, Syndikate, Kartelle und Trusts sind das logische Ergebnis der wirtschaftlichen Entwicklung. Auch die monopolitische Beherrschung der Wirtschaft fehlt nicht.» Es ging ihm nun aber darum, von einer starren Alternative Kapitalismus versus Kommunismus wegzukommen und einen gradualistischen Zugang zum Planungsproblem zu erschliessen. Er erläuterte diese Sichtweise folgendermassen: «Planwirtschaft gibt es schon in der Familie, wenn sich die Eltern überlegen, was dereinst aus ihren Kindern werden soll. Planwirtschaft besteht im Haushalt, wenn die Hausmutter einteilen muss, wie sie im nächsten Monat mit dem Zahltag des Vaters auskommen will. Planwirtschaft besteht in der öffentlichen Erziehung, die den Bildungsgang regelt. […] Aber ohne Planwirtschaft kommt auch der Privatbetrieb nicht aus.» Planung wird hier nicht als binärer Gegenbegriff zum Markt konzipiert; Planung ist eine Frage des «Mehr-oder-Weniger», sie entfaltet sich in einem durchgehend abgestuften Kontinuum, und zwar schrittweise und meist unwillkürlich. Im gesellschaftlichen Kräfteparallelogramm der Klassenauseinandersetzungen machte sie sich gleichsam als ein Vektor bemerkbar. Beobachtet werden können

---

45 Berend, Ivan T.: Markt und Wirtschaft. Ökonomische Ordnungen und wirtschaftliche Entwicklung in Europa seit dem 18. Jahrhundert, Göttingen 2007, S. 158.
46 Hardach (wie Anm. 6), S. 330.
47 Hogan, Michael J.: The Marshall Plan: American, Britain, and the Reconstruction of Western Europe, Cambridge MA 1987, S. 22: "Out of the blend of old and new came what I call the New Deal synthesis, a policy formulation that guided American efforts to remake Western Europe in the likeness of the United States."

sich verändernde kollektive Planungsintensitäten und -kohärenzen. Die von Grimm so benannte «wirtschaftliche Weltrevolution» der Nachkriegszeit, die eine Konjunktur von Nationalisierungsprojekten und Planungsanstrengungen auslöste, wird hier nicht mehr als abrupter Strukturbruch, sondern als kontinuierliche Entwicklung gedacht und gedeutet – dies auch dann, wenn Grimm am grundsätzlichen Unterschied einer Planung im Dienste privaten Profitstrebens auf der einen und dem gemeinwirtschaftlichen Planen der Wohlfahrt aller festhält. Nichtdestotrotz konvergierten sozialistische Finalitäten und kapitalistische Anwendungen im prognostizierten Planungstrend der Nachkriegszeit.

Genau diese Vermutung hegte – von diametral anderer Warte aus bewertet – auch der neoliberale Ökonom und Gesellschaftstheoretiker Wilhelm Röpke, der im Frühjahr 1949 in der *Neuen Zürcher Zeitung* schrieb: «Es ist eine bittere Ironie, dass aus dem Marshall-Plan, der Westeuropa aus dem Morast kollektivistisch-nationalistischer Wirtschaftspolitik heraushelfen sollte, ein überstaatlicher Superkollektivismus zu erwachsen droht. Mehr noch: er steht in Gefahr, zu einer Planwirtschaftsmaschinerie zu werden, die ihrerseits zu einem machtvollen Antrieb der einzelnen nationalkollektivistischen Systeme wird.» Die Dollarhilfe «erweist sich auf diese Weise möglicherweise als eine Kraft, die in mehr als einem europäischen Lande den Sozialismus in seiner Herrschaft befestigt.»[48] Es wäre interessant, diese antagonistisch-spiegelbildliche These einer Transformation eines amerikanischen Wiederaufbauprogramms für Europa in ein europäisches Planungsvorhaben gegen Amerika weiter zu untersuchen. Man käme wohl zum Schluss, dass die Vertiefung des Kalten Krieges und das präzedenzlose kapitalistische Wachstum der *trentes glorieuses* die Planungsaspirationen domestizierten und dass sich diese nach der Wirtschaftskrise Mitte der 1970er Jahre vollends verflüchtigten.

Zusammenfassend zeigt sich bei den sozialdemokratischen Kritikern des Marshallplans wie Max Arnold und Robert Grimm eine merkwürdige Affinität zur Selbstdarstellung der offiziellen schweizerischen Haltung. Zwischen der schweizerischen «Aussenpolitik der ‹dritten Kraft›»[49] (zwischen Ost und West) und dem sozialdemokratischen Konzept einer «dritten Kraft» (zwischen Kommunismus und Kapitalismus) lassen sich viele semantische Überschneidungen und Homologien in den Argumentationsfiguren beobachten. Somit ergab sich die paradoxe Situation, dass die Sozialdemokraten, indem sie zum Marshallplan bei aller Unterstützung immerhin eine kritische Distanz bewahrten, mit dem

---

48 Röpke, Wilhelm: Der Marshall-Plan – Irrtümer und Möglichkeiten, in: Neue Zürcher Zeitung, 11. März 1949, Nr. 501, Titelseite.
49 Hug 1999 (wie Anm. 8), S. 79.

Einsetzen des Kalten Krieges als die «besseren Schweizer» erscheinen konnten als jene bürgerlichen Kreise, welche die Westintegration vorbehaltlos unterstützten. Diese Verschweizerung ihrer aussenpolitischen Orientierung war für die SPS durchaus mit einem Zugewinn an politischer Respektabilität verbunden, die sich in verschiedenen – vor dem Hintergrund der Generalstreikkonfrontation von 1918 erstaunlichen – persönlichen Karrieren niederschlug. Robert Grimms Haltung ist auch in diesem Zusammenhang zu sehen. Es waren in den Jahren 1947/48 die alten Exponenten der SPS, die noch den Ersten Weltkrieg und den Generalstreik erlebt hatten, welche die politische Strategie der Schweiz unter den Bedingungen des Kalten Krieges und eines raschen Wirtschaftswachstums am konsistentesten formulierten und damit längerfristig auch die – gemessen an ihren Erwartungen – härtesten Desillusionierungen zu ertragen hatten. Grimm blieb allerdings in kritischer Distanz zur Mehrheitsströmung in Sozialdemokratie und Gewerkschaften, die sich mit der Marktwirtschaft arrangiert hatten. Aus einer linken Minderheitsposition heraus kommentierte er im Öffentlichen Dienst, dem Organ des VPOD, den «liberalen Korporatismus» und den von Kartellen und Verbänden dominierten «koordinierten Kapitalismus».[50] Er starb 1958, ein Jahr vor der Krönung der Konkordanzdemokratie durch die sogenannte Zauberformel, und es ist nicht anzunehmen, dass er die historischen Aspirationen der Arbeiterbewegung in dieser Regierungsvertretung aufgehoben gesehen hätte.[51]

---

50 Zu diesen Begriffen vgl. Eichengreen (wie Anm. 7); Meier, Martin; Frech, Stefan; Gees, Thomas; Kropf, Blaise: Schweizerische Aussenwirtschaftspolitik 1930–1948. Strukturen – Verhandlungen – Funktionen, Zürich 2002 (Veröffentlichungen der UEK, Bd. 10).

51 Die «Zauberformel» bezeichnete die Aufteilung der sieben Regierungssitze auf zwei Freisinnige, zwei Katholisch-Konservative, einen Vertreter der Bauern-, Gewerbe- und Bürgerpartei und zwei Sozialdemokraten. Vgl. dazu Degen, Bernard: Sozialdemokratie: Gegenmacht? Opposition? Bundesratspartei? Die Geschichte der Regierungsbeteiligung der schweizerischen Sozialdemokraten, Zürich 1993.

Zur politischen Aktualität von Robert Grimm

Hans Schäppi

Die rege Beteiligung an der Grimm-Tagung vom März 2008 zeigte, dass es nicht nur ein historisches Interesse an der Person von Robert Grimm gibt.[1] Weshalb sich aber heute über ein solches Interesse hinaus mit ihm auseinandersetzen? Ohne Zweifel befinden wir uns nach dem Zusammenbruch der «realsozialistischen» Regime in Osteuropa und nach der dritten revisionistischen Welle in der europäischen Sozialdemokratie der 1990er Jahre, wo nicht nur alle sozialistischen Zielsetzungen über Bord geworfen wurden, sondern, wie etwa von Tony Blair und Gerhard Schröder, sogar neoliberales Gedankengut übernommen wurde, in einer tiefgreifenden Krise der sozialistischen Bewegung.[2] Andererseits gibt es seit Mitte der 1990er Jahre in der globalisierungskritischen Bewegung, in einigen lateinamerikanischen Ländern und bei der jungen Generation eine Diskussion über eine Erneuerung des Sozialismus. Und seit der Weltwirtschaftskrise, welche 2007 begann und bis heute andauert, hat diese Diskussion an Aktualität gewonnen. Wenn man heute an der Zielsetzung einer sozialistischen Gesellschaft festhalten will, kommt man um eine kritische Auseinandersetzung sowohl mit der kommunistischen wie auch mit der sozialdemokratischen Tradition nicht herum. Es stellt sich die Frage, wie weit ein Linkssozialist wie Grimm, der den Leninisten als Verräter und anderen als verkappter Bolschewist galt, noch aktuell ist.[3]

Aus der heutigen Diskussion über einen Sozialismus des 21.Jahrhunderts können Leitideen für eine kritische Auseinandersetzung mit Grimm gewonnen werden.[4] Eine erste solche Leitidee lautet, dass der Sozialismus als eine Gesellschaft verstanden wird, in der die Entfaltung der Individualität, der Fähigkei-

---

[1] Dieser Beitrag enthält die Überlegungen, die der Autor zum Abschluss der Grimm-Tagung vom März 2008 vortrug, in vertiefter Form.
[2] Vgl. Sassoon, Donald: One Hundred Years of Socialism. The West European Left in the Twentieth Century, London 1996.
[3] Vgl. dazu zum Beispiel den Beitrag von Andreas Thürer in diesem Band. Grimm wurde von Seiten des Schweizerischen Vaterländischen Verbands gar als «gefährlicher als die Moskauer Organisation» eingeschätzt.
[4] Lebowitz, Michael A.: Build it Now. Socialism for the Twenty-First Century, New York 2006.

ten, der Bedürfnisse und der kreativen Potentiale in freier Kooperation und Solidarität möglich ist, wozu die Anerkennung der Person, der Individualität und der Diversität, aber auch die Erhaltung der natürlichen Lebensgrundlagen gehören. Diese Gesellschaft, dies eine zweite Leitidee, kann nur verwirklicht werden in einem revolutionären Prozess, mit einem Bruch mit der kapitalistischen ökonomischen und gesellschaftlichen Logik. Erkennungsmerkmal für den revolutionären Charakter des Prozesses bildet dabei nicht die Gewaltsamkeit der Veränderungen, sondern die Frage, ob es gelingt, auf der Grundlage von Selbstermächtigung und Selbstverwaltung der beteiligten Menschen qualitativ neue gesellschaftliche Beziehungen aufzubauen. Eine dritte Leitidee beinhaltet, dass dieser Prozess notwendigerweise ein demokratischer und partizipativer sein muss. Der Sozialismus fällt nicht vom Himmel, kommt nicht von oben, vom Staat oder von selbsternannten Eliten und Oligarchien, er wird von sozialen Bewegungen im Widerstand gegen neoliberale Entwicklungen in einem Prozess der gesellschaftlichen Selbstorganisation erkämpft, was nicht heisst, dass dieser Prozess nicht von staatlichen Instanzen gefördert oder abgesichert werden kann. Die vierte Leitidee bildet die Maxime, dass Sozialismus unvereinbar ist mit allen Herrschaftsverhältnissen, nicht nur mit der kapitalistischen Ausbeutung im Betrieb, sondern auch mit dem Patriarchat, dem Rassismus und der Unterdrückung und speziellen Ausbeutung der Menschen in den Ländern des Südens. Die fünfte Leitidee besteht in der Notwendigkeit der Umwandlung des Staates. Der verselbständigte kapitalistische Staat im Dienste der Eliten und Oligarchien kann nicht einfach «übernommen» werden. Der Staat muss umgebaut werden in einen Staat der Bürgerinnen und Bürger, welcher der Gesellschaft nicht übergeordnet, sondern untergeordnet ist, in dem die Macht von unten aufgebaut wird, was den Gemeinbesitz der Produktionsmittel und die Selbstverwaltung in allen wirtschaftlichen und gesellschaftlichen Bereichen zur Voraussetzung hat.

Grimm als Marxist

Wie Bernard Degen und Hans Ulrich Jost in ihren Beiträgen ausgeführt haben, verkörperte Grimm wie kein Zweiter die kämpferische Tradition der Schweizer Arbeiterbewegung. Er war ein unerbittlicher Kritiker der kapitalistischen Gesellschaft und ihrer Ausbeutungs- und Herrschaftsverhältnisse und es ist sicher kein Zufall, dass er im Gefolge der 68er-Bewegung neu entdeckt wurde. Zeit seines Lebens verstand er sich als Marxist. Geprägt war sein Marx-Verständnis von der damaligen Diskussion innerhalb der internationalen Arbeiterbewegung. Aufgrund von Diskussionen mit Vertreterinnen und Vertretern der russischen

Emigration in der Schweiz und nach seinem Aufenthalt in Berlin, wo er seine Kenntnisse mit Lektüre, Vorlesungen und Veranstaltungen vertiefte,[5] griff er selbständig in die internationalen Debatten ein: 1906 mit seiner Broschüre zum Massenstreik, 1908 mit einer marxistischen Analyse der Wirtschaftskrise von 1907 und 1910 mit Leitsätzen zur Einführung in die politische Ökonomie auf der Basis der Werttheorie von Marx.[6] Grimm gehört zu einer Generation von Intellektuellen und Politikern, welche in der Zeit einer Radikalisierung der Arbeiterbewegung vor und während der russischen Revolution von 1905 politisiert worden waren und, nach dem Versagen der sozialistischen Internationale beim Kriegsausbruch 1914, den Marxismus zu erneuern suchten. Bezeichnend für den Aufbruch nach 1914 ist die im Januar 1915 von Grimm und dem nach dem Ersten Weltkrieg ins rechtsbürgerliche Lager übergelaufenen Ökonomen und Soziologen Jacob Lorenz ein erstes Mal herausgegebene Monatszeitschrift mit dem Titel *Neues Leben*. In der Einführung zur ersten Nummer schreiben die beiden über ihre Ziele: «Der Titel der Zeitschrift ergab sich aus der allgemeinen Zeitlage. Mögen die Auffassungen über die künftigen Aufgaben und die Taktik der sozialdemokratischen Arbeiterbewegung noch so sehr auseinandergehen, nach dem Zusammenbruch so vieler stolzer Hoffnungen ist das eine wohl unbestritten: die Notwendigkeit einer Vertiefung und Verinnerlichung der sozialistischen Weltanschauung [...]. Diesem Ziele dient unsere Zeitschrift; sie möchte an ihrem Teile bescheiden zur Erweckung eines neuen Lebens unter der Arbeiterschaft beitragen.»[7]

Im Unterschied zu marxistischen Intellektuellen wie die Wiener Otto Bauer und Max Adler, die ähnliche Zielsetzungen verfolgten, besass Grimm keine Hochschulbildung.[8] Den Marxismus hat er sich als Autodidakt angeeignet, als ein Instrument der revolutionären politischen Praxis. Die von ihm verfassten Zeitungsartikel, Broschüren und historischen Schriften dienten einerseits der politischen Analyse und Orientierung, andererseits der Schulung und Bewusstseinsbildung im Sinne der Herausbildung eines Klassenbewusstseins. Bei ihm finden wir so keine eigenständige Weiterentwicklung der marxistischen Theorie und auch nicht die Bildung einer eigenen marxistischen Schule wie bei den

---

5 Vgl. den *Biographischen Nachtrag* von Bernard Degen in diesem Band.
6 Grimm, Robert: Der politische Massenstreik, Basel 1906; ders.: Die wirtschaftlichen Krisen und die Arbeiterklasse, Basel 1908; ders.: Leitsätze für die Vorträge über Grundzüge der Volkswirtschaftslehre, Bern 1910.
7 Neues Leben. Monatsschrift für sozialistische Bildung, hg. von Robert Grimm und Jacob Lorenz, 1 (1915), H. 1, S. 1.
8 Die vorliegende Interpretation von Grimm verdankt viel dem Aufsatz von Krätke, Michael R.: Otto Bauer (1881–1938). Die Mühen des Dritten Wegs, in: Zeitschrift für sozialistische Politik und Wirtschaft, Nr. 97 (1997), S. 55–59, und Nr. 98 (1997), S. 54–59.

Austromarxisten. Im Gegensatz zu vielen seiner Zeitgenossen war Grimm kein Zauderer. Wenn es zu entscheiden und zu handeln galt, schreckte er vor der Verantwortung nicht zurück, sondern setzte sich an die Spitze einer Bewegung. Ohne Zweifel war er, wie das Michael Krätke auch von Grimms Freund Otto Bauer sagt, ein unerschrockener und mutiger Mann.[9] Er liess sich weder von der Polizei noch vom unter dem Eindruck der Erfolge Bismarcks reaktionär gewordenen Militär noch von rechtsextremen Vereinigungen oder helvetischen Faschisten beeindrucken. Grimm war mehr Revolutionär und Realpolitiker als Theoretiker, und er entwickelte sich im Laufe seines Lebens immer stärker vom Theoretiker zum Realpolitiker. Der Marxismus war für ihn keine Ansammlung von unverrückbaren Wahrheiten, sondern ein Leitfaden für die politische Orientierung. Die Verbindung von Theorie und Praxis stand für ihn immer im Vordergrund. Was er von Zwingli schrieb, gilt auch für ihn: «Zwingli ist in gleichem Masse Theoretiker und Praktiker. Die Theorie bestimmt ursprünglich die Praxis; die Praxis beeinflusst und modifiziert die Theorie. Und dies kühn und stürmend, wenn nötig Ränke schmiedend, im Grundsätzlichen aber energisch und unerschütterlich.»[10] Erstaunlich ist Grimms grosse Schaffenskraft. Er verfasste nicht nur Bücher und Broschüren. Er war auch ein wortgewaltiger Redner an Versammlungen, Konferenzen, im Nationalrat, und er schrieb als Journalist unzählige Zeitungsartikel. Und nicht zuletzt hat er auch zwei Programme der Sozialdemokratischen Partei der Schweiz wenn nicht alleine verfasst, so doch massgeblich mitbestimmt.

Was uns heute fremd anmutet, ist Grimms in der Aufklärung wurzelnder, von Hegel und Marx herkommender Glaube an die Rolle und Kraft der Vernunft in der Geschichte, nach welchem die Revolution mit Notwendigkeit kommen und den Sozialismus – eine nicht auf irrationalem Profitstreben, Konkurrenz und Egoismus, sondern auf vernünftigen Prinzipien aufbauende Gesellschaftsordnung – zum Sieg führen wird. Ich zitiere aus dem Vorwort zu seiner *Geschichte der Schweiz in ihren Klassenkämpfen*: «Wenn das Bürgertum Handgranaten und Maschinengewehre gegen kämpfende Arbeiter auffährt, so lachen wir es mit Recht aus und erklären ihm, dass keine Macht der Welt eine geschichtliche Bewegung aufzuhalten imstande sei. Das ist die objektive Wahrheit, die nur der historische Materialismus vermittelt.»[11] Der Glaube an die Vernunft des Menschen und Grimms optimistische Sicht eines notwendigen Übergangs zum Sozialismus ist uns heute gründlich abhanden gekommen. Die gesellschaftliche

9 Krätke (wie Anm. 8), Nr. 97 (1997), S. 57.
10 Grimm, Robert: Geschichte der Schweiz in ihren Klassenkämpfen, 2. Auflage, Zürich 1976, S. 125.
11 Ebd., S. 35.

Emanzipation, welche nur erkämpft werden kann, wird einer Teleologie unterworfen, wie das André Holenstein in seinem Aufsatz herausgearbeitet hat. Den oft erhobenen Vorwurf, Grimm vertrete einen undialektischen, mechanistischen historischen Materialismus im Sinne der vom Positivismus stark beeinflussten Vertreter der Zweiten Internationale, halte ich hingegen nicht für berechtigt.[12] Viel eher erinnern seine Auffassungen an diejenigen des Austromarxisten Max Adler, der ebenfalls keinen positivistisch gefärbten, sondern einen von Kant mitgeprägten ethisch-praktischen Marxismus vertreten hat. So schreibt Grimm in einer Schulungsbroschüre: «Aber weder Zahl, noch wirtschaftliche Bedeutung einer unterdrückten Klasse genügen, um die Herrschaft der Unterdrücker zu überwinden. Tritt nicht das *Bewusstsein ihrer Macht* hinzu, fehlt die Einsicht in die gesellschaftlichen Zusammenhänge, so bleibt die vorhandene Macht brach liegen [...]. Wir dürfen nicht fatalistisch abwarten in der Meinung, es werde uns eines Tages der Sieg ja sowieso zufallen [...]. Durch unablässige Organisations- und Agitationsarbeit, durch Vertiefung des Wissens [...] arbeiten wir in der Richtung der gesellschaftlichen Entwicklung und bilden so eine Elitetruppe der Arbeiterschaft, die in den kommenden grossen Auseinandersetzungen die Führung in der Hand haben wird.»[13] Der Glaube an die Vernunft in der Geschichte, welche sich im Sozialismus vollenden wird, führt so bei Grimm nicht zu Passivität, sondern zu gesteigerter Aktivität. Im Vordergrund stehen der Einsatz und die Verantwortung für die Arbeiterklasse. Die individuell-ethische Dimension tritt hingegen zurück. Für Pazifisten und Personen, welche aus religiösen Motiven handelten, zeigte er nur begrenzt Verständnis. Das «Einsehen in das, was ist und sein wird» kann so eine sehr realistische oder gar zu realistische Note erhalten.

Zum Staat, auch zur schweizerischen Demokratie, hatte Grimm ein zwiespältiges Verhältnis. Zwar war es immer seine Absicht, die Macht des Staates, die sich zu seiner Zeit offen gegen die Arbeiterschaft richtete, zu Gunsten seiner Bewegung einzusetzen. Die Durchsetzung von Reformen hielt er für richtig und wichtig, wenn die Situation der Arbeiterschaft damit verbessert werden konnte. Andererseits war ihm immer klar, dass sich sozialistische Politik nicht auf rein parlamentarische Arbeit beschränken darf. Wirkliche Fortschritte erreicht die Arbeiterbewegung nur als soziale und kämpferische Bewegung. Wie schon Marx, war auch Grimm der Meinung, dass die Widersprüche, in welche sich Realpolitiker verwickeln können, nicht gescheut werden dürfen. Sicher hat er seine Möglichkeiten gelegentlich falsch eingeschätzt, am klarsten wohl in der

---

12 Vgl. dazu etwa das Nachwort von Felix Müller ebd., S. 397.
13 Grimm, Robert: Bildung und Klassenkampf, [Bern] 1921 (1. Auflage 1914), S. 19 f.

sogenannten Grimm-Hoffmann-Affäre im Jahr 1917. Allerdings war er weder der erste noch der letzte Führer der Arbeiterbewegung, welcher die Eigendynamik der staatlichen Macht- und Gewaltverhältnisse unterschätzt hat.

Grimms politisch Analysen

Grimms historisches Interesse und sein historischer Sinn haben seinen Marxismus geprägt. Er stellt das Instrument einer undogmatischen und historisch differenzierten Analyse von Gesellschaft und Politik dar. Sein Marxismus ist ebenso weit entfernt von dogmatischen Vorstellungen, welche der Empirie und der Geschichte übergestülpt werden, wie von einer bürgerlichen Geschichtsauffassung, in der gesellschaftliche Kräfte und Klassenkonflikte meist ausgeklammert werden. Charakteristisch sind sein Sinn und das Verständnis für die Besonderheiten und Ausprägungen der Gesellschaft und des politischen Systems der Schweiz. Insbesondere hatte er eine realistische Einschätzung der Eigenheiten und Grenzen der schweizerischen Demokratie als Resultat der Kämpfe der Bauernbewegungen, der Auseinandersetzungen in den Städten, der Kämpfe des fortschrittlichen Bürgertums vor seiner reaktionären Wende gegen Ende des 19. Jahrhunderts und der Arbeiterbewegung. Dies durchaus im Gegensatz zu illusionären Vorstellungen, welche Reformisten, insbesondere auch einzelne Vertreter der Zweiten Internationale aus anderen Ländern, mit der direkten Demokratie verknüpften. Die schweizerische Demokratie war immer und ist bis heute geprägt von Klassen- und Herrschaftsverhältnissen. Grimm kannte die Dialektik von formaler politischer Gleichberechtigung und gesellschaftlicher und wirtschaftlicher Klassenherrschaft in der bürgerlichen Demokratie aus eigener Erfahrung, wenn wir zum Beispiel an die unzähligen Militäreinsätze gegen Aktionen der Arbeiterbewegung denken.

Ausgerüstet mit historischen Kenntnissen und einem theoretischen Instrumentarium, pflegte Grimm als Spezialität die politische Analyse einer Situation auf dem Hintergrund der aktuellen Macht- und Klassenverhältnisse, die Einschätzung der Lage, das Aufzeigen der Möglichkeiten und Schranken von politischen Aktionen und die Herausarbeitung der jeweiligen Aufgaben und Zielsetzungen der Arbeiterbewegung. Neben seinen historischen Ausführungen sind seine politischen Analysen auch heute noch eine faszinierende Lektüre und dies wohl nicht nur für Historiker.

Sein Sinn für unterschiedliche historische, gesellschaftliche Realitäten, zum Beispiel für nationale Eigenarten, prägt seine politischen Positionen. Er lehnte es ab, Strategien, die in einem Land erfolgreich waren, zu verabsolutieren und unverändert auf die Schweiz zu übertragen. Dass er bei aller Würdigung der Oktoberrevolution und der Sowjetunion die Übernahme bolschewistischer Konzepte für die Schweiz verwarf, führte zum Konflikt mit einem Teil der Parteilinken, der sich Ende 1920 von der Sozialdemokratischen Partei der Schweiz (SPS) abspaltete und 1921 als Kommunistische Partei der Schweiz (KPS) formierte. Die Tatsache, dass Grimm linkssozialistische Positionen vertrat und in der SPS dafür auch eine Mehrheit fand, war wohl einer der Gründe, weshalb die KPS in der Schweiz nie grosse Bedeutung erlangte. Und dies erklärt auch, weshalb er, und nicht etwa reformistische Sozialdemokraten, zur Zielscheibe heftigster Angriffe von Leninisten und Trotzkisten aller Art wurde.

Grimms Sozialismuskonzept

Der kapitalistischen Gesellschaft stellte Grimm den Sozialismus gegenüber. «Die Sozialdemokratie bekämpft das Privateigentum und tritt für die Gemeinwirtschaft ein. Die Sozialisierung oder Vergesellschaftung der Produktionsmittel und des Grund und Bodens ist ihr Endziel. Ohne die Durchführung des Sozialisierungsprozesses gibt es keinen Sozialismus», schrieb er 1919.[14] An der Zielsetzung der Gemeinwirtschaft hat Grimm bis zum Ende seines Lebens festgehalten. Sozialismus verstand er nicht als Beseitigung der Demokratie, sondern als deren vollständige Verwirklichung. In seinen historischen Werken stellt er den Sozialismus als logische Fortbildung der demokratischen Kämpfe dar, wobei er davon ausgeht, dass im Sozialismus die Ausbeutungs- und Herrschaftsstrukturen und damit auch die Grenzen der bürgerlichen Demokratie aufgehoben werden können. Aufgrund seiner Vorstellung eines demokratischen Sozialismus lehnte er sowohl den Bolschewismus der Dritten Internationale als auch die revisionistischen Illusionen eines friedlichen Hineinwachsens in den Sozialismus ab. Mit der Vorstellung, dass sich eine vernünftig geordnete Gesellschaft mit Notwendigkeit durchsetzen werde, ist wohl das heute seltsam anmutende, bei Grimm wie in der sozialistischen Tradition verbreitete Manko an Vorstellungen und Ideen zu verstehen, wie die institutionellen Grundlagen einer sozialistischen Gesellschaft aussehen müssten. Utopien zu entwerfen war schon bei Marx verpönt, und auch Grimm verlor damit keine Zeit. Hingegen finden wir bei ihm die damals wie heute verbreitete Vorstellung, dass mit einer Zunahme von Staatsinterventionen und Regulierungen, mit der zunehmenden Organisierung des Kapitalismus, der Weg zur Gemeinwirtschaft schon halb beschritten werde. Wie übrigens auch für

14 Grimm, Robert: Revolution und Massenaktion, Bern 1919, S. 57.

die Bolschewisten bildeten die Kriegswirtschaft im Ersten Weltkrieg und dann die im Zweiten Weltkrieg in der Schweiz verwirklichten Planungs- und Kontrollelemente für ihn Übergangsformen zum Sozialismus. Nach 1945 hat er sich deshalb ohne Erfolg für deren Erhaltung eingesetzt.[15]

Erwähnt sei schliesslich auch Grimms Konservativismus in wichtigen Fragen der gesellschaftlichen Emanzipation, zum Beispiel in der Frauenfrage, aber auch in anderen, wie dies Caroline Arni herausgearbeitet hat.[16] Gerade die Frauenbewegung hat uns heute klargemacht, dass Sozialismus unvereinbar ist mit allen Herrschaftsverhältnissen, nicht nur mit der kapitalistischen Ausbeutung im Betrieb, sondern auch mit dem Patriarchat, dem Rassismus und der Unterdrückung und speziellen Ausbeutung in den Ländern des Südens. Erwähnt sei in diesem Zusammenhang auch Grimms durchgehend scharfe Ablehnung anarchistischer und syndikalistischer Tendenzen.

Der Weg zur Macht

Auch wenn Grimm nicht die Terminologie von Antonio Gramsci verwendete, drehen sich viele seiner politischen Analysen und Strategien um die Auseinandersetzungen und den Kampf um die Hegemonie in Gesellschaft und Staat. Mit dem Wachsen und Erstarken der Arbeiterbewegung vor dem Ersten Weltkrieg hat sich aus seiner Sicht ein gewisses Machtgleichgewicht zwischen Bürgertum und Arbeiterbewegung herausgebildet. Thema seiner zahlreichen Abhandlungen über den «Weg zur Macht» bilden nicht Ausführungen über einen Umsturz oder einen Putsch, sondern darüber, wie die Arbeiterbewegung in den täglichen Auseinandersetzungen die Hegemonie erreichen kann. Ihm war klar, dass dies im schweizerischen Kontext der Arbeiterschaft nur im Bündnis mit bäuerlichen Schichten möglich ist. In den 1930er Jahren kam die Notwendigkeit dazu, auch mit fortschrittlichen bürgerlichen Kräften ein Bündnis einzugehen, um eine Machtergreifung der Faschisten mit Hilfe der reaktionären und rechtsextremen Teile des Bürgertums zu verhindern.

Angebracht ist in diesem Zusammenhang eine Bemerkung zum Begriff der Diktatur des Proletariates, den Grimm bis 1933/34 verwendete. Er enthält die Vorstellung, dass die Staatsmacht nach einer Machtübernahme in einer ersten Phase zur Einführung und Absicherung einer sozialistischen Gesellschaft eingesetzt werden kann oder eingesetzt werden muss, so wie sie vom Bürgertum

---

15 Vgl. dazu den Beitrag von Simon Wenger in diesem Band.
16 Vgl. dazu den Beitrag von Caroline Arni in diesem Band.

zur Absicherung seiner Hegemonie eingesetzt wird. Bei Grimm – wie übrigens auch bei Marx – hat der Begriff nicht den von den Bolschewisten geprägten Sinn einer Regierungsform, die eine Beseitigung der «bürgerlichen» Formen der Demokratie oder gar die rücksichtslose Vernichtung politischer Gegner und den Massenterror erlaubt. Diese bolschewistische Auffassung konnte vom Bürgertum mit Erfolg zum Schreckgespenst im Kampf gegen alle Sozialisten und Linken aufgebaut werden. Bei Marx steht der Begriff der Diktatur des Proletariats als Gegenbegriff zur Diktatur der Bourgeoisie, womit nicht eine bestimmte Regierungsform, sondern der ökonomische und soziale Inhalt der bürgerlichen Klassenherrschaft – der Klassencharakter der bürgerlichen Demokratie – gemeint ist. Mit der Übernahme der Macht im Staat hat sich der ökonomische und gesellschaftliche Inhalt der Gesellschaftsformation noch keineswegs verändert, was Erfahrungen seit Grimm bestätigt haben. Insbesondere nach dem Aufkommen der «modernen» Diktaturen des Faschismus und des Stalinismus blieb vom Begriff der Diktatur des Proletariats allein die Vorstellung zurück, dass mit dem Übergang zum Sozialismus Freiheitsrechte oder Formen der politischen Demokratie beseitigt würden. Das war weder im Sinne von Marx noch von Grimm. Beiden war klar, dass ohne demokratische und Freiheitsrechte keine fortschrittliche Arbeiterbewegung möglich ist. Mit Recht wurde der missverständliche Begriff, welcher 1920 zur Abgrenzung von revisionistischen Strömungen ins Parteiprogramm der SPS aufgenommen worden war, 1935 gestrichen. Dies beinhaltete aber noch nicht den Übergang zu einer Position, die den Kapitalismus als System voll akzeptierte. Dieser Übergang wurde formell erst im Programm von 1959, ein Jahr nach Grimms Tod, vollzogen.
Als Marxist verstand Grimm die kapitalistische Gesellschaft als eine Klassengesellschaft. Wie kein anderer hat er immer wieder den Staat als Klasseninstrument entlarvt und den Klassencharakter der bürgerlichen Demokratie herausgearbeitet. Was uns heute an seinem Klassenverständnis überholt anmutet, ist die Vorstellung einer Einheit des Proletariats. Richtig ist sicher seine Meinung, dass hinter gesellschaftlichen Umbrüchen nicht Einzelpersonen, sondern gesellschaftliche Kräfte, eben Klassen, stehen. Dabei kann es sich aber um eine Vielfalt von gesellschaftlichen Kräften handeln. Die Vorstellung eines einheitlichen Proletariats, welches sich im Prozess der Industrialisierung herausbildet, stellt eher einen Mythos als eine historische Realität dar. Schon in einem industrialisierten Land bildet das Proletariat keine einheitliche Kraft. Klarer als Grimm sehen wir heute, dass wichtige Kämpfe und Aktionen nicht von der Arbeiterschaft in den industriellen Zentren des Nordens ausgehen, wo der Spielraum zur Integration lohnabhängiger Schichten in die bürgerliche Gesellschaft grösser ist. Eine nicht zu unterschätzende Rolle übernehmen, wenn wir an die Länder des Südens

denken, Bauern, Arbeiter, Frauen und Indigene, welche sich mit einer Akkumulation durch Enteignung, wie David Harvey dies nennt, durch multinationale Konzerne und einheimische Oligarchien, vergleichbar mit den Vorgängen in Europa im 17. und 18. Jahrhundert, auseinanderzusetzen haben.[17]

Grimm als Internationalist und Antifaschist

Das Wichtigste zum Schluss: Grimm war nicht nur Historiker der Klassenkämpfe. Internationalismus und internationale Solidarität waren für ihn keine Floskeln. Entsolidarisierung und das Einsickern von Nationalismus und Fremdenfeindlichkeit ins Bewusstsein der Lohnabhängigen sind ja die schwersten Hypotheken, die uns seine Nachfolger hinterlassen haben. Grimm war und blieb immer Internationalist – wichtig gerade heute, wo der Internationalismus in den Linksparteien und Gewerkschaften auf eine bescheidene Restgrösse zusammengeschmolzen ist.

Bekanntlich hat Grimm in der internationalen Arbeiterbewegung eine zentrale Rolle gespielt. Der Übergang zum Sozialismus war für ihn nur im internationalen Rahmen denkbar. Folgerichtig sah er nach dem Sieg des Faschismus 1933/34 in Deutschland und Österreich den Spielraum für einen baldigen Übergang zum Sozialismus nicht mehr als gegeben. Priorität hatten für ihn nach 1933/34 Massnahmen zur Arbeitsbeschaffung und Existenzsicherung im Rahmen eines Bündnisses gegen die Offensive von rechts. Massenarbeitslosigkeit sowie Verarmung und Verelendung hielt er für eine wesentliche Voraussetzung für das Aufkommen und den Erfolg faschistischer Bewegungen.[18]

Sicher trat nach 1933/34 der Internationalismus bei Grimm gegenüber dem Kampf gegen den Faschismus in den zweiten Rang. Zwar setzte er sich im Rahmen der Sozialistischen Arbeiter-Internationale (SAI), welcher die SPS 1926 schliesslich beigetreten war, zusammen mit anderen Linkssozialisten für eine kämpferische Linie und Gespräche und eine Zusammenarbeit mit der Kommunistischen Internationale ein. Nach dem Ausbruch des Zweiten Weltkriegs, insbesondere nach dem Hitler-Stalin-Pakt, war aber der Niedergang des Internationalismus nicht mehr aufzuhalten. Grimms Position zu aussenpolitischen Fragen nach dem Zweiten Weltkrieg, wie etwa zum Marshallplan, liegt weniger darin begründet, dass er, wie andere seiner Zeitgenossen, zu einem Nationalisten und Vertreter

---

17 Vgl. dazu Harvey, David: Räume der Neoliberalisierung. Zur Theorie der ungleichen Entwicklung, Hamburg 2007, S. 116–124.
18 Vgl. dazu Grimm, Robert: Eine neue Politik, in: Rote Revue 14 (1934/35), S. 249–256.

der geistigen Landesverteidigung geworden wäre. Vielmehr erhielt er sich einen gewissen Sinn dafür, was man in der Tradition der Arbeiterbewegung Imperialismus nennt. Dies im Gegensatz zu einem Teil der Reformisten, welche nach ihrem nationalistischen Versagen bei Kriegsausbruch 1914 mit Präsident Wilson den Sozialismus emporkommen sahen und nach dem Zweiten Weltkrieg Atlantismus mit Sozialismus verwechselten. Seit der neoliberalen Wende der USA unter Präsident Ronald Reagan hat allerdings der Atlantismus auch für Reformisten an Anziehungskraft verloren, und für viele ist an seine Stelle als Hoffnungsträger das «Friedensprojekt» Europäische Union getreten.

Für einen erneuerten Sozialismus ist der Aufbau eines neuen Internationalismus eine zentrale Leitidee. Heute kann eine sozialistische Gesellschaft nur erreicht werden, wenn die Menschen, welche sich in den Ländern des Südens gegen die kapitalistische Enteignung zur Wehr setzen, mit den Menschen, die in den industrialisierten Ländern gegen kapitalistische, patriarchale und rassistische Herrschaftsformen und die Naturzerstörung ankämpfen, zusammenarbeiten. Dabei bekommt die internationale Solidarität einen neuen, aktuellen Sinn. Es wird sich aber um einen schwierigen und keineswegs geradlinigen Prozess handeln, bei dem von einer Einheit des Proletariats und einer Notwendigkeit der geschichtlichen Entwicklung in diese Richtung keine Rede sein kann.

Am besten verstehen wir wohl Grimm als einen Sozialisten des Übergangs von einer Zeit des Sozialismus aus Optimismus zu einer Zeit des Sozialismus aus Pessimismus durch die Einsicht in dessen Notwendigkeit und Dringlichkeit gerade nach den Erfahrungen mit dem Faschismus und dem Stalinismus. Grimm überzeugt am meisten dadurch, dass er trotz allen negativen Erfahrungen an seinen Überzeugungen festhielt. Er war ein Realpolitiker mit all den sich daraus ergebenden Widersprüchen und Problemen – er wurde aber nie zum Opportunisten.

Biographischer Nachtrag

Bernard Degen

Die Beiträge des vorliegenden Bandes behandeln zentrale Themen des Lebens und der politischen Aktivitäten von Robert Grimm. Dabei mussten zahlreiche Aspekte vernachlässigt werden, etwa sein Wirken als Redaktor der *Berner Tagwacht*, als Organisator der Zimmerwalder Bewegung, als Mitglied der Berner Stadt- und später der Kantonsregierung oder als Direktor einer Eisenbahngesellschaft. Andere, namentlich private, kamen zu kurz. Dieser Beitrag will einerseits einige biographische Grunddaten ergänzen, um die Einordnung der Themen in den Lebenslauf zu ermöglichen, andererseits durch die thematische Gliederung entstandene Lücken skizzenhaft überbrücken. Gleichzeitig verzichtet er weitgehend auf eine Wiederholung der in den vorangegangenen Beiträgen behandelten Aspekte. Es wird lediglich darauf verwiesen. Deshalb wird hier auch nicht ein ausgewogenes Bild angestrebt; vielmehr führt die Zielsetzung des Beitrages zu einer Gewichtung, die zentrale zugunsten von weniger wichtigen Themen zurückstellt.

Kindheit und Jugend

Robert Grimm wurde am 16. April 1881 in Wald, einem der typischen Fabrikdörfer im Zürcher Oberland, als jüngstes von vier Kindern – drei Knaben und einem Mädchen – geboren. Vater Albert und Mutter Louise arbeiteten als Schlosser beziehungsweise als Weberin in der gleichen Fabrik. Von dieser sind im Sagenrain noch heute einige Gebäude samt dem in die Anlage integrierten Wohnhaus der Familie Grimm zu sehen. Angesichts des damals in der Textilindustrie üblichen Elfstundentages sahen die Eltern ihre Kinder nur mittags und abends. Nach Entlassung aus der Schulpflicht sollte auch Robert in die Fabrik eintreten. Er wehrte sich jedoch dagegen und fand mit Hilfe seiner Schwester eine Lehrstelle in einer Buchdruckerei. Mit vierzehn Jahren verliess er deshalb Wald und zog zu seinem Lehrmeister nach Oerlikon, bis 1934 ein Vorort von Zürich. Dort kam er mit sozialistischem Gedankengut, vor allem mit Werken utopischer Sozialisten, in Berührung. Das Geld für Bücher und Broschüren verdiente er am Sonntag als Kellner.[1]

Nach bestandener Abschlussprüfung als Maschinenmeister fand Grimm im Frühling 1899 in Horgen seine erste Stelle. Kurz zuvor trat er dem Schweizerischen Typographenbund und bald darauf der Sozialdemokratischen Partei bei. Im Herbst tauchte er schon als Redner bei einem Druckerstreik in Einsiedeln auf. Endgültig verliess er den Heimatkanton im Mai 1900, um auf seiner Wanderschaft andere Gegenden der Schweiz, Frankreich, Luxemburg, Deutschland, Österreich und Norditalien kennenzulernen. Anfang September 1902 nahm er in Porrentruy im Jura Wohnsitz. Weil er an einer öffentlichen Versammlung einen mächtigen lokalen Brauereidirektor angriff, musste er im Sommer 1904 nach Bern weiterziehen. Dort ging seine Laufbahn als Buchdrucker in der Schweiz bereits im folgenden Jahr zu Ende. Nachdem er der sozialdemokratischen *Berner Tagwacht* ein gegen streikende Arbeiter gerichtetes Zirkular der Schreinermeister übergeben hatte, wurde er entlassen und auf die schwarze Liste gesetzt.

Anfänge als Funktionär

Ohne Zukunft im gelernten Beruf, trat Grimm erstmals hauptamtlich in den Dienst der aufstrebenden Arbeiterbewegung. Obwohl er bis anhin erst einige Berichte für die Arbeiterpresse verfasst hatte, übernahm er 1905 von Carl Moor für drei Monate die Redaktion der *Berner Tagwacht*. Im Winter 1905/06 zog er hauptsächlich aus politischen Gründen nach Berlin, wo er in einer Grossdruckerei zum letzten Mal auf seinem Beruf arbeitete. Der Marxismus in seiner deutschsozialdemokratischen Ausprägung beeindruckte ihn stark. Ausserordentlich interessiert verfolgte er die Massenstreikdebatte und vertiefte in Vorlesungen, Veranstaltungen und durch Lektüre seine theoretischen Kenntnisse.

Im Frühling 1906 fand er zunächst kurzfristig Beschäftigung auf dem Zentralbüro des Schweizerischen Metallarbeiter-Verbandes in Bern, bevor ihn der Arbeiterbund Basel im Juli zum Sekretär wählte. Dort veranlasste ihn die damals hoch gehende Streikwelle zu grundsätzlicheren Überlegungen zum Generalstreik [→ Bernard Degen].

Der umtriebige Arbeitersekretär erreichte zwar in der Arbeiterschaft, namentlich auch in der ausländischen, grosse Popularität. Bald geriet er jedoch der

---

1 Zur Jugend vgl. Voigt, Christian: Robert Grimm. Kämpfer, Arbeiterführer, Parlamentarier. Eine politische Biographie, Bern 1980, S. 15–45; McCarthy, Adolf: Robert Grimm. Der schweizerische Revolutionär, Bern 1989, S. 21–62.

äusserst gemässigten sozialdemokratischen Parteiführung ins Gehege. Die Wahl in den Grossen Rat des Kantons Basel-Stadt stärkte zwar im Mai 1907 seine Stellung. Da ihm aber in Basel die politische Perspektive fehlte, reichte er bereits im Juni seine Demission als Arbeitersekretär ein. Infolge erheblicher Schwierigkeiten bei der Neubesetzung harrte er auf Wunsch der Gewerkschaften weitere eineinhalb Jahre provisorisch auf seinem Posten aus.
Zunehmend wandte er sich aber andern Aufgaben zu. Ein wichtiges Anliegen war ihm die Organisation der Handels- und Transportarbeiter. Um in deren Kreisen besser Anklang zu finden, gestattete er sich nach mehreren Jahren Abstinenz wieder Alkohol. Der Gründungskongress des Verbandes der Handels- und Transportarbeiter (VHT) wählte ihn im Oktober 1907 zum Sekretär und zum Redaktor seines Organs *Der Transportarbeiter*.
Trotz vollem Terminkalender fand Grimm gegen Ende seiner Basler Tätigkeit Zeit, sein Privatleben einschneidend zu ändern [➛ Caroline Arni]. Am 28. März 1908 heiratete er Rosa Reichesberg in London, um neugierigen Blicken und bürokratischen Formalitäten zu entgehen. In Bern bezog das Paar eine Mietwohnung, obwohl Robert vorerst weiterhin in Basel arbeitete.

Politischer Aufstieg in Bern

Im Dezember 1908 berief die Unionsdruckerei Grimm zum Redaktor der *Berner Tagwacht* mit Amtsantritt am 1. Februar 1909. Der Wechsel vom Basler Provisorium in ein festes Anstellungsverhältnis bot ihm, der kurz zuvor Vater geworden war, mehr soziale Sicherheit. Er machte aus dem bescheidenen Blättchen rasch eine bedeutende sozialdemokratische Tageszeitung. Immer wieder beleuchtete er in seinen Leitartikeln Tagesfragen in einer grundsätzlichen Perspektive. Mehrmals stand er wegen engagierter Stellungnahmen vor Gericht. Bald war Röbu oder Röbel, wie er nun genannt wurde, aus der Berner Politik nicht mehr wegzudenken. Im Zweiten Weltkrieg liess er sich in der Bundesstadt einbürgern.[2]
Dank seiner publizistischen Tätigkeit und seinem Rückhalt in der Arbeiterschaft setzte sich Grimm in der Berner Sozialdemokratie rasch durch. Bereits 1909 wurde er ins Stadt-, 1910 zusätzlich ins Kantonsparlament gewählt. In beiden verblieb er bis zum Übertritt in die jeweilige Exekutive. Mittels einer Statutenrevision entmachteten er und seine Anhänger 1910 den Grütliverein vorerst im

---

2 Zu Grimms Berner Karriere siehe Degen, Bernard: Ein Zürcher prägte die Berner Politik. Robert Grimm, in: Klassenkampf(rhetorik) und Reformpolitik. 100 Jahre SP Kanton Bern, Bern 2005, S. 114–129.

Kanton Bern. Im Januar 1911 übernahm dort der *Tagwacht*-Redaktor selbst das Präsidium, um es bis 1941 nicht mehr abzugeben. Unter seiner Leitung verdoppelte die Kantonalpartei ihre Mitgliedschaft auf fast 10000 Personen. Im Umgang mit Genossen und Gegnern war er keineswegs zimperlich. Der Berner Ökonomieprofessor Fritz Marbach, der in verschiedenen Funktionen mit ihm zusammenarbeitete, schrieb rückblickend: «Durch rund 20 Jahre hindurch bin ich Robert Grimm nur selten ohne Angstgefühle oder Beklemmung in Sitzungen und Konferenzen gegenübergesessen. Es war wohl eine der interessantesten Auswirkungen seines Wesens, dass er auf die ihn nur vom Hören, Sehen oder Lesen her kennenden Arbeiter ausgesprochen charismatisch wirkte, während ihn viele seiner politisch aktiven Parteigenossen fürchteten.»[3] Sein Schwiegersohn und Biograph Adolf McCarthy bemerkte, dass unter Grimms autoritärem Charakter von den sozialdemokratischen Spitzenfunktionären bis zu seinen Kindern alle zu leiden hatten.[4]

Nationaler Durchbruch

Von seiner gefestigten Stellung in Bern ausgehend, begann der knapp Dreissigjährige, seinen Einfluss in der schweizerischen Sozialdemokratie zu verstärken. Tatkräftig unterstützte Grimm die Zürcher Aktivisten, die eine einheitliche Mitgliedschaft einzuführen und so die auf dem rechten Flügel politisierende grütlianische Sonderorganisation in der Partei auszuschalten versuchten. In seinem Vortrag vom Oktober 1910 im Zürcher Volkshaus stellte er der «kleinbürgerlichen», «nationalen» eine «proletarische», «internationale» Richtung gegenüber.[5] Die Statutenrevision von 1911 untergrub die Stellung des Grütlivereins innerhalb der Sozialdemokratischen Partei der Schweiz weiter.

Die bescheidene Gruppe der sozialdemokratischen Nationalräte – bis 1911 nie mehr als sieben von 167 – bildeten ausschliesslich Gemässigte und Rechte, weil unter dem Mehrheitswahlrecht ohne Unterstützung aus andern politischen Lagern kein Mandat zu erringen war. Die Aufteilung eines Zürcher Wahlkreises in einen rein bürgerlichen und einen «roten» bot der Sozialdemokratie 1911 erstmals die Möglichkeit, fünf Kandidaten ohne Rücksicht auf Zusatzstimmen aufzustellen. Grimm erreichte nach heftiger Debatte knapp den letzten sicheren Listenplatz in Zürich-Aussersihl. Seine Wahl in den Nationalrat Ende Oktober

---

3 Marbach, Fritz: Der Generalstreik 1918. Fakten, Impressionen, Illusionen, Bern 1969, S. 60.
4 Basler AZ, 4. Mai 1990.
5 Grimm, Robert: Demokratie und Sozialismus, Zürich 1911; ders.: Partei und Gewerkschaft, Bern 1911.

1911 war reine Formsache. Damit begann auf nationaler Ebene die parlamentarische Karriere des vielleicht glänzendsten Abgeordneten, die bis Ende 1955 dauern sollte. Sie erlitt allerdings im Herbst 1919 einen kurzen Unterbruch, weil Grimm – nunmehr auf der Berner Liste – bei der ersten Wahl nach dem Verhältniswahlrecht durchfiel und nur dank einem Rücktritt im März 1920 wieder in den Nationalrat nachrückte. Um solche Pannen zu verhindern, kumulierte ihn die Berner Partei von 1922 bis zu seinem Rücktritt jeweils auf den Wahlzetteln. Dank seinem Wahlkreis in Zürich erreichte er ab 1911 auch im damaligen Zentrum der schweizerischen Arbeiterbewegung Bedeutung, was sich nicht zuletzt im lokalen Generalstreik von 1912 zeigte [➔ Bernard Degen].

Krieg, Zimmerwald und Landesstreik

Der Kriegsausbruch stürzte die Arbeiterbewegung im Sommer 1914 in eine schwere Krise. Mit seiner Fraktion stimmte Grimm im Nationalrat Anfang August ausserordentlichen Vollmachten für die Regierung zu. Nach etwa einem Monat begann er jedoch zu zweifeln, prangerte Scheinpatriotismus und Klassenegoismus des Bürgertums an und stellte fest, dass der Klassenkampf ungeachtet des Burgfriedens weitergehe. Von Anfang an denunzierte er den imperialistischen Charakter des Krieges in der *Berner Tagwacht*. Diese blieb eine der wenigen Arbeiterzeitungen Europas, die nicht für eines der beiden Lager Stellung bezogen. Ihre Auflage stieg während des Krieges von 8100 auf 17 000.[6]
Nachdem sich der Vorstand der Sozialdemokratischen Partei geweigert hatte, die sich in der Regel in der Minderheit befindenden Kriegsgegner der europäischen Bruderparteien einzuladen, handelte Grimm auf eigene Faust. Rund vierzig Delegierte aus zwölf Ländern, darunter Lenin und Trotzki, tagten im September 1915 unter seinem Vorsitz im Dörfchen Zimmerwald unweit von Bern. In einem vielbeachteten Manifest verwarfen sie den Burgfrieden und forderten den Kampf gegen die Regierungen zur Durchsetzung des Friedens. Der Zimmerwalder Bewegung unter dem Präsidium Grimms war kein langes Leben beschieden, da die Differenzen zwischen der Zimmerwalder Linken um Lenin und der Mehrheit ständig zunahmen. Im April 1916 verabschiedete zwar eine zweite Konferenz in Kiental im Berner Oberland ein bestimmteres und radikaleres Manifest.[7] Nachdem aber im März 1917 der russische Zar gestürzt worden war

---

6 Kohli, Richard: 100 Jahre Berner Tagwacht. Vom Klassen- via Überlebenskampf zum Sprung in die «Postmoderne», Lizentiatsarbeit Universität Bern 1992, S. 56–61.
7 Grimm, Robert: Zimmerwald und Kiental, Bern-Belp 1917.

und die Arbeiterbewegung im übrigen Europa einen gewaltigen Aufschwung genommen hatte, stellten sich alle Fragen neu.

Für Grimm erfolgte bald darauf der vorläufige Abgang von der internationalen Bühne. Mit Hilfe von Bundesrat Arthur Hoffmann, dem Aussenminister, versuchte er im Sommer 1917 Friedensverhandlungen zwischen Russland und Deutschland anzubahnen. Grossbritannien und Frankreich, die befürchteten, ihren russischen Verbündeten zu verlieren, sahen darin einen Verstoss gegen die Neutralität. Hoffmann musste zurücktreten, und Grimm stellte seine Ämter zur Verfügung. Untersuchungsausschüsse der Sozialdemokratischen Partei und der Internationalen Sozialistischen Kommission bescheinigten ihm zwar einwandfreie Motive, warfen ihm aber unüberlegtes und in Widerspruch zu den Grundsätzen der Zimmerwalder Bewegung stehendes Handeln vor. Obwohl ihn der Parteivorstand nach leidenschaftlicher Debatte mit achtzehn gegen fünfzehn Stimmen in seinen Ämtern bestätigte, schien er im Herbst 1917 politisch erledigt zu sein. Dazu kam, dass ihn eine schwere Blutvergiftung zwei Monate aufs Krankenlager warf. Ehekrise und Scheidung lagen ebenfalls noch nicht lange zurück [➤ Caroline Arni].

Angesichts der sozialen und politischen Missstände radikalisierte sich gegen Ende des Krieges auch die schweizerische Arbeiterschaft. Die leitenden Organe von Partei und Gewerkschaften verloren ihren Einfluss bei den Massen in den Industriezentren. Anfang 1918 gelang es Grimm, die wichtigsten Gewerkschaftssekretäre, einige Vertreter der Partei sowie lokale Funktionäre im Oltener Aktionskomitee zu vereinigen, das dann im November des gleichen Jahres als Streikleitung im landesweiten Generalstreik dienen sollte. Der wichtigste schweizerische Vordenker des Massenstreiks stand an der Spitze des realen Generalstreiks [➤ Bernard Degen].

Reorganisation der Arbeiterbewegung und Stadtregierung

Nachdem das Bürgertum den ersten Schrecken überwunden hatte, unternahm es alles, um einen weiteren Generalstreik zu verhindern. Dabei sollte die Verurteilung der Mitglieder des Oltener Aktionskomitees einen Höhepunkt bilden. Grimm wurde aufgrund einer fragwürdigen Rechtsauslegung von einem Militärgericht zu sechs Monaten Gefängnis verurteilt. Im Zeichen der nationalen Versöhnung billigte 1943 ein Militärkassationsgericht sein Rehabilitationsgesuch. Während seiner sechsmonatigen Haft auf Schloss Blankenburg im Simmental verfasste er eine *Geschichte der Schweiz in ihren Klassenkämpfen* [➤ André Holenstein].

Mitte März 1918 war Grimm in die Berner Stadtregierung gewählt worden, wo er die Leitung der kommunalen Betriebe übernahm (Gas, Wasser, Elektrizität, öffentlicher Verkehr). Auch diese Arbeit schlug sich in zahlreichen Artikeln und Broschüren nieder.[8] Ebenfalls noch vor dem Generalstreik hatte er die 1896 geborene Jenny Kuhn, die Tochter des Dorfarztes von Wald, kennengelernt. Diese gab, als die beiden im Oktober 1918 eine Heirat ins Auge fassten, ihren Beruf als Krankenschwester auf und kam nach Bern. Im Januar 1919 bezogen die beiden eine eigene Wohnung, im Februar fand Grimm endlich einen freien Termin für die Hochzeit. Die Kinder aus der ersten Ehe kehrten zu ihrem erstmals über eine gut bezahlte Stellung verfügenden Vater zurück [➔ Caroline Arni].
Die berufliche Belastung zuerst in der Stadt- und später in der Kantonsregierung schränkte Grimms Aktivitäten im Rahmen der Arbeiterorganisationen in der zweiten Lebenshälfte ein. Weiterhin beteiligte er sich aber massgeblich an den wichtigsten Debatten und Entscheiden. Dabei kam ihm neben seinem publizistischen Geschick seine aussergewöhnliche Rhetorik zugute, war er doch einer der bedeutendsten schweizerischen Redner des 20. Jahrhunderts. Ob vor Tausenden von Menschen auf einem Platz oder im Parlament, immer wusste er seine Zuhörerschaft zu fesseln. Seine Reden an den Parteitagen der schweizerischen und der Berner Sozialdemokratie galten während dreier Jahrzehnte als Meisterstücke und erwiesen sich nicht selten als politische Ereignisse.
Polarisierend wirkte in der unmittelbaren Nachkriegszeit zunächst die Stellung zur Kommunistischen Internationale. Im Sommer 1919 entschieden sich Vorstand und Kongress der Sozialdemokratischen Partei für den Beitritt, den jedoch die Mitgliedschaft in einer Urabstimmung wieder verwarf. Im März 1920 schlug Grimm in der Geschäftsleitung vor, die Partei solle sich unter Vorbehalt anschliessen. Die 21 Bedingungen der Kommunistischen Internationale, die in der Schweiz Ende August bekannt wurden, führten allerdings zu einem Stimmungsumschwung. Auf dem Parteitag im Dezember 1920 entschied sich die Mehrheit, der Argumentation von Grimm und Paul Graber folgend, gegen einen Beitritt. Die Befürworter der 21 Bedingungen verliessen daraufhin den Saal und formierten sich 1921 zur Kommunistischen Partei. Die Verbliebenen verabschiedeten ein stark von Grimm geprägtes Programm, das unter anderem die «Diktatur des Proletariats» vorsah. Die radikale Sprache stand allerdings in Widerspruch zur gemässigten Politik der Partei. In seinen Broschüren *Revolution und Massenaktion*, *Ziel und Taktik der Partei* sowie *Demokratie und Diktatur* hatte Grimm in den bewegten Nachkriegsjahren die theoretische

---

8 Grimm, Robert: Die Wirtschaftlichkeit kommunaler Betriebe, Bern, Leipzig 1925; ders.: Sozialdemokratische Gemeindepolitik, Bern 1929.

Position der Strömung im Zentrum der Sozialdemokratie festgehalten [➤ Andreas Berz].

Im Schweizerischen Gewerkschaftsbund schwand Grimms Einfluss rasch. Den Einzug in die oberste Exekutive, ins Bundeskomitee, hatte er bereits bei einer Ersatzwahl 1910 verpasst. Über das Oltener Aktionskomitee erreichte er gegen Ende des Krieges den Höhepunkt seiner gewerkschaftlichen Bedeutung. Noch im Frühling 1919 gelang es ihm, einen Kongress zu einer wesentlich klareren Stellungnahme für die 48-Stunden-Woche zu bewegen, als dies die leitenden Organe vorgesehen hatten. In der Folge trat er in Gewerkschaften kaum mehr in Erscheinung.

Nebst seinen zahlreichen Funktionen in der Schweiz fand Grimm wieder Zeit für internationale Aktivitäten. Er wirkte zuerst im Büro der Internationalen Arbeitsgemeinschaft sozialistischer Parteien, ab 1927 im Exekutivrat der Sozialistischen Arbeiter-Internationale, seit 1935 auch im Büro. Der Zweite Weltkrieg beendete seine internationale Karriere [➤ Marc Vuilleumier].

Krise und Krieg

An eine Überwindung der schweren Weltwirtschaftskrise der frühen 1930er Jahre im Rahmen des Kapitalismus glaubte Grimm zunächst nicht. Noch auf dem Parteitag Anfang April 1933 meinte er: «Heute wissen wir auch, dass es kein Ausweichen gibt, dass die Lösung nur darin bestehen kann, dass man die Eigentumsfrage an den Produktionsmitteln löst, nur darin besteht, dass der Grundsatz der Privatwirtschaft der Gemeinwirtschaft Platz machen muss.»[9] Diese Auffassung spiegelt sich auch in den Titeln wichtiger Publikationen Grimms zwischen 1930 und Frühling 1933: *Der 12. Dezember des Bürgertums*, *Kapitalismus, Krisen, Arbeitslosigkeit*, *Der Weg zur Macht*, *Voraussetzungen des Sozialismus*, *Der Übergang zum Sozialismus* [➤ Andreas Berz].

Nachdem die Nationalsozialisten Anfang 1933 in Deutschland die Regierung übernommen hatten, begann Grimm seine Auffassung den neuen Bedingungen anzupassen. Wieder begleiten die Titel seiner Broschüren seinen strategischen Wechsel hin zur Verteidigung der bürgerlichen Demokratie und zum Kampf gegen die Krise: *Unser Kampf gegen Reaktion und Fronten*, *Krisenbekämpfung und Arbeitsbeschaffung*, *Schicksalsstunde der Schweiz* [➤ Andreas Berz]. Im zusammen mit Ferdinand Rothpletz im Frühling 1934 verfassten Gutachten [➤ Brigitte

---

9 Sozialdemokratische Partei der Schweiz, Protokoll über die Verhandlungen des ausserordentlichen Parteitages vom 8. und 9. April 1933 im Volkshaus Biel, Aarau 1933, S. 30.

Studer] wird die Krise zu einer konjunkturellen, ohne revolutionäre systemgefährdende Dimension: «Ihr [der Massnahmen] Ziel muss die dauernde Vermehrung der Arbeitsgelegenheiten sein [...]. Die Mittel bestehen in der Förderung des Exportes, in der Auswertung der im Lande noch vorhandenen Arbeitsgelegenheiten und in ihrer vorübergehenden Vermehrung durch Notstandsarbeiten.»[10] In Grimms Perspektive rückte die Revolution in weite Ferne; vorerst galt es, durch Bekämpfung der Krise die Demokratie zu sichern.
Bereits im Spätherbst 1933 begann Grimm neben der für ihn zunächst im Vordergrund stehenden Bedrohung durch den inneren auch diejenige durch den äussern Faschismus ernster zu nehmen. Bis anhin hatte er zusammen mit seinen Parteigenossen die schweizerische Armee strikte abgelehnt. In der *Berner Tagwacht* kündigte er im November 1933 eine Revision dieser Haltung an: «Wer ernsthaft entschlossen ist, den Kampf gegen den Faschismus im Innern mit allen Mitteln zu führen, muss sich auch mit allen Mitteln gegen die faschistische Gefahr von aussen wehren.»[11] Am Parteitag 1935 nahm die Sozialdemokratische Partei ein wesentlich von Grimm entworfenes neues Programm an, das auf die «Diktatur des Proletariats» verzichtete und dafür ein Bekenntnis zur «Notwendigkeit eines bewaffneten Grenzschutzes, der [...] in der Milizarmee seine Verkörperung findet», enthielt.[12] Die Bedeutung dieser Beschlüsse sah er «im Willen, die Sozialdemokratie zur Trägerin des Staates zu machen».[13] Zur gleichen Zeit diskutierte übrigens die Kommunistische Internationale die Volksfrontpolitik, nachdem sie bis 1933 auf das baldige Ende des Kapitalismus gehofft hatte. Der sozialdemokratische Parteitag 1936 lehnte die Haltung der Parteiführung zu den Wehrkrediten knapp ab, worauf Grimm als Kandidat für das Parteipräsidium zurücktrat und verlangte, dass die neue Mehrheit die Verantwortung übernehmen müsse. So rückte der führende Kopf der schweizerischen Sozialdemokratie nie in die oberste Position seiner Partei auf.
Obwohl sich die Sozialdemokratie dem demokratischen bürgerlichen Lager bereits stark angenähert hatte, blieb ihr auf nationaler Ebene die Regierungsbeteiligung vorerst verwehrt. Auf kantonaler machte die Integration aber weitere Fortschritte. So wurden Grimm und Georges Moeckli im Mai 1938, entgegen den Plänen der eine Mitte-links-Mehrheit anstrebenden Richtlinienbewegung,

10 Krisenbekämpfung und Arbeitsbeschaffung. Gutachten, dem Eidgenössischen Volkswirtschaftsdepartement erstattet von Robert Grimm und Ferdinand Rothpletz, Bern 1934, S. 124.
11 Berner Tagwacht, 20./21. November 1933, zitiert nach Voigt, Christian: Robert Grimm. Kämpfer, Arbeiterführer, Parlamentarier. Eine politische Biographie, Bern 1980, S. 290.
12 Zitiert nach Scheiben, Oskar: Krise und Integration. Wandlungen in den politischen Konzeptionen der Sozialdemokratischen Partei der Schweiz 1928–1936, Zürich 1987, S. 228.
13 Grimm, Robert: Eine neue Politik, in: Rote Revue 14 (1934/35), S. 256.

als erste Sozialdemokraten in die bernische Kantonsregierung gewählt. Ersterer leitete während acht Jahren die Direktion der Bauten und Eisenbahnen, die angesichts des Krieges kaum grössere Projekte in Angriff nehmen konnte [➛ Peter Martig]. Um die Sozialdemokratie auch ohne Minister auf Bundesebene in die Verantwortung einzubinden, übertrug der Bundesrat im August 1939 Grimm die Leitung der Sektion Kraft und Wärme, den am schlechtesten vorbereiteten Bereich der Kriegswirtschaft [➛ Simon Wenger].

Zu den regelmässigen Traktanden der Parteitage der Berner Sozialdemokratie gehörte bis in die 1950er Jahre eine Grundsatzrede Grimms. In der vom Februar 1940 bezeichnete er die Regierungen der faschistischen Staaten als «bunt zusammengewürfelte[n] Apparat von ehemaligen Landsknechten und Abenteurern, kulturlos, brutal und geniesserisch zugleich».[14] Im Frühling erschienen seine Ausführungen als Broschüre, die fast nur parteiintern vertrieben und zudem bald von der Bundesanwaltschaft beschlagnahmt wurde. Dennoch gelangten einige Exemplare an die Gesandtschaften des Deutschen Reiches und Italiens, die deswegen im Juli beim schweizerischen Aussenministerium intervenierten und Grimm als untragbar erklärten. Unterstützung fanden diese Vorstösse im November durch die *Eingabe der Zweihundert*, eine von prominenten Schweizern unterschriebene Forderung nach Anpassung an das Deutsche Reich. General Henri Guisan denunzierte anlässlich des Rütlirapports im Sommer 1940 ebenfalls Grimm als einzigen Gegner mit Namen und forderte den Bundesrat auf, sich von ihm zu distanzieren.[15] Der Bundesrat verzichtete aber auf Massnahmen gegen den scharfen Kritiker.

Nach dem Krieg konnte Grimm das Präsidium des Nationalrates nicht mehr verweigert werden. Als er 1926 turnusgemäss an der Reihe gewesen wäre, hatten die unter schwerem Druck stehenden bürgerlichen Parlamentarier in Abweichung von der Tradition nicht den umstrittenen Vizepräsidenten, sondern einen andern gewählt [➛ Andreas Thürer]. Nach seinem Amtsjahr als formell höchster Schweizer verabschiedete er sich nach und nach aus der Politik. Ende 1946 trat er aus der Berner Kantonsregierung zurück; ein halbes Jahr später reichte er seine Demission als Chef der Sektion Kraft und Wärme ein. Seine Erwerbs-

14   Grimm, Robert: Die Arbeiterschaft in der Kriegszeit, Bern 1940, S. 6.
15   Von der Rede existiert nur ein Entwurf, worin Grimm namentlich denunziert wird. Markus Feldmann notierte 1946 in sein Tagebuch, der General habe auf dem Rütli Grimm angegriffen. Gautschi bezweifelt dies in Unkenntnis von Feldmanns zeitgenössischen Notizen aufgrund wesentlich späterer Aussagen von Beteiligten. Feldmann, Markus: Tagebuch 1915–1958, CD-ROM, Bern 2001, 28. Januar 1946; Gautschi, Willi: General Henri Guisan. Die schweizerische Armeeführung im Zweiten Weltkrieg, Zürich 1989, S. 277; Gauye, Oscar: «Au Rütli, 25 juillet 1940». Le discours du général Guisan: nouveaux aspects, in: Studien und Quellen, Nr. 10, Bern 1984, S. 16 und 42–44.

tätigkeit nahm damit allerdings noch kein Ende, war er doch im Oktober 1946 zum Direktor der Alpenbahn-Gesellschaft Bern–Lötschberg–Simplon (BLS), der zweitgrössten schweizerischen Eisenbahngesellschaft, ernannt worden. Wegen seiner autoritären Betriebsführung geriet er dort mehrmals in Konflikt mit dem Schweizerischen Eisenbahner-Verband – wie übrigens schon früher als Direktor der industriellen Betriebe der Stadt Bern mit andern Gewerkschaften. Nach sieben Jahren legte er, nunmehr 72-jährig, diese Verantwortung nieder. Im Nationalrat beendete er noch die bis 1955 dauernde Amtsperiode, um dann das Rampenlicht öffentlicher Ämter endgültig zu verlassen.

Gegen den Kalten Krieg

In der Nachkriegszeit hoben sich Grimms Ansichten zunehmend deutlicher von denen seiner Partei ab [➤ Jakob Tanner]. Wiederholt wandte er sich gegen die völlige Eingliederung in die bürgerliche Front des Kalten Krieges und unterstützte damit die Linie seines Freundes Max Arnold, des geschäftsleitenden Sekretärs des Verbandes des Personals öffentlicher Dienste (VPOD). Er betrachtete die Vereinigten Staaten nicht als Wohltäter Europas und führte den Marshallplan in einem Referat vor dem Zentralvorstand des VPOD auf seinen ökonomischen Kern zurück: «Amerika will den europäischen Markt erobern, seine Überschussprodukte nach Europa und den noch zu erschliessenden Ländern der andern Kontinente ausführen.»[16] Die Hochkonjunktur sah er – dies anfänglich in Übereinstimmung mit seiner Partei – nicht als Dauerzustand. Seine letzte grössere Arbeit kam 1955 zum Schluss, unter der «Herrschaft des Kapitals [...] währt die Unsicherheit der Existenz und der Lebensmöglichkeiten der Arbeiter», weshalb sie die «Gemeinwirtschaft» anstrebten.[17] Von seiner marxistischen Grundüberzeugung kam er nie ab. Mitte der 1950er Jahre, als die schweizerische Sozialdemokratie ihre verbliebenen alternativen Positionen rasch aufgab, schrieb er über bürgerliche Theoretiker fast prophetisch: «Hundertmal haben sie Marx und seine Lehren totgesagt, und hundertmal fangen sie wieder von vorne an.»[18] Mit seinem «tm» gezeichneten letzten Artikel, in dem er – kurz vor dem Sputnik – der Sowjetunion technologische Innovationsfähigkeit bescheinigte, geriet

---

16 Grimm, Robert: Der Marshall-Plan und die Schweiz, Zürich 1950, S. 12.
17 Grimm, Robert: 50 Jahre Landesgeschichte, in: Der VPOD im Spiegel des Zeitgeschehens 1905–1955. Jubiläumsausgabe in drei Bänden zum 50jährigen Bestehen des Verbandes des Personals Öffentlicher Dienste, Bd. 1, Zürich 1955, S. 68.
18 Grimm, Robert: Der totgesagte Marxismus, in: Der öffentliche Dienst, 4. Februar 1955.

er sogar in den Verdacht des «Krypto-Kommunismus».[19] Seine Gegner mussten allerdings ihren Angriff wieder abblasen, als sie erfuhren, dass sich hinter dem Kürzel ausgerechnet der Mann verbarg, der 1920 wesentlich zur Isolierung der Kommunistischen Internationale in der schweizerischen Arbeiterbewegung beigetragen und 1945 in Bern die Bestrebungen zum Aufbau der Partei der Arbeit weitgehend vereitelt hatte.

Grimm passte in seinen letzten Lebensjahren nicht mehr in die politische Landschaft der Schweiz. Wie kein Zweiter verkörperte er eine kämpferische Tradition der Arbeiterbewegung, die jüngere Funktionäre gerne verdrängten. Mit Regierungsbeteiligung für gemässigte und teilweise harter Repression gegen radikalere Linke war es der bürgerlichen Mehrheit gelungen, fast alle bedeutenden Sozialdemokraten und Gewerkschafter im Kalten Krieg auf ihre Seite zu ziehen. Grimm dagegen – bei aller Anpassung an die jeweilige historische Lage – ging immer vom Herrschaftsverhältnis des Kapitals über die Arbeit aus und sah das Ziel der Arbeiterbewegung in der Errichtung der «Gemeinwirtschaft», des demokratischen Sozialismus. Obwohl auch er vom unerbittlichen Kritiker zum geehrten Würdenträger aufgestiegen war, freundete er sich nie mit dem schweizerischen System an. Adolf McCarthy meinte dazu: «Sein ganzes Wesen und seine äussere Erscheinung waren Ausdruck seiner tiefen Missbilligung.»[20]

Am 8. März 1958 verstarb Grimm nach längerer, schwerer Krankheit. Dem Zeitgeist entsprechend hoben sich die Nachrufe vieler Partei- und Gewerkschaftsfunktionäre nicht stark von der Argumentation der *Neuen Zürcher Zeitung* ab: «Nachdem er seine in der ersten und zweiten Lebensperiode extreme, zuweilen sogar extremistische politische Auffassung geklärt und geläutert hatte und sich positiv zum bestehenden Staat einstellte, war für ihn der Weg zur Mitarbeit frei.»[21] Allenthalben wurde der Regierungsmann und Verwalter gelobt, während Versuche, das revolutionäre Selbstverständnis des Verstorbenen zu beleuchten, massive Kritik nach sich zogen.

Auf die Masse eines landesüblichen Politikers zurückgestutzt, geriet Grimm rasch in Vergessenheit. Erst die Studentenbewegung entdeckte sein Werk wieder. Arbeitsgruppen setzten sich mit seinen Schriften auseinander, in der Presse mehrten sich die Artikel und zwei seiner Hauptwerke wurden neu aufgelegt [➛ Andreas Berz]. Allerdings hielt die tiefgehende Abneigung im bürgerlichen Lager noch lange an; so wurden in den 1970er Jahren sowohl eine Gedenktafel in Zimmerwald als auch eine «Grimm-Strasse» in Bern verhindert. Das bernische

---

19 tm: Um ein Flugzeug, in: Der öffentliche Dienst, 30. März 1956.
20 McCarthy, Adolf: Robert Grimm. Der schweizerische Revolutionär, Bern 1989, S. 15.
21 Neue Zürcher Zeitung, 10. März 1958.

Historische Museum widmete ihm 1981 gemeinsam mit dem populären, aber wesentlich kleinkarierteren Bundesrat Rudolf Minger eine kurz zuvor undenkbare Ausstellung. Sein Geburtshaus in Wald erhielt erst 1982 eine Gedenktafel, die auf den bedeutendsten Kopf der schweizerischen Sozialdemokratie hinweist.

Die Schriften Robert Grimms

Bibliographischer Bericht

Andreas Berz

Im Jahr 1958 hat Bruno Grimm, der Sohn von Robert und Rosa Grimm, die von seinem Vater veröffentlichten Schriften in einer Publikationsliste zusammengestellt. Die Liste trägt den Titel *Das publizistische Werk 1906–1956*. Sie wurde ohne Hinweis auf den Urheber abgedruckt auf den Seiten 143–158 des Gedenkbandes *Revolutionär und Staatsmann*, den der Schweizerische Verband des Personals öffentlicher Dienste (VPOD) in Erinnerung an Robert Grimm 1958 herausgab. Das Verzeichnis endet mit den Worten: «Ohne Gewähr. – Die vorliegende Bibliographie ist unvollständig. Der Herausgeber dankt für weitere Hinweise auf hier noch nicht aufgenommene Titel.»
Zu Robert Grimms sechzigstem Geburtstag ist bereits 1941 eine *Bibliographie der Schriften von Robert Grimm* erschienen (in: *Rote Revue*, Jg. 20, Nr. 8/9 [April/Mai], S. 327 f.). Der unbekannte Verfasser führt neun Schriften auf, die in Bruno Grimms Liste fehlen:
– *Zur Gemeindeabstimmung vom 22./23. April 1911 in Bern*, Bern 1911.
– *Die Politik kümmert mich nichts!*, Bern 1912.
– *Die Initiative auf Vermögensabgabe*, 1918.
– *Direkte oder indirekte Steuern?*, 1918.
– *Die Vorbereitung zum Arbeitermord*, Bern 1920.
– *Gemeindewahlen 1923 (Bern)*, Bern 1923.
– *Was soll aus Bern werden?*, Bern 1927.
– *Bericht über die Elektrizitätswirtschaft der Stadt Bern*, Bern 1929.
– *Die Frühjahrswahlen 1938*, 1938.
Dass Bruno Grimm diese Schriften in seiner Bibliographie nicht verzeichnet hat, dürfte ein Hinweis darauf sein, dass es sich um nicht publizierte oder unselbständige Werke handelt: zum einen um handschriftliche Vorlagen für Vorträge und Reden, zum andern um Beiträge in der *Berner Tagwacht* und andern Periodika. Anders verhält es sich mit dem *Bericht über die Elektrizitätswirtschaft*. Dieser wurde «dem Gemeinderat erstattet von der Kommission für das städtische Elektrizitätswerk» und enthält zwar keinen expliziten Hinweis auf Robert Grimm; als Direktor der industriellen Betriebe (1919–1938) präsidierte Gemeinderat Grimm aber die Kommission, weshalb ich diesen Bericht – gleich wie andere

Gemeinschaftswerke, an denen Grimm als Koautor beteiligt war – in die Bibliographie aufgenommen habe.

Robert Grimm hat eine grosse Zahl längerer und kürzerer Texte verfasst, und viele seiner Schriften sind gedruckt und publiziert worden. Es erstaunt deshalb nicht, dass der vor fünfzig Jahren geäusserte Wunsch allmählich in Erfüllung ging und Schriften Robert Grimms bekannt wurden, die in Bruno Grimms Verzeichnis noch fehlen. Aufgrund meiner Recherchen sind 58 Titel hinzugekommen; die vorliegende Bibliographie umfasst 235 Titel. Sie hat zum Ziel, diese Ergänzungen nachzutragen und gleichzeitig die Referenzen nach einheitlichen Regeln darzustellen. Sie erhebt jedoch nicht den Anspruch auf Vollständigkeit. Insbesondere die unselbständige Literatur konnte nicht lückenlos recherchiert werden. Dies gilt unter anderem für viele der – meist nicht gezeichneten – Beiträge, die Robert Grimm im *Transportarbeiter*, der *Berner Tagwacht* und weiteren Zeitungen verfasst hat.

Was die Art der Dokumente betrifft, so beschränkt sich die vorliegende Bibliographie gleich wie ihre Vorläuferin weitgehend auf die Werke Robert Grimms, die zu dessen Lebzeiten publiziert worden sind. Aufgeführt ist ausserdem ein von Grimm aus dem Englischen übersetztes Werk sowie eine Tonaufnahme von Robert Grimm (und andern) als Redner. In der Bibliographie nicht oder nur ausnahmsweise aufgeführt sind dagegen postum erschienene Ausgaben einzelner Schriften, unveränderte Nachdrucke, Manuskripte, Fotos und andere Archivalien. Ausgehend von Bruno Grimms Publikationsliste habe ich diese in einem ersten Schritt ergänzt um die zusätzlichen Titel, die Christian Voigt im Quellen- und Literaturverzeichnis zu seiner politischen Biographie Robert Grimm (Bern: Zytglogge, 1980) aufgeführt hat. Sodann habe ich die folgenden Bibliothekskataloge nach Werken von Robert Grimm durchsucht:

Schweizer Online-Kataloge
- Helveticat (www.helveticat.ch) der Schweizerischen Nationalbibliothek (NB).
- Alexandria: Online-Katalog des Bibliotheksverbunds der Bundesverwaltung (www.alexandria.ch).
- Informationsverbund Deutschschweiz (IDS) (www.informationsverbund.ch).
- Netzwerk von Bibliotheken und Informationsstellen in der Schweiz (NEBIS) (www.nebis.ch).
- Westschweizer Bibliotheksverbund Réro (http://opac.rero.ch).
- Aargauer Bibliotheksnetz (http://aleph.ag.ch).
- Bibliotheksverbund Graubünden (http://aleph.gr.ch/F).
- St. Galler Bibliotheksnetz (http://aleph.sg.ch).
- Sistema Bibliotecario Ticinese (Sbt) (http://www.sbt.ti.ch/metaopac/).

- Schweizer Virtueller Katalog (CHVK) (www.chvk.ch).
- Alphabetischer Zentralkatalog (bis 1989) der Zentralbibliothek Zürich. – Seit 2012 in NEBIS integriert.
- Alter alphabetischer Katalog (bis 1965) der Zentralbibliothek Bern (http://digibiblio.unibe.ch).
- Alter Alphabetischer Katalog der Universität Bern (UniCAT) (weitgehend integriert in den IDS Basel Bern, http://aleph.unibas.ch/F).

Internationaler Metakatalog
- Karlsruher Virtueller Katalog KVK (http://www.ubka.uni-karlsruhe.de/kvk.html) und die darin vereinten Verbund- und Einzelkataloge weltweit.

Schliesslich habe ich die folgenden Zeitschriften nach Beiträgen von Robert Grimm durchgesehen:
- *Der Kampf*. Sozialdemokratische Monatsschrift, hg. von Otto Bauer, Adolf Braun und Karl Renner (Wien: Emmerling) von Jg. 1 (1907/08) bis Jg. 27 (1934), Nr. 2 (Februar) und Neue Folge, Jg. 1 (1934), Nr. 1 (Mai) bis Jg. 5 (1938), Nr. 9 (September).
- *Die Neue Zeit*. Wochenschrift der Deutschen Sozialdemokratie (Stuttgart: Dietz) von Jg. 29 (1910/11) bis und mit Jg. 36 (1917/18). Auch online unter: http://library.fes.de/nz.
- *Neues Leben*. Monatsschrift für sozialistische Bildung, hg. von Robert Grimm und Jacob Lorenz (Bern: Unionsdruckerei) von Jg. 1 (1915) bis und mit Jg. 3 (1917). Mit handschriftlicher Mitteilung Robert Grimms vom 19. August 1918 an die damalige Schweizerische Landesbibliothek, wonach die Zeitschrift «am 31. XII. 1917 eingegangen» sei.
- *Der öffentliche Dienst*. Zeitung des Schweizerischen Verbandes des Personals öffentlicher Dienste VPOD (Zürich: VPOD) von Jg. 37 (1944) bis und mit Jg. 51 (1958).

Nicht systematisch durchforstet habe ich die folgenden Periodika:
- (Bis 1915: *Amtliches ...*) *Stenographisches Bulletin der Bundesversammlung. Nationalrat* / Bulletin sténographique de l'Assemblée fédérale. Conseil national, [Bern]: [Sekretariat der Bundesversammlung] 1911–1955. – Amtszeit Grimms als Nationalrat.
- *Protokolle der Sitzungen des Stadtrates der Gemeinde Bern*, [Bern]: [s. n.], 1918–1938. – Amtszeit Grimms als Gemeinderat.
- *Der Transportarbeiter*. Zentral-Organ für die Interessen der Handels-, Transport- und Verkehrsarbeiter und -arbeiterinnen in der Schweiz. Offizielles

Organ für die Mitglieder des Verbandes der Handels- und Transportarbeiter in der Schweiz (Basel: Genossenschafts-Druckerei) Probenummer 1 (1. November 1907); Probenummer 2 (12. Dezember 1907); Jg. 1 (1908), Nr. 1 (4. Januar) bis Nr. 52 (23. Dezember). – Robert Grimm war verantwortlicher Redaktor dieser Wochenzeitung.
– *Berner Tagwacht*. Organ der Sozialdemokratischen Partei des Kantons Bern (Bern: Sozialdemokratische Presseunion des Kantons Bern), Jg. 1 (1893) bis Jg. 74, Nr. 230 (30. September 1966). – In den Jahren 1909–1918 war Robert Grimm Chefredaktor dieser Tageszeitung.

Bemerkung zur Darstellung der bibliographischen Referenzen
Es wurde ein Kompromiss zwischen bibliothekarischem und Zitierformat angestrebt. Anders als bei Letzterem üblich, wurde auch der Umfang der Publikation angegeben. Weggelassen habe ich dagegen das Format, Verweise und allenfalls zugewiesene Schlagworte. Die wenigen Anmerkungen stammen meist von Bruno Grimm. In den wenigen Fällen, wo der gedruckte Titel etwas abweicht vom Manuskript, habe ich die gedruckte Fassung zitiert.

Bemerkung zur Reihenfolge
Die Bibliographie ist in vier Teile gegliedert: Auf die (postumen) Werkausgaben folgen die Einzelschriften in zeitlicher Folge. Massgebend ist das Publikationsjahr, das im Werk selbst oder, wo das Datum fehlt, in einem Bibliothekskatalog genannt ist. Neue Auflagen sowie Übersetzungen in andere Sprachen sind im Anschluss an das Original aufgeführt, und zwar auch dann, wenn sie erst in einem späteren Jahr erschienen sind. Den Schluss der Bibliographie bilden ein Tondokument sowie eine Flugschrift, mit welcher Robert Grimm als Übersetzer in Erscheinung trat.

Zwei Schlussbemerkungen
Einer jeden Bibliographie haftet etwas «Platonisches» an, schweigt sie sich doch aus über die allfälligen Standorte der verzeichneten Schriften. Wer dieser Werke zwecks Lektüre habhaft werden will, konsultiere die genannten Verbundkataloge.
Um die Literatur *über* Robert Grimm zu finden, wären nebst den erwähnten Büchern und Online-Katalogen auch die Sach- und Spezialkataloge der Bibliotheken und Archive zu konsultieren.

Werkausgaben

Grimm, Robert: *Geschichte der Schweiz in ihren Klassenkämpfen*, Zürich: Limmat Verlag, 1976, 2. Auflage 1977. 415 Seiten (Werkausgabe Robert Grimm, Bd. 1).

Grimm, Robert: *Geschichte der sozialistischen Ideen in der Schweiz*, Zürich: Limmat Verlag, 1978. 275 Seiten (Werkausgabe Robert Grimm, Bd. 2). Anmerkung: Unveränderter Neudruck der 1931 erschienenen Ausgabe, ergänzt vom Verlag mit 23 Illustrationen, einem Nachwort und Literaturhinweisen.

Die Reformation in der deutschen Schweiz, in: Schweizer Klassenkämpfe: Reformation, Bauernkrieg, Bürgerliche Revolution, Landesstreik ([Beiträge von] Robert Grimm, Partei der Arbeit, Fritz Brupbacher, Karl Marx, Lenin), mit Illustrationen von Martin Disteli, Zürich: Unionsverlag, 1976. 149 Seiten, S. 13–34.

Einzelschriften in zeitlicher Folge nach Erscheinungsjahr

1906

Der politische Massenstreik. Ein Vortrag, 1. und 2., unveränderte Auflage, Basel: Verlag des Arbeiterbundes Basel, 1906. IV, 48 Seiten, 3., unveränderte Auflage 1918.

La grève générale politique (Der politische Massenstreik [franz.]). Traduit de l'allemand, Lausanne: Impr. des Unions ouvrières, [ca. 1906]. IV, 51 Seiten.

Lo Sciopero Generale Politico (Der politische Massenstreik, [ital.]), Lugano: Cooperativa Tipografica Sociale, 1908. IV, 79 pagine (Biblioteca Socialista, Partito socialista italiano nella Svizzera, vol. 20).

Die Gewerkschaftskongresse zu Basel, in: Schweizerische Blätter für Wirtschafts- und Sozialpolitik 14 (1906), Bd. 1, H. 6, S. 171–186.

Krisen und Arbeitslosigkeit, in: Schweizerischer Arbeitertaschenkalender 1906, Bern 1906, S. 34–47.

1907

Zur Lage der Arbeiter in den Bäckereien der Stadt Basel, Bern: Verlag des Verbandes der Lebens- und Genussmittelarbeiter der Schweiz, 1907. 50 Seiten.

Lohnbewegungen und Streiks in der Stadt Basel im Jahre 1906, Basel: Verlag des Schriftenvertriebes des Arbeiterbundes, 1907. 31 Seiten. Separatabdruck aus dem *Basler Vorwärts*.

Unternehmerkoalitionen, Kartelle und Trusts, Basel: Verlag des Schriftenvertriebes des Arbeiterbundes, 1908 (Umschlag: 1907). IV, 36 Seiten.

1908
Die wirtschaftlichen Krisen und die Arbeiterklasse. Basel: Verlag des Schriftenvertriebes des Arbeiterbundes, 1908. IV, 35 Seiten.
Zur Reorganisation des Schweizerischen Gewerkschaftsbundes, in: Basler Vorwärts, 5., 6., 7. Mai 1908.

1909
Der Kampf der Unternehmerverbände in der Schweiz und die Gewerkschaften, Zürich: Verlag der Buchhandlung des Schweizerischen Grütlivereins, 1909. IV, 67 Seiten (Sozialpolitische Zeitfragen der Schweiz, Hefte 2/3).
La lutte des fédérations patronales en Suisse contre les syndicats ouvriers. Traduit de l'allemand et publié par le comité central de la fédération suisse des ouvriers sur métaux, Bern: Impr. de l'Union (coopérative), 1909. IV, 62 Seiten.
Sozialdemokratie und Bürgertum. Polemisches gegen den Freisinn, Bern: Unionsdruckerei, 1909. 35 Seiten.

1910
Handbuch für sozialdemokratische Grossratswähler, bearb. von J[ulius] Albrecht, R[obert] Grimm, H[ermann] Kistler, Gust[av] Müller und Oskar Schneeberger, hg. zu den Gesamterneuerungswahlen des bernischen Grossen Rates im Mai 1910 von der Geschäftsleitung der sozialdemokratischen Partei des Kantons Bern, 2., durchgesehene Auflage, Bern: Unionsdruckerei, 1910. 212 Seiten.
Leitsätze für die Vorträge über Grundzüge der Volkswirtschaftslehre. [Zusammengestellt für den] Referentenkurs der Arbeiterunion Bern, Wintersemester 1909/10, Bern: Unionsdruckerei (Genossenschaft), 1910. 16 Seiten.

1911
Partei und Gewerkschaft. Herausgegeben von der Geschäftsleitung der Sozialdemokratischen Partei der Schweiz, Bern: Unionsdruckerei, 1911. II, 32 Seiten.
Parti et syndicat. Ed. par le comité directeur du parti socialiste suisse, Berne: Impr. de l'Union, [1911]. 32 Seiten.
Demokratie und Sozialismus. Ein Wort zur Krise in der schweizerischen Sozialdemokratie, hg. vom Bildungsausschuss der Arbeiterunion Zürich,

Zürich: Selbstverlag (Unionsdruckerei Bern, Genossenschaft), 1911. II, 48 Seiten.

Verteidigungsrede im Gotthardprozeß, in: Verteidigungsreden im Gotthardprozeß. Nach dem Stenogramm der Verhandlungen vor dem Schweizerischen Bundesstrafgericht am 8. und 9. Mai 1911 in Lausanne. Aus den Plädoyers der Herren Redaktor Grimm, Großrat K. Z'graggen und Nationalrat Zurburg, Bern: Unionsdruckerei, 1911. IV, 31 Seiten, S. 3–14.

Ein verfehlter Ratschlag, in: Die Neue Zeit, Jg. 29 (1910/11), Bd. 2, Nr. 42 (21. Juli 1911), S. 553–558. – Zu: Agrarpolitik der Sozialdemokratischen Partei der Schweiz.

1912

Die Gewerkschaftsbewegung als Folgeerscheinung der kapitalistischen Wirtschaftsweise. Vortrag, gehalten am Verbandstag des Schweizerischen Holzarbeiter-Verbandes, 5., 6. und 7. April 1912, in Baden, hg. vom Verbandsvorstand des Schweiz. Holzarbeiter-Verbandes, Zürich: Unionsdruckerei Bern, Genossenschaft, 1912. II, 16 Seiten.

Erfahrungen mit dem schweizerischen Milizsystem, in: Die Neue Zeit, Jg. 30 (1911/12), Bd. 2, Nr. 37 (14. Juni 1912), S. 385–393; Nr. 38 (21. Juni 1912), S. 442–449.

Der Generalstreik in Zürich, in: Die Neue Zeit, Jg. 30 (1911/12), Bd. 2, Nr. 44 (2. August 1912), S. 649–654.

Der Schweizer Parteitag in Neuenburg, in: Die Neue Zeit, Jg. 31 (1912/13), Bd. 1, Nr. 8 (22. November 1912), S. 297–301.

1913

Geschichte der Berner Arbeiterbewegung. Erster Band: Bis zum ersten Parteiprogramm, Bern: Verlag der Arbeiterunion Bern, 1913. IV, 349 Seiten. – Weitere Bände sind nicht erschienen.

1914

Handbuch für sozialdemokratische Nationalratswähler. Für die Gesamterneuerungswahlen vom 25. Oktober 1914 im Auftrage der Geschäftsleitung der Sozialdemokratischen Partei der Schweiz bearbeitet, Zürich: Selbstverlag der Sozialdemokratischen Partei der Schweiz, Unionsdruckerei Bern, 1914. 144 Seiten.

Anarchismus und Sozialismus, in: Volksrecht, 29. Mai 1914.

Bildung und Klassenkampf, hg. vom Schweiz. Arbeiterbildungsausschuss. Zürich: Grütlibuchhandlung, 1914. 24 Seiten.

Bildung und Klassenkampf, 2. Auflage, [Bern]: Verlag des Schweizerischen Arbeiterbildungsausschusses, 1921. 24 Seiten (Flugschriften des Schweizerischen Arbeiterbildungsausschusses, Nr. 2).

1915
Klassenkampf und Nation, in: Neues Leben 1 (1915), H. 1 (Januar), S. 1–11.
Neutralität und Wirtschaftsbeziehungen, in: Neues Leben 1 (1915), H. 2 (Februar), S. 44–55.
Wir müssen wagen!, in: Neues Leben 1 (1915), H. 3 (März), S. 65–70. – Zu: internationale Sozialdemokratie und Krieg.
Organisationsfragen der Partei, in: Neues Leben 1 (1915), H. 3 (März), S. 88–90. – Zu: sozialdemokratische Partei und Grütliverein.
Kriegssteuer und Tabakmonopol, in: Neues Leben 1 (1915), H. 4 (April), S. 103–113.
Streifzüge durch die Schweizer Geschichte, in: Neues Leben 1 (1915), H. 5 (Mai), S. 146–153; H. 6 (Juni), S. 176–181.
Zur Luzerner Tagung des Grütlivereins, in: Neues Leben 1 (1915), H. 7 (Juli), S. 193–207.
Sozialdemokratische Steuerpolitik. Eine Buchbesprechung, in: Neues Leben 1 (1915), H. 9 (September), S. 262–271 [Rezension von: Fritz Hauser: Die Reichsfinanzreform und die Probleme des schweizerischen Bundeshaushalts: Ein Beitrag zur Frage der Reform unseres Bundes-Finanzhaushalts, Zürich: Buchhandlung des Schweizer. Grütlivereins, 1915. IV, 148 Seiten].
Zum Aargauer Parteitag, in: Neues Leben 1 (1915), H. 10/11 (Oktober/November), S. 289–298.
Ein Nachwort zur Entgegnung, in: Neues Leben 1 (1915), H. 10/11 (Oktober/November), S. 347 f. – Zu: sozialdemokratische Steuerpolitik; Fritz Hausers Entgegnung ebd., S. 344–346.
Unter dem Burgfrieden oder «Ein einig Volk von Brüdern», Bern: Sozialdemokratische Partei des Kantons Bern, 1915. 15 Seiten.
Die Absicht sozialdemokratischer Führer. [Flugblatt.] [Zürich?]: [s. n.], 1915. 1 Seite.
Internacional'naja socialističeskaja konferencija v Cimerval'de (Švejcarija): Proletarii Evropy! ... Genève: Impr. russo-française, [1915]. [1] f. Note: Švejcarija, sentjabr' 1915 ... «Za švejcarskuju delegaciju: Robert Grimm, Šarl Nèn» (Sujet: Deuxième Internationale 1889–1923. Conférence Zimmerwald 1915).

1916
Militärdiktatur, Militärjustiz und Preßefreiheit, in: Militärdiktatur, Militärjustiz und Preßefreiheit. Drei Reden im Nationalrat, gehalten von Robert Grimm, E[rnest] Daucourt und Gustav Müller, hg. vom Verband der sozialdemokratischen Mitgliedschaften des Kantons Zürich, Bern: Unionsdruckerei, 1916. 20 Seiten, S. 3–13.
Der Hintergrund der Affairen, in: Neues Leben 2 (1916), H. 1 (Januar), S. 1–9. – Zu: Militäraffären.
Nach dem Prozeß und der Debatte, in: Neues Leben 2 (1916), H. 3 (März), S. 65–73. – Zu: Oberstenprozess und Bundesversammlung.
Die Neutralitätskrisis und die Arbeiterklasse. Rede, gehalten in der Neutralitätsdebatte des Nationalrates vom 9. März 1916. Bern: Unionsdruckerei Genossenschaft, 1916. 16 Seiten.
Kommunale Milchversorgung, in: Neues Leben 2 (1916), H. 4 (April), S. 108–121.
Von Zimmerwald bis Kienthal, in: Neues Leben 2 (1916), H. 5 (Mai), S. 129–137.
Die mutigen Patrioten. [Kommentar zum Faksimile eines Briefs an Robert Grimm mit Todesdrohung vom 23. Juni 1916], in: Berner Tagwacht 24 (1916), Nr. 150 (29. Juni), [S. 1] der Beilage.
Die Militärfrage, in: Neues Leben 2 (1916), H. 7/8 (Juli/August), S. 193–222.
Zum Zürcher Parteitag, in: Neues Leben 2 (1916), H. 10 (Oktober), S. 289–295.
Aus den Anfängen der Parteigeschichte, in: Neues Leben 2 (1916), H. 11 (November), S. 338–343; H. 12 (Dezember), S. 365–375.

1917
Ab Traktandum mit der Militärfrage?, Bern: Buchhandlung der Arbeiterunion, 1917, 21 Seiten.
Zimmerwald und Kienthal, Bern-Belp: Promachos-Verlag, 1917. IV, 36 Seiten.
Zimmerwald og Kienthal, 2. Auflage, Kopenhagen: Socialdemokratisk Ungdomsforbund, 1918. 36 Seiten.
Zimmerwald och Kienthal. Oversättning av Z. Höglund, Stockholm: Fram., 1917. 48 Seiten.
Zimmerwald ja Kienthal, Kuopio: Suomen Sosialidemokraattinen Nuorisoliitto, 1917. 80 Seiten.
Mehrheit und Minderheit in der Militärfrage, in: Neues Leben 3 (1917), H. 1 (Januar), S. 1–16.
Die Reformation als Klassenkampf. Ein Beitrag zum 400. Jubiläum der Schweizer Reformation, in: Neues Leben 3 (1917), H. 3 (März), S. 81–89; H. 4

(April), S. 97–107; Separatdruck: Bern: Buchhandlung der Arbeiterunion, [1917]. IV, 24 Seiten.
Der Kern der Fronde, in: Neues Leben 3 (1917), H. 7/8 (Juli/August), S. 177–183.
Schweizerische Kriminalstatistik, in: Neues Leben 3 (1917), H. 11/12 (November/Dezember), S. 362–364.

1918
Der Generalstreik 1918, Rede gehalten im Nationalrat, in: Der Landesstreik vor dem Nationalrat. Stenographische Wiedergabe der von den sozialdemokratischen Vertretern am 12. und 13. November 1918 im Nationalrat gehaltenen Reden, Bern: Unionsdruckerei, 1918. 31 Seiten, S. 13–20.
Die Novemberstreiks 1918 in der Schweiz. Situationsbericht über den Proteststreik vom 9. November und den Landesstreik vom 12., 13. und 14. November. Vom Oltener Aktionskomitee dem 2. Allgem[einen] Schweiz[erischen] Arbeiterkongress zu Bern (22./23. Dezember) erstattet, Bern: Unionsdruckerei, 1918. 23 Seiten.
Die wirtschaftliche Lage der Arbeiterschaft und die gemeinsame Abwehraktion, in: Protokoll des Allgemeinen Schweizerischen Arbeiterkongresses, Samstag, den 27., und Sonntag, den 28. Juli 1918 in der Burgvogtei in Basel, Bern: Unionsdruckerei, 1918. 97 Seiten, S. 6–21.

1919
Revolution und Massenaktion, hg. von der Geschäftsleitung der Sozialdemokratischen Partei der Schweiz, 1. Auflage, Bern: Unionsdruckerei, 1919. 2. Auflage, Bern April 1919. 88 Seiten.
Ziel und Taktik der Partei. Referat an den kantonalen Parteitag 1919 der bernischen Sozialdemokratie, hg. von der Sozialdemokratischen Partei des Kantons Bern, Bern: [Unionsdruckerei], 1919. 32 Seiten.
Verteidigungsrede im Landesstreik-Prozeß, in: Der Landesstreik-Prozeß gegen die Mitglieder des Oltener Aktionskomitees vor dem Militärgericht 3 vom 12. März bis 9. April 1919. = [Abweichender Titel:] Der Landesstreik vor Kriegsgericht. Mit einem Vorwort von Robert Grimm (S. III–XV) und Bildnissen der Angeklagten, Verteidiger und Richter, gezeichnet von Hanni Bay, Bern: Unionsdruckerei, 1919. 2 Bände, XV, 1221 Seiten, Bd. 1, S. 477–530.
Ein anderes Memorial, in: Grütlianer 69 (1919), Nr. 162 (19. Juli), [S. 1 f.]. Auch als: *Memorial Grimm [zur] Generalstreik-Frage*, November 1918, Maschinenschrift vervielfältigt, [Basel?], [ca. 1925]. 7 Seiten.

Aufbau und künftige Aktion der Arbeiterbewegung, in: Protokoll des 2. Allgemeinen Schweizerischen Arbeiterkongresses, Sonntag, den 22., und Montag, den 23. Dezember 1918, im Volkshaus Bern, Bern: [s. n.], 1919. II, XX, 152 Seiten, S. 108–120.

1920
Geschichte der Schweiz in ihren Klassenkämpfen. Mit 16 Porträts, Bern: Verlag Unionsdruckerei, 1920. IV, XII, 427 Seiten.
Sozialdemokratie und Völkerbund, hg. von der Geschäftsleitung der Sozialdemokratischen Partei der Schweiz, Bern: Unionsdruckerei, 1920. 30 Seiten.
Partei-Einheit oder Partei-Spaltung? Referat auf dem Parteitag in Bern, hg. von der Geschäftsleitung der Sozialdemokratischen Partei der Schweiz, [Bern]: [Unionsdruckerei], 1920. 30 Seiten.
Demokratie und Diktatur, Bern: Unionsdruckerei (Umschlag: Verlag Soz. Parteibuchhandlung), 1920. IV, 20 Seiten (Schriftenreihe: Rote Fackel).

1921
Eintritt in die III. Internationale, in: Sozialdemokratische Partei der Schweiz. Protokoll über die Verhandlungen des außerordentlichen Parteitages vom 10. bis 12. Dezember 1920 im Volkshaus in Bern, Zürich: Genossenschaftsdruckerei, 1921. 276 Seiten, S. 24–50.
Programm der Sozialdemokratischen Partei der Schweiz. Verf. v. der Programmkommission, bestehend aus Ernst Nobs, Ernest-Paul Graber, Robert Grimm u. a. Angenommen durch den Parteitag vom 10./12. Dezember 1920 in Bern, Zürich: Genossenschaftsdruckerei, [1920]. 14 Seiten. Auch abgedruckt in: Sozialdemokratische Partei der Schweiz. Protokoll über die Verhandlungen des außerordentlichen Parteitages vom 10. bis 12. Dezember 1920 im Volkshaus in Bern, Zürich: Genossenschaftsdruckerei, 1921. 276 Seiten, S. 265–275.
[*Votum* in der Beratung von:] Programm der Sozialdemokratischen Partei der Schweiz, Abschnitt II: Der Weg zum Sozialismus, in: Sozialdemokratische Partei der Schweiz. Protokoll über die Verhandlungen des außerordentlichen Parteitages vom 10. bis 12. Dezember 1920 im Volkshaus in Bern, Zürich: Genossenschaftsdruckerei, 1921. 276 Seiten, S. 212–216.
Die Wiener Konferenz der Internationalen Arbeitsgemeinschaft sozialistischer Parteien. Verfaßt im Auftrag des Parteivorstandes der Sozialdemokratischen Partei der Schweiz, Bern: Unionsdruckerei, 1921. 20 Seiten.
Möglichkeiten der Einheitsfront, in: Rote Revue, Jg. 1 (1921/22), H. 1 (September 1921), S. 2–14.

Betrachtungen zur Wirtschaftskrise, in: Rote Revue, Jg. 1 (1921/22), H. 4 (Dezember 1921), S. 121–128.

Internationale sozialistische Konferenz in Wien, in: Sozialdemokratische Partei der Schweiz. Protokoll über die Verhandlungen des ordentlichen Parteitages vom 3. und 4. September 1921 im Volkshaus in Luzern, St. Gallen: Buchdruckerei Volksstimme, 1921. 100 Seiten, S. 15–29.

Die Schweiz gegen die 21 Bedingungen, in: Freiheit. Berliner Organ der Unabhängigen Sozialdemokratie Deutschlands, 31. Januar 1921 (Abendausgabe).

1922

Die Wirtschaftskrise, in: Handbuch für sozialdemokratische Großratswähler. Herausgegeben zu den ersten Großratswahlen nach dem Proporz, im Mai 1922, vom Sekretariat der Sozialdemokratischen Partei des Kantons Bern, Bern: Unionsdruckerei, 1922. 100 Seiten, S. 8–20.

Die politische Umschichtung im Kanton Bern, in: Handbuch für sozialdemokratische Großratswähler. Herausgegeben zu den ersten Großratswahlen nach dem Proporz, im Mai 1922, vom Sekretariat der Sozialdemokratischen Partei des Kantons Bern, Bern: Unionsdruckerei, 1922. 100 Seiten, S. 48–54.

Zu den Voraussetzungen der Freigeldtheorie, in: Rote Revue, Jg. 1 (1921/22), H. 7 (März 1922), S. 233–245.

Sozialismus oder Freigeld?, in: Rote Revue, Jg. 1 (1921/22), H. 9 (Mai 1922), S. 326–342.

Zum Problem der internationalen Einigung, in: Rote Revue, Jg. 2 (1922/23), H. 1 (September 1922), S. 1–13.

1923

Der Kampf um die Zollinitiative, [s. l.]: [s. n.], [1923]. 35 Seiten.

Bestrebungen für den Wiederaufbau einer sozialistischen Internationale, in: Sozialdemokratische Partei der Schweiz. Protokoll über die Verhandlungen des ordentlichen Parteitages vom 20. bis 22. April 1923 im «Maulbeerbaum» in Bern, Olten: Genossenschafts-Druckerei, 1923. 152 Seiten, S. 59–68.

Ministerialismus oder Klassenkampf?, in: Rote Revue, Jg. 2 (1922/23), H. 10 (Juni 1923), S. 305–312.

Die Gestaltung der Arbeits- und Dienstverhältnisse im Kommunalbetrieb, in: Protokoll über den III. Kommunaltag, Sonntag, den 18. November 1923 im Volkshaus in Zürich, St. Gallen: Buchdruckerei Volksstimme, [1923]. 40 Seiten, S. 26–36, 39 f.

1924
Der Artikel 41 und seine politische Bedeutung, in: Rote Revue, Jg. 3 (1923/24), H. 5/6 (Januar/Februar 1924), S. 129–133. – Zu: Lex Schulthess.
Geschichtliche Parallelen der Gegenwart, Lenin-Macdonald, in: Berner Tagwacht 32 (1924), Nr. 36 (13. Februar), [S. 1] der Beilage; Nr. 37 (14. Februar), [S. 1 f.] der Beilage; Nr. 38 (15. Februar), [S. 1 f.] der Beilage; Nr. 39 (16. Februar), [S. 1] der Beilage; Nr. 41 (19. Februar), [S. 1] der Beilage; Nr. 42 (20. Februar), [S. 1] der Beilage.
Taktik und Grundsätze, in: Rote Revue, Jg. 3 (1923/24), H. 9 (Mai 1924), S. 265–271; H. 10 (Juni 1924), S. 297–302. – Zu: Bundesratsbeteiligung.
Arbeitsprogramm der Partei, in: Sozialdemokratische Partei der Schweiz. Protokoll über die Verhandlungen des ordentlichen Parteitages vom 5. bis 7. September 1924 im Genossenschaftshaus Freidorf in Basel, Arbon: Genossenschaftsdruckerei, 1924. 156 Seiten, S. 21–42.

1925
Die Wirtschaftlichkeit kommunaler Betriebe, Bern und Leipzig: E. Bircher A.-G., 1925. 75 Seiten.
Das sozialdemokratische Arbeitsprogramm. Eine Vortragsreihe, hg. im Auftrag des Parteivorstandes der Sozialdemokratischen Partei der Schweiz, Bern: Unionsdruckerei, 1925. 212 Seiten.
Der kommunale Autobusbetrieb der Stadt Bern, in: Annalen der Gemeinwirtschaft 1 (1925), S. 12–18.
Der Kampf gegen den Militarismus, in: Rote Revue, Jg. 4 (1924/25), H. 6 (Februar 1925), S. 169–176; H. 7 (März 1925), S. 201–210.
Die Komödie vom 1. April, in: Rote Revue, Jg. 4 (1924/25), H. 8/9 (April/Mai 1925), S. 251–256. – Zu: Initiative Rothenberger.
Nationalratswahlen, die nächsten politischen Aufgaben der Sozialdemokratie, in: Sozialdemokratische Partei der Schweiz. Protokoll über die Verhandlungen des ordentlichen Parteitages vom 12. und 13. September 1925 im Gesellschaftshaus zu «Kaufleuten» in Zürich, St. Gallen: Buchdruckerei Volksstimme, 1925. 127 Seiten, S. 94–112.
Scheidegruss von Robert Grimm, in: Herman Greulich (1842–1925). Gedenkschrift anlässlich des Hinschiedes des Vorkämpfers der schweizerischen Arbeiterschaft, hg. von der Sozialdemokratischen Partei des Kantons Zürich, Zürich: Genossenschaftsdruckerei, 1925. IV, 32 Seiten, S. 5–9.
Dem Alten zum letzten Gruss. [Nachruf auf Herman Greulich], in: Berner Tagwacht 33 (1925), Nr. 263 (9. November), [S. 1 f.].

1926
Eisenbahn und Auto. Separatdruck aus der Schweizerischen Zeitschrift für Volkswirtschaft und Sozialpolitik, Bern: A. Francke, 1926. IV, 23 Seiten.
Zum Problem der Arbeitslosigkeit, in: Rote Revue, Jg. 5 (1925/26), H. 10 (Juni 1926), S. 297–305.
Der Beitritt zur Internationale, in: Rote Revue, Jg. 6 (1926/27), H. 1 (September 1926), S. 1–11.
Beitritt zur Sozialistischen Arbeiter-Internationale, in: Sozialdemokratische Partei der Schweiz. Protokoll über die Verhandlungen des ordentlichen Parteitages vom 6. und 7. November 1926 im Volkshaus in Bern, Luzern: Unionsdruckerei, 1926. 194 Seiten, S. 96–118.
Die Pflichten junger Menschen, ihnen selbst, dem Staate oder einer weiteren Gemeinschaft gegenüber. Antwort auf eine Rundfrage, in: Zürcher Student, Jg. 4 (1926/27), H. 1 (April 1926), S. 13–20.
Wandlungen im Kampfe gegen den Militarismus, Vortrag gehalten von Robert Grimm am 3. März 1926 im Rahmen eines von der sozialdemokratischen Partei der Stadt Zürich veranstalteten Kurses über die Armeefrage, Maschinenschrift vervielfältigt, [Basel?]: [s. n.], [ca. 1926]. 4 Blätter.

1927
Gas und Elektrizität. Nach einem Vortrag, gehalten am 27. Oktober 1927 auf Veranlassung des Schweizerischen Städteverbandes, Zürich: Orell Füssli, 1927. 16 Seiten.
Die Wirtschaftlichkeit öffentlicher Betriebe. Referat am Verbandstag des Schweizerischen Verbandes des Personals Öffentlicher Dienste in St. Gallen vom 17. bis 19. Juni 1927, Zürich: VPOD Zentralsekretariat, [1927]. 19 Seiten.
Bauer und Arbeiter, in: Rote Revue, Jg. 6 (1926/27), H. 6/7 (Februar/März 1927), S. 193–203.

1928
Die Stadtverwaltungen und die Gas- und Elektrizitätsversorgung. Referat, gehalten an der Delegiertenversammlung des Schweizerischen Städteverbandes vom 8. und 9. September 1928 in Olten, [s. l.]: [s. n.], [s. a.]. 19 Seiten.
Sozialdemokratie und Landwirtschaft. Bern: Sozialdemokratische Partei des Kantons Bern, 1928. 30 Seiten.
Das sozialdemokratische Agrarprogramm. Referat, gehalten vor dem Parteitag 1928, und die vom Parteitag beschlossenen Thesen, Bern: Sozialdemokratische Partei der Schweiz, 1928. 32 Seiten. Unter dem Titel *Landwirt-*

schaftsprogramm, abgedruckt in: Protokoll über die Verhandlungen des ordentlichen Parteitages vom 8. und 9. September 1928 im Gesellschaftshaus zu «Kaufleuten» in Zürich, Olten: Genossenschaftsdruckerei, 1928. 184 Seiten, S. 91–110; Thesen: S. 176–181.

Nationalratswahlen und Arbeiterklasse, in: Sozialdemokratische Partei der Schweiz. Protokoll über die Verhandlungen des ordentlichen Parteitages vom 8. und 9. September 1928 im Gesellschaftshaus zu «Kaufleuten» in Zürich, Olten: Genossenschaftsdruckerei, 1928. 194 Seiten, S. 145–158.

Die Genossenschaft als Notwendigkeit, in: Der Konsument. Offizielles Organ der Konsumgenossenschaft Bern 6 (1928), Nr. 27 (5. Juli), S. 2 f.

Den Opfern der Revolution. Rede, gehalten an der Märzfeier des Bildungsausschusses der Arbeiterunion Bern, 18. März 1928. Unter dem Titel *Unsere Märzfeier* abgedruckt in: Berner Tagwacht 36 (1928), Nr. 68 (21 März), [S. 1] der Beilage; Nr. 69 (22. März), [S. 1] der Beilage.

1929

Innerpolitische Wandlungen, in: Rote Revue, Jg. 8 (1928/29), H. 5 (Januar 1929), S. 129–135; H. 7 (März 1929), S. 209–215.

Wie steht es mit der Sozialversicherung?, in: Rote Revue, Jg. 8 (1928/29), H. 11 (Juli 1929), S. 337–341.

Der ewige Umgang, in: Rote Revue, Jg. 9 (1929/30), H. 1 (September 1929), S. 1–6. – Zu: Agrarpolitik.

Sozialdemokratische Gemeindepolitik, hg. von der Sozialdemokratischen Partei des Kantons Bern, Bern: [s. n.], 1929. IV, 32 Seiten.

Politique communale socialiste. Traduit par A. Eglin, St-Imier, Bern, 1929. 29 Seiten.

Bemerkungen zum Initiativvorschlag für die Einführung einer Altersfürsorge in der Stadt Bern. Zuhanden der Vertrauensleute zusammengestellt, Bern, 1929. 11 Seiten.

Sozialversicherung und Alkoholgesetzrevision, in: Protokoll über die Verhandlungen des ordentlichen Parteitages vom 30. November und 1. Dezember 1929 im Volkshaus in Basel, Aarau: Druckerei-Genossenschaft, 1930. 166 Seiten, S. 161–164.

Rosa Luxemburg, Karl Liebknecht. Zum 10. Jahrestag ihrer Ermordung: 15. Januar 1919, in: Berner Tagwacht 37 (1929), Nr. 12 (16. Januar), [S. 1 f.].

Bericht über die Elektrizitätswirtschaft der Stadt Bern. Dem Gemeinderat erstattet von der Kommission für das städtische Elektrizitätswerk [präsidiert von Robert Grimm], Bern: Direktion der städtischen industriellen Betriebe, 1929. 78 Seiten.

1930
Der 12. Dezember (1929) des Bürgertums. Ein Nachwort zu den Bundesrats-Wahlen, 1. und 2. Auflage, Aarau: Verlag der Druckereigenossenschaft, 1930. 47 Seiten.
Kapitalismus – Krisen – Arbeitslosigkeit, Bern: Verlag der Sozialdemokratischen Partei des Kantons Bern, 1930. IV, 47 Seiten.
Zum Krisenproblem, in: Rote Revue, Jg. 10 (1930/31), H. 3 (November 1930), S. 65–73; H. 4 (Dezember 1930), S. 97–103.
Die schweizerische Elektrizitäts-Wirtschaft. Stenographische Wiedergabe der am 19. Juni 1930 im Nationalrat gehaltenen Rede, hg. von der Sozialdemokratischen Partei der Schweiz, Bern: [Unionsdruckerei], 1930. IV, 31 Seiten.
Preis, Produktion, Eigentum, in: Berner Tagwacht 38 (1930), Nr. 206 (4. September), [S. 1]; Nr. 207 (5. September), [S. 1].

1931
Geschichte der sozialistischen Ideen in der Schweiz, Zürich: Oprecht & Helbling, 1931. 232 Seiten.
Die beiden Internationalen zum Krisenproblem, in: Rote Revue, Jg. 10 (1930/31), H. 6 (Februar 1931), S. 161–165.
Wirtschaftskrise, Arbeiterklasse und Nationalratswahlen, in: Sozialdemokratische Partei der Schweiz. Protokoll über die Verhandlungen des ordentlichen Parteitages vom 12. und 13. September 1931 im Volkshaus in Bern, St. Gallen: Buchdruckerei Volksstimme, 1931. 160 Seiten, S. 36–57.
Sozialistische Internationale, in: Sozialdemokratische Partei der Schweiz. Protokoll über die Verhandlungen des ordentlichen Parteitages vom 12. und 13. September 1931 im Volkshaus in Bern, St. Gallen: Buchdruckerei Volksstimme, 1931. 160 Seiten, S. 111–126.
Geleitwort zu: Gesundheit und Sport, hg. anlässlich der ersten Schweiz. Ausstellung für Gesundheitspflege und Sport vom Statistischen Amt der Stadt Bern, [Bern]: Verbandsdruckerei, 1931. 262 Seiten, S. 2 (Beiträge zur Statistik der Stadt Bern, Bd. 15).
Huldreich Zwingli, der Klassenkämpfer, in: Berner Tagwacht 39 (1931), Nr. 236 (10. Oktober), [S. 1 f. der Beilage].

1932
Die Internationale zu den Weltproblemen. Eine Rede, Bern: Unionsdruckerei, 1932. 29 Seiten.
Der Weg zur Macht, Zürich: Verlag der Genossenschaftsbuchhandlung, 1932. IV, 40 Seiten.

Revolution und Konter-Revolution in Deutschland. Eine Rede, hg. von der Sozialdemokratischen Partei des Kantons Bern, Bern: Sozialdemokratische Partei des Kantons Bern, 1932. 69 Seiten.

Voraussetzungen des Sozialismus, in: Rote Revue, Jg. 11 (1931/32), H. 7 (März 1932), S. 193–201.

Bemerkungen zur Wirtschaftspolitik, in: Rote Revue, Jg. 11 (1931/32), H. 11/12 (Juli/August 1932), S. 321–326.

Die Weltwirtschaftskrise und die Arbeitslosigkeit, in: Vierter Kongress der Sozialistischen Arbeiter-Internationale. Wien, 25. Juli bis 1. August 1931. Berichte und Verhandlungen, Zürich: Verlag des Sekretariates der Sozialistischen Arbeiter-Internationale, 1932. IV, 898 Seiten, S. 593–602.

La crise économique mondiale et le chômage (Die Weltwirtschaftskrise und die Arbeitslosigkeit [franç.]), in: Quatrième Congrès de l'Internationale Ouvrière Socialiste. Vienne, du 25 juillet au 1er août 1931. Rapports et Comptes Rendus, Zurich: Secrétariat de l'Internationale Ouvrière Socialiste, 1932. 918 pages, p. 734–742.

The World Economic Crisis and Unemployment (Die Weltwirtschaftskrise und die Arbeitslosigkeit [engl.]), in: Forth Congress of the Labour and Socialist International. Vienna, 25th July to 1st August 1931. Reports and Proceedings, London: Labour Party, Publications Department, 1932. 1 vol. and appendix; 921 pages, p. 747–755.

Das Ende der deutschen Demokratie, in: Rote Revue, Jg. 12 (1932/33), H. 2 (Oktober 1932), S. 41–51.

La nuit sanglante de Genève, in: Le Populaire (Paris), 18. November 1932.

Genf, in: Rote Revue, Jg. 12 (1932/33), H. 4 (Dezember 1932), S. 113–118.
– Zu: Verhaftung Nicoles.

1933

Genf und das Parlament, in: Rote Revue, Jg. 12 (1932/33), H. 5 (Januar 1933), S. 145–152. – Zu: Genfer Novemberereignisse.

Der Übergang zum Sozialismus, Olten: Genossenschafts-Druckerei, 1933. 32 Seiten.

Unser Kampf gegen Reaktion und Fronten. Parteitagsrede, gehalten am 22. Oktober 1933, Bern [1933]. 47 Seiten.

Nationale Fronten und Arbeiterbewegung, [Bern]: [Sozialdemokratische Partei der Schweiz], [1933]. 47 Seiten.

Zur ökonomischen und politischen Lage. Parteitagsrede, gehalten am 8. April 1933 in Biel, hg. von der Sozialdemokratischen Partei der Schweiz, Olten: Genossenschaftsdruckerei, [1933]. 40 Seiten.

Steuerprobleme des Bundes, in: Rote Revue, Jg. 12 (1932/33), H. 6 (Februar 1933), S. 185–189.

Nach dem Parteitag, in: Rote Revue, Jg. 12 (1932/33), H. 9 (Mai 1933), S. 281–286.

Ernüchterung und Erkenntnis, in: Rote Revue, Jg. 12 (1932/33), H. 12 (August 1933), S. 385–389. – Zu: Frontenbewegung.

Zur Taktik der Arbeiterbewegung, in: Rote Revue, Jg. 13 (1933/34), H. 3 (November 1933), S. 65–70.

1934

Krisenbekämpfung und Arbeitsbeschaffung. Gutachten, dem Eidgenössischen Volkswirtschaftsdepartement erstattet von Robert Grimm und Ferdinand Rothpletz, Bern: A. Francke, 1934. 132 Seiten.

Moyens de combattre la crise et de créer des possibilités de travail. Abrégé du rapport présenté au Département fédéral de l'économie publique par Robert Grimm et Ferdinand Rothpletz, Berne 1934. II, 85 Seiten.

Konsumgenossenschaften und Krise. Vortrag, gehalten an der Kreisversammlung bernischer Konsumvereine am 28. Januar 1934, Bern: Kreisverband bernischer Konsumvereine, [1934]. 12 Seiten.

Die nächsten Aufgaben der Arbeiterbewegung. Rede von Robert Grimm, hg. vom Schweiz[erischen] Metall- und Uhrenarbeiterverband an seine Mitglieder, [s. l.]: [s. n.], [1934]. 31 Seiten.

Die nächsten Aufgaben der Partei, in: Protokoll über die Verhandlungen des ordentlichen Parteitages vom 24./25. Februar 1934 im Volkshaus in Bern, Basel: Volksdruckerei, 1934. 152 Seiten, S. 109–128, 139–144.

Nieder mit dem Fascismus! Parteitagsrede über die nächsten Aufgaben der Arbeiterbewegung, gehalten am 25. Februar 1934 am Parteitag der Sozialdemokratischen Partei der Schweiz in Bern, 3. Auflage, Aarau: Druckereigenossenschaft, 1934. 31 Seiten (ferner: Separatdruck, herausgegeben vom Schweizerischen Metall- und Uhrenarbeiterverband).

1935

Randglossen zur Programmdebatte, in: Rote Revue, Jg. 14 (1934/35), H. 5 (Januar 1935), S. 145–152. – Unter anderem zu: Landesverteidigung.

Eine neue Politik, in: Rote Revue, Jg. 14 (1934/35), H. 8 (April 1935), S. 249–256. – Unter anderem zu: Landesverteidigung.

Schicksalsstunde der Schweiz, [hg. von der] S[ozialdemokratischen] P[artei der] S[chweiz], Bern 1935. IV, 46 Seiten.

Alter Wein in neuen Schläuchen. Ein Nachwort zur Abstimmung über die

Krisen-Initiative. Rede in der Sommersession 1935 der Bundesversammlung, Aarau, 1935. 20 Seiten.
Vor den Wahlen, in: Rote Revue, Jg. 15 (1935/36), H. 2 (Oktober 1935), S. 49–54.
Nach den Wahlen, in: Rote Revue, Jg. 15 (1935/36), H. 3 (November 1935), S. 95–98.
Vorwort zu: Helveticus [Pseudonym von: Adolf Sturmthal], *Siegreiche Demokratie. Die Schweiz in der Zeitenwende*, Aarau: Druckereigenossenschaft, 1935. IV, 139 Seiten.

1936
Zur Wirtschafts- und Kreditkrise der Schweiz: Deflation und Abwertung, Bern: Sozialdemokratische Partei des Kantons Bern, 1936. 60 Seiten.
Zur Finanzlage der Städt[ischen] Strassenbahn Bern. Bericht, dem Gemeinderat erstattet. Als Manuskript gedruckt, [s. l.]: [s. n.], 1936. 70 Seiten.
Die internationale Lage und die Schweiz, in: Rote Revue, Jg. 16 (1936/37), H. 2 (Oktober 1936), S. 41–49.
Die Politik der SPS in der Krise, in: Sozialdemokratische Partei der Schweiz. Protokoll über die Verhandlungen des ordentlichen Parteitages vom 6. und 7. Juni 1936 in Zürich, Arbon: Genossenschafts-Druckerei, 1936. 84 Seiten, S. 30–36.

1937
Die städtischen Verkehrsunternehmungen der Schweiz in der Krise. [Zwei Vorträge in der Volkswirtschaftlichen Gesellschaft des Kantons Bern und vor dem Schweizerischen Städtetag 1937], Zürich: Verband des Personals öffentlicher Dienste, 1937. IV, 42 Seiten.
Die städtischen Verkehrsunternehmungen in der Krise, in: Protokoll über die Verhandlungen der Delegiertenversammlung des Schweizerischen Städteverbandes Samstag, den 25. und Sonntag, den 26. September 1937 in Schaffhausen. Beilage zu: Schweizerisches Zentralblatt für Staats- und Gemeindeverwaltung 38 (1937), Nr. 1/2 (15. Januar), S. 19–62 der Beilage.
Verkehrsunternehmungen der Schweizerstädte in der Krise, in: Mitteilungen der kantonalen bernischen Handels- und Gewerbekammer 26 (1937), Nr. 3 (1. Juli), S. 125–128.
Zum Problem der Zuschlagsgestaltung auf den Monatskarten SSB/SOB [Städtische Strassenbahn Bern/Stadt Omnibus Bern], Bern: [s. n.], 1937. 26 Blätter.
Ein System der Konfusion, in: Verhängnisvolle Wirtschaftspolitik; Herr Gottlieb Duttweiler und seine Migros-AG; Das Zeugnis aus dem Munde von drei

schweizerischen Nationalräten und einem Bundesrat: Robert Grimm, [Walter] Stampfli, [Hermann] Obrecht, A[ndreas] Gadient. Den schweizerischen Konsumenten und Produzenten zum Nachdenken empfohlen, Zürich: Genossenschaftsdruckerei, 1937. 24 Seiten, S. 5–16.
Um die Wirtschaftsgesetzgebung des Landes, in: Rote Revue, Jg. 17 (1937/38), H. 1 (September 1937), S. 1–7.
Die Handels- und Gewerbefreiheit in der schweizerischen Bundesverfassung. Auszug aus dem Vortrag, in: Jahresbericht / Zürcher Volkswirtschaftliche Gesellschaft 12 (1937/38), S. 28–31.

1938
Gutachten für die elektrische Bahn Stansstad–Engelberg, Bern: [s.n.], 1938. 63 Blätter.
Zur Wirtschaftsreform des Bundes, in: Rote Revue, Jg. 17 (1937/38), H. 5 (Januar 1938), S. 153–163.
Bruch oder Entwicklung?, in: Rote Revue, Jg. 18 (1938/39), H. 4 (Dezember 1938), S. 107–112. – Zu: Landesverteidigung, Diktatur.
Die Frühjahrswahlen 1938. Ein geschichtlicher Ueberblick, [s.l.]: [s.n.], 1938. 16 Seiten.

1939
Strassen und Eisenbahnen im Kanton Bern, Bern: Komm. A. Francke, 1939. IV, 29 Seiten.
Realpolitik, in: Rote Revue, Jg. 18 (1938/39), H. 11 (Juli 1939), S. 369–372.
Die Krise der Internationale, in: Rote Revue, Jg. 19 (1939/40), H. 1 (September 1939), S. 17–23.

1940
Die Arbeiterschaft in der Kriegszeit. Eine Rede vor dem Parteitag der bernischen Sozialdemokratie vom 18. Februar 1940, Bern: [s.n.], 1940. 32 Seiten.
Die Arbeiterschaft in der Kriegszeit. [Umschlag: *Robert Grimm und die 200*] Eine Rede vor dem Parteitag der bernischen Sozialdemokratie vom 18. Februar 1940, Neuauflage, Bern: Uniondruckerei, 1946. IV, 32 Seiten
Eidgenössische Wirtschaftsreform, in: Sozialdemokratische Partei der Schweiz. Protokoll über die Verhandlungen der Parteitage vom 21./22. Mai 1938 im Volkshaus in Basel und vom 22./23. April 1939 im Comptoir Suisse in Lausanne, Aarau: Buchdruckerei-Genossenschaft, 1940. 132 Seiten, S. 53–57.

1941
Geleitwort zu: Bauten und Domänen des Staates Bern, hg. vom Regierungsrat des Kantons Bern; allgemeine Leitung: Otto Walter-Glutz, Basel: Urs Graf Verlag, 1941. IV, 64 Seiten, 198 Seiten Abbildungen, 111 Seiten, S. 7f.

1942
Vorwort zu: *Das Rathaus zu Bern, 1406–1942:* Festschrift zur Einweihung am 31. Oktober 1942, hg. von der Baudirektion des Kantons Bern; Vorwort: Robert Grimm; Text: Michael Stettler; Mit Abb., 40 Tafeln mit Photographien von Robert Spreng, 1., unvollständige Ausgabe, Laupen: Polygraphische Gesellschaft, 1942. 42 Seiten, 80 Tafeln, S. 7.
Vorwort zu: *Das Rathaus zu Bern, 1406–1942*: [Festschrift] zur Einweihung am 31. Oktober 1942, hg. von der Baudirektion des Kantons Bern; Vorwort: Robert Grimm; Text: Michael Stettler; Bild: Robert Spreng. 2., erweiterte Ausgabe, Bern: Komm. H. Lang, 1942. 58 Seiten, 96 Tafeln, S. 7.
Das Rathaus zu Bern: Einweihungsfeier am 31. Oktober 1942. Ansprachen von Herrn Regierungsrat Robert Grimm, Baudirektor des Kantons Bern, und Herrn Regierungspräsident Dr. Max Gafner, Bern: Rösch, Vogt & Co., 1942. IV, 28 Seiten, S. 1–13.
Das Rathaus zu Bern. Ansprachen anlässlich der Einweihungsfeiern vom 9. November 1942 von Herrn Regierungsrat Robert Grimm, Baudirektor des Kantons Bern, Herrn Regierungspräsident Dr. Max Gafner, Herrn Münsterpfarrer Paul Tenger, Präsident des Synodalrats der reformierten Landeskirche, Herrn Grossratspräsident Friedrich Keller, Bern: Rösch, Vogt & Co., 1942. IV, 52 Seiten, S. 5–17.

1943
Ziel und Weg, in: Rote Revue, Jg. 23 (1943/44), H. 1/2 (September/Oktober 1943), S. 1–7.
Ansprache, in: Kraftwerke Oberhasli AG: Kollaudation des Kraftwerkes Innertkirchen: Ansprachen von Dr. E[rnst] Moll, Dr. h. c. A[rnold] Käch, Regierungsrat R[obert] Grimm in der Kollaudations-Verhandlung am 5. Oktober 1943, Bern: Buchdruckerei E. Bühlmann, 1943. 39 Seiten, S. 23–29.

1944
Das Rathaus zu Bern. Umschlag von Eugen Jordi in Kehrsatz, Bern: P. Haupt, [1944]. 48 Seiten (Berner Heimatbücher, herausgegeben in Verbindung mit der bernischen Erziehungsdirektion, der bernischen Landwirtschafts-

direktion und der bernischen Vereinigung für Heimatschutz von Dr. Walter Laedrach und Christian Rubi, Nr. 16).

Le Rathaus de Berne. Traduit par Léon Degoumois, Delémont: Edition Pro Jura, 1944. 48 pages (Trésors de mon pays, vol. 1).

Le Rathaus de Berne. Traduit par Léon Degoumois. Couverture dessinée par André Rosselet, Neuchâtel: Editions du Griffon, 1944. 48 pages (Trésors de mon pays, vol. 1).

1946

Probleme der Bewirtschaftung der flüssigen Kraft- und Brennstoffe, im Auszug wiedergegeben im Artikel *Besichtigung der Umschlagstelle Zollikofen und der Tankanlage in den Stockern*, in: Motorlastwagen. Offizielles Organ des Verbandes Schweizerischer Motorlastwagenbesitzer (Aspa) 31 (1946), Nr. 4 (25. Februar), S. 68–72; Nr. 9 (10. Mai), S. 188. = *Nos réserves en carburants liquides*, in: Motorlastwagen. Offizielles Organ des Verbandes Schweizerischer Motorlastwagenbesitzer (Aspa) 31 (1946), Nr. 9 (10. Mai), S. 188–191 (franz. Übersetzung).

Bern und die öffentlichen Interessen, in: Der öffentliche Dienst 39 (1946), Nr. 21 (24. Mai), [S. 1].

1948

Die Eisenbahnen im Kanton Bern, in: 100 Jahre Staat Bern im Schweizerischen Bundesstaat. 1848–1948: Festschrift für den Kanton Bern zum 100-jährigen Bestehen der Schweiz[erischen] Bundesverfassung, Gestaltung und Red.: Otto Jäggi, Worb: Gebr. Aeschbacher, 1948. 284 Seiten, S. 78–92 (Sonderabdruck).

Die Rückkaufsaktion schweizerischer Privatbahnen. Bericht an den Verwaltungsrat der BLS (Kopftitel: Berner Alpenbahn-Gesellschaft Bern–Lötschberg–Simplon), Bern: Uniondruckerei, 1948. 16 Seiten.

1949

Freie und gelenkte Wirtschaft, 3. Auflage, Bern: Sozialdemokratische Partei des Kantons, 1949. 39 Seiten. Auch abgedruckt in: Der öffentliche Dienst 42 (1949), Nr. 4 (28. Januar), [S. 1]; Nr. 5 (4. Februar), [S. 1]; Nr. 6 (11. Februar), [S. 2]; Nr. 7 (18. Februar), [S. 3].

Economie libre et économie dirigée, [Berne]: Parti socialiste suisse, 1949. 51 pages.

1950
Der Marshall-Plan und die Schweiz. Vortrag vor dem Verbandsvorstand des VPOD (14. Mai 1950). Herausgegeben vom Schweizerischen Verband des Personals Öffentlicher Dienste, Zürich: Komm. Genossenschaftsbuchhandlung, 1950. 16 Seiten (Schriften des VPOD).
Publikationsanzeige in: Der öffentliche Dienst 43 (1950), Nr. 20 (19. Mai), [S. 2].
Le Plan Marshall et la Suisse. Exposé fait devant le comité fédératif de la VPOD (14 mai 1950), éd. par la Fédération suisse du personnel des services publics, Zurich: Comm. Librairie coopérative, 1950. 16 pages (Publications de la VPOD).
Verstaatlichung der Privatbahnen, in: Schweizerisches Archiv für Verkehrswissenschaft und Verkehrspolitik 5 (1950), Nr. l, S. 33–53 (Sonderdruck).
Das Eisenbahnproblem in der Schweiz, in: Rote Revue, Jg. 29 (1950), H. 2 (Februar), S. 49–62.
Staatsbahnen und Privatbahnen. [Vortrag vor der Volkswirtschaftlichen Gesellschaft Zürich, 25. Januar 1950]. 21 Blätter. Abgedruckt in: Der öffentliche Dienst 43 (1950), Nr. 5 (3. Februar), [S. 3]; Nr. 6 (10. Februar), [S. 3]; Nr. 7 (17. Februar), [S. 3].
Die Frage des Rückkaufes der schweizerischen Privatbahnen. Auszug aus den Vorträgen von Erhard Branger und Robert Grimm, in: Jahresbericht der Zürcher Volkswirtschaftlichen Gesellschaft 24 (1949/50), S. 25–28.
Das Problem der schweizerischen Privatbahnen. [Auszug aus den Vorträgen von Erhard Branger und Robert Grimm], in: Neue Zürcher Zeitung 171 (1950), Nr. 189 (27. Januar), Blatt 9.
Bern–Lötschberg–Simplon. Die größte bernische Privatbahn. Vortragszyklus an der Volkshochschule Bern, Wintersemester 1949/50. Ungedruckt. 129 Blätter.

1952
Die Bahnen des Lötschbergs, in: Vita publica 6 (1952), H. 1/2, S. 41–44.
Gruss den Schiffern, in: Stimme der Arbeit. Organ des Schweizerischen Gewerkschaftsbundes 20 (1952), Nr. 5 (Juni), [S. 3], auch als Beilage zu: Der VHTL. Organ des Verbandes der Handels-, Transport- und Lebensmittelarbeiter der Schweiz 38 (1952), Nr. 26 (27. Juni), wiederabgedruckt: *Gruss den Schiffern (1952) anlässlich der Gründung der Sektion Rheinschiffer,* in: 25 Jahre Gruppe Rheinschiffahrt VHTL – 1952–1977, Basel: Volksdruckerei, 1977.

1954
Aus kleinen Anfängen, in: 50 Jahre VHTL 1904–1954, Zürich: [s. n.], 1954. 200 Seiten, S. 22–24. – Zu: Entstehung des Verbandes der Handels-, Transport- und Lebensmittelarbeiter der Schweiz.
Blick über die Grenzen, in: Der öffentliche Dienst 47 (1954), Nr. 38 (8. Oktober), [S. 3].
Bemerkungen zur Agrarpolitik, in: Der öffentliche Dienst 47 (1954), Nr. 46 (3. Dezember), [S. 3].

1955
50 Jahre Landesgeschichte, in: Der VPOD im Spiegel des Zeitgeschehens 1905–1955. Jubiläumsausgabe in drei Bänden zum 50jährigen Bestehen des Verbandes des Personals Öffentlicher Dienste, Bd. 1, Zürich: VPOD, 1955. 68 Seiten.
50 années d'histoire suisse, in: La VPOD à la lumière des événements contemporains: 1905–1955: brochure de jubilé, en trois volumes, pour le 50ᵉ anniversaire de la Fédération suisse du personnel des services publics / [ill.: Hans Erni], [Zurich]: VPOD, 1955. 1 emboîtage (3 vol. + [1] f. de pl. en coul.), vol. 1.
Der totgesagte Marxismus, in: Der öffentliche Dienst 48 (1955), Nr. 5 (4. Februar), [S. 2].
Bauer und Arbeiter, in: Der öffentliche Dienst 48 (1955), Nr. 10 (11. März), [S. 4 f.].
Veteranenehrung: Im Namen der Gefeierten antwortete Nationalrat Robert Grimm, in: Der öffentliche Dienst 48 (1955), Nr. 21 (27. Mai), [S. 2 und 4].

1956
Lenin in der Schweiz, in: Der öffentliche Dienst 49 (1956), Nr. 15 (13. April), [S. 4].
Lenin in Svizzera, in: Critica sociale (Milano), anno 52 (1960), No 11 (5 giunio), p. 283–284.
Um ein Flugzeug, in: Der öffentliche Dienst 49 (1956), Nr. 13 (30. März), [S. 3 f.].
Zimmerwald und Kienthal, in: Der öffentliche Dienst 49 (1956), Nr. 16 (20. April), [S. 3 f.].
Stockholm, Petersburg, Kronstadt, in: Der öffentliche Dienst 49 (1956), Nr. 17 (27. April), [S. 11 f.].

Tondokument

Robert Grimm; Willi Ritschard; Ernst Nobs, *Sozialdemokratische Erinnerungen* [Sprechplatte]. Tondokumente: Radio DRS, Studio Bern, und SPS, Bern, Bern: Sozialdemokratische Partei der Schweiz, [1977]. 33 U/min, ø 17 cm.

Von Robert Grimm übersetztes Werk

Edward Bellamy, *Das Wasser-Reservoir: Ein Gleichnis.* Deutsch von Robert Grimm. [Engl. Originaltitel: The parable of water tank], Basel: Schriftenvertrieb des Arbeiterbundes, 1. Auflage 1906, 5. Auflage [ca. 1925]. 16 Seiten (Basler Arbeiter-Sekretariat: Flugschriften. N. F., Bd. 1).

Der Nachlass Robert Grimm

Urs Kälin

Unter einem Nachlass (oder Bestand) verstehen Archive die Gesamtheit von Materialien, die sich auf eine Person beziehen und zumeist aus deren Besitz stammen. Ein Nachlass ist somit die Summe aller Unterlagen, die sich bei einem Nachlasser oder einer Nachlasserin zusammengefunden haben, beispielsweise Manuskripte und Arbeitspapiere, Korrespondenzen, Lebensdokumente, Sachakten und Sammlungen. Auch Druckwerke können als Bestandteile eines schriftlichen Nachlasses angesehen werden, insbesondere gilt dies für Publikationen von und über den Nachlasser beziehungsweise die Nachlasserin, Handexemplare eigener und fremder Schriften sowie für Widmungsexemplare.
Die Grimm'sche Nachlasssituation darf insgesamt als befriedigend bezeichnet werden. Das überlieferte Material ist umfangreich, gut erschlossen und öffentlich zugänglich. Es liegt allerdings verstreut in Archiven im In- und Ausland, namentlich im Internationalen Institut für Sozialgeschichte in Amsterdam (IISG), im Schweizerischen Bundesarchiv in Bern und im Schweizerischen Sozialarchiv in Zürich.

Die Grimm Papers in Amsterdam

Bereits unmittelbar nach dem Ableben von Robert Grimm gelangte 1958 durch Vermittlung von Julius Braunthal, dem ehemaligen Sekretär der Sozialistischen Internationale, ein Teil des schriftlichen Nachlasses ins IISG nach Amsterdam, sehr zum Bedauern der Sozialdemokratischen Partei der Schweiz.[1] Zu dieser

[1] Internationaal Instituut voor Sociale Geschiedenis, Jaarverslag 1958, S. 15. Das IISG wurde 1935 gegründet, und zwar auf Anregung von Professor Nicolaas Posthumus, der bereits 1914 das Niederländische Wirtschaftshistorische Archiv gegründet hatte. Mit seiner Vision eines unabhängigen, neutralen Forschungsinstituts hatte Posthumus das Glück, auf Nehemia de Lieme, Direktor von De Centrale, einer Versicherungsgesellschaft mit engen Bindungen zur sozialdemokratischen Bewegung, zu treffen. In den Satzungen der Versicherungsgesellschaft war festgelegt, dass ein Teil der Gewinne für kulturelle Zwecke der Arbeiterbewegung gestiftet werden sollte. In den 1930er Jahren konnte das IISG wichtige Teile des schriftlichen Erbes der Arbeiterbewegung, das überall in Europa von Diktaturen unterschiedlichster Tendenz

ersten Ablieferung gehörten fast ausschliesslich Dokumente und Druckschriften zur Zimmerwalder Bewegung, in der Grimm als Sekretär der Internationalen Sozialistischen Kommission (ISK) und als Redakteur des Bulletins der ISK[2] eine hervorragende Stellung einnahm. Grimms Unterlagen bilden das eigentliche Archiv der Zimmerwalder Bewegung, das von Horst Lademacher in den frühen 1960er Jahren im Hinblick auf das geplante Editionsprojekt provisorisch geordnet wurde. In der zweibändigen Edition von 1967[3] wurden dann die Protokolle (vorbereitende Sitzung vom Juli 1915, Zimmerwalder Konferenz vom September 1915, Sitzung der Erweiterten Kommission vom Februar 1916, Kientaler Konferenz vom April 1916 und Sitzung der Erweiterten Kommission vom Mai 1916) sowie diverse Rundschreiben und eine Vielzahl überwiegend maschinenschriftlicher Manuskripte von Berichten über die politische beziehungsweise parteipolitische Situation in einzelnen Ländern sowie von Aufrufen und allgemeinen Betrachtungen zum Themenkreis publiziert. Der zweite Band von Lademachers Edition umfasst einen grossen Teil der Korrespondenz im Nachlass Grimm (rund 450 von insgesamt gut 600 Schriftstücken). Drei Serien der Grimm Papers in Amsterdam wurden in den 1970er Jahren für das Schweizerische Sozialarchiv mikroverfilmt: die Briefe von Robert Grimm beziehungsweise der Internationalen Sozialistischen Kommission zu Bern (ISK), 143 Dokumente (Serie A); die Briefe an Robert Grimm beziehungsweise an die Internationale Sozialistische Kommission, 201 Dokumente (Serie B); die Protokolle und Anträge, vierzehn Dokumente (Serie F).

Eine zweite Ablieferung zuhanden des IISG erfolgte 1970 auf Vermittlung von Willy Keller, Sekretär des Schweizerischen Gewerkschaftsbundes.[4] Die Amsterdamer Sammlung erhielt damit aus dem Besitz von Grimms Witwe nochmals eine namhafte Ergänzung, insbesondere weitere Schriftwechsel (unter anderem mit Paul Axelrod, Heinrich Brandler, Anton Pannekoek und Clara Zetkin), Unterlagen zur Internationalen Frauenkonferenz vom 26./27. März 1915 in

---

bedroht war, retten. Käuflich erworben wurden damals unter anderem das historische Archiv der deutschen Sozialdemokratie, darunter der Nachlass von Karl Marx und Friedrich Engels, Bibliotheken und Archive von Menschewiken und Sozialrevolutionären, die aus Russland geflüchtet waren, die Nachlässe von Michail Bakunin und Leo Trotzki sowie bedeutende Archive von Organisationen der spanischen Arbeiterbewegung. Die Geschäftsleitung der SPS beschäftigte sich mit dem Nachlass von Robert Grimm anlässlich der Sitzungen vom 20. Juni und vom 12. Juli 1958; SozArch, Archiv SPS, MFC 12.

2 Bulletin, Internationale sozialistische Kommission zu Bern, Nr. 1 (21. September 1915) bis Nr. 5 (10. Juli 1916).

3 Die Zimmerwalder Bewegung. Protokolle und Korrespondenz, hg. von Horst Lademacher, 2 Bände, The Hague 1967.

4 International Institute of Social History Amsterdam: Annual Report 1970, S. 10.

Bern, diverse Drucksachen und die Buchhaltungsunterlagen der Zimmerwalder Bewegung. Zahlreiche Dokumente der zweiten Lieferung wurden für das Schweizerische Sozialarchiv fotokopiert.[5]

Der Grimm-Nachlass im Schweizerischen Bundesarchiv

Der übrige Teil des umfangreichen Nachlasses von Robert Grimm gelangte zu Beginn der 1970er Jahre ins Schweizerische Bundesarchiv (Signatur BAR, J I.173). Dieser Bestand umfasst zahlreiche, teils unveröffentlichte Manuskripte (Artikel, Berichte, Referate, Vorträge, Rezensionen, Nekrologe), Akten der Sozialdemokratischen Partei der Schweiz beziehungsweise der SP-Fraktion der Bundesversammlung (Protokolle, Briefe, Erklärungen, Beschlüsse), Akten der Sozialdemokratischen Partei des Kantons Bern und der Stadt Bern (Briefe, Flugblätter, Protokolle, Abstimmungs- und Wahlunterlagen), Unterlagen über Robert Grimm (Zeitungsartikel), thematische Akten (Verkehrsfragen und Energiewirtschaft, Fall Hoffmann-Grimm 1917, Internationale sozialistische Konferenzen und Kongresse 1921–1923, insbesondere Unterlagen zur Internationalen Arbeitsgemeinschaft sozialistischer Parteien, IASP), Korrespondenz (unter anderem Briefe von Eduard Bernstein, Ernest-Paul Graber, Karl Kautsky, Franz Mehring, Ernst Nobs, Fritz Platten und Clara Zetkin), Prozessakten sowie Unterlagen zur Biographie (Gratulations- und Sympathieschreiben, Ausweise, Verträge, Bilddokumente). Gemäss einem im Schweizerischen Sozialarchiv vorhandenen Verzeichnis[6] sollten damals einzelne Dossiers den Archiven der Sozialdemokratischen Partei der Schweiz und des Schweizerischen Gewerkschaftsbundes einverleibt werden. Für das Archiv der SPS waren Unterlagen zur Parteigeschichte aus den Jahren 1892–1923 vorgesehen, das Archiv des SGB sollte die Akten zur Notstandsaktion von 1914/15 sowie einzelne Dokumente zur Geschichte des Landesstreiks von 1918 erhalten. Es ist aber unklar, ob diese Übergaben dann auch tatsächlich erfolgten.[7] Neben dem Nachlassbestand besitzt das Schweizerische Bundesarchiv wichtige Akten zum Fall Hoffmann-Grimm. Diese Unterlagen sind unter der Signatur BAR, M 28 abgelegt.

---

5 Diese Fotokopien sind im Schweizerischen Sozialarchiv unter der Signatur KS 335/140 (II. Internationale, Zimmerwald, Kiental) abgelegt.
6 Nachlass Robert Grimm (1881–1958), Typoskript, 31 Seiten, Bern 1970.
7 Die erwähnten Unterlagen sind im Archiv SPS nicht eruierbar und es liegt auch keine Eingangsbestätigung vor. Hingegen enthält das Archiv der SPS recht umfangreiche Akten zur Affäre Hoffmann-Grimm (SozArch, Ar 1.250.8) sowie ein Personaldossier (SozArch, Ar 1.100.4).

Die Bibliothek von Robert Grimm

Die Bibliothek von Robert Grimm gelangte im Herbst 2004 aus dem Besitz von Ursula McCarthy-Grimm ins Schweizerische Sozialarchiv. Darin haben Grimms lebenslange Auseinandersetzung mit dem Sozialismus und sein ausgeprägtes Interesse für die nationale und internationale Arbeiterbewegung einen Niederschlag gefunden. Wie es die zahlreichen handschriftlichen Randbemerkungen und Anstreichungen zeigen, beschäftigte sich Robert Grimm intensiv mit den theoretischen Grundlagen des Sozialismus, mit dem Massenstreik als Kampfmittel, mit volkswirtschaftlichen Fragen, mit dem Faschismus und später auch mit Fragen der Verkehrspolitik und des Eisenbahnwesens. Ein kleiner Bestand an antiquarischen Werken, vorwiegend zur Berner und Schweizer Geschichte, sowie einige gebundene Sammelbände lassen, wie es auch der Biograph Adolf McCarthy bemerkt, Grimms berufsbedingtes, technisches Interesse für Bücher erkennen.[8] Den Kern der Bibliothek von Robert Grimm bilden rund 570 Titel zur Geschichte der Arbeiterbewegung, darunter beispielsweise die gedruckten Protokolle des alten Arbeiterbundes, die Zeitschrift «Der Vorbote» (Zentralorgan der Sektionsgruppe deutscher Sprache der Internationalen Arbeiter-Assoziation, 1867–1871), zahlreiche Schriften namhafter Schweizer Sozialdemokraten (Albert Steck, Herman Greulich, Karl Bürkli, Paul Pflüger), diverse Widmungsexemplare (unter anderem die Dissertation von Rosa Luxemburg) und natürlich eine mehr oder weniger vollständige Sammlung der eigenen Schriften, einschliesslich der von Robert Grimm (mit) herausgegebenen Zeitschriften. Abschliessend sei noch darauf hingewiesen, dass im Jahr 2004 mit der Bibliothek von Robert Grimm auch ein kleineres Konvolut mit Unterlagen zu den Familien Grimm-Kuhn und McCarthy-Grimm ins Schweizerische Sozialarchiv gelangte. Vorhanden sind darin einzelne Briefe, Fotografien und Dokumentationen von Robert Grimm.[9] Im Zusammenhang mit der diesem Buch zugrundeliegenden Grimm-Tagung konnte das Sozialarchiv zudem zwei Fotoalben der Familie Grimm digitalisieren.

---

8 Unter diesen antiquarischen Beständen können Konrad Vögelis *Geschichte der Eidgenossenschaft* von 1855, Anton von Tilliers *Geschichte der helvetischen Republik* von 1843, Carl Herzogs *Geschichte des Bernervolkes* von 1853 und der Band *Der Bauernkrieg im Jahre 1653 oder der grosse Volksaufstand in der Schweiz* von 1837 hervorgehoben werden. Weiter erwähnenswert sind die Werke *Rückblick und Aussicht oder der erste politische Presseprozess in der Neuen Republik* von 1832 und Joseph Schemels *Abhandlung über die Schiffbarmachung der Ströme* von 1788, das älteste Buch der Bibliothek.

9 Vgl. dazu das publizierte Findmittel www.sozialarchiv.ch/Bestaende/Archive/archWeb/Ar198_33frameset.htm.

Autorinnen und Autoren

Caroline Arni (* 1970), Prof. Dr., Prof. im Departement Geschichte der Universität Basel. Arbeitet gegenwärtig an einem Buch zur Wissensgeschichte der Zeugung und des Ungeborenen in der Moderne.

Andreas Berz (* 1961), lic. sc. rel., stellvertretender Leiter Publikumsinformation der Schweizerischen Nationalbibliothek (SNB), langjährige Mitarbeit im Recherchedienst SwissInfoDesk der SNB; Leiter der Gruppe Usability für benutzungsfreundliche Online-Kataloge.

Bernard Degen (* 1952), Dr., wissenschaftlicher Berater beim *Historischen Lexikon der Schweiz* und wissenschaftlicher Mitarbeiter im Departement Geschichte der Universität Basel. Zuletzt erschienen: Hg. mit Pascal Maeder: *Breite-Lehenmatt. Historischer Rundgang durch ein junges Basler Quartier*, Basel 2011.

André Holenstein (* 1959), Prof. Dr., Ordinarius für ältere Schweizer Geschichte am Historischen Institut der Universität Bern. Zuletzt erschienen: Hg. mit Wim Blockmans et al.: *Empowering Interactions. Political Cultures and the Emergence of the State in Europe, 1300–1900*, Farnham 2009; Mitverfasser von Georg Kreis (Hg.): *Die Schweizer Geschichte*, erscheint Basel 2012.

Hans Ulrich Jost (* 1940), Prof. Dr., emeritierter Ordinarius für neueste Geschichte an der Universität Lausanne. Zuletzt erschienen: *A tire d'ailes. Contributions à une histoire critique de la Suisse*, Lausanne 2005 (mit Bibliographie).

Urs Kälin (* 1959), Dr., Archivar, stellvertretender Leiter des Schweizerischen Sozialarchivs. Zuletzt erschienen: Hg. mit Stefan Keller und Rebekka Wyler: *Hundert Jahre Volkshaus Zürich. Bewegung, Ort, Geschichte*, Baden 2010.

Peter Martig (* 1948), Prof. Dr., alt Staatsarchivar des Kantons Bern. Zuletzt erschienen: Hg. mit Anne-Marie Dubler et al.: *Berns moderne Zeit. Das 19. und 20. Jahrhundert neu entdeckt*, Bern 2011.

Josef Mooser (*1946), Prof. Dr., emeritierter Ordinarius im Departement Geschichte der Universität Basel. Zuletzt erschienen: Hg. mit Simon Wenger: *Armut und Fürsorge in Basel. Armutspolitik vom 13. Jahrhundert bis heute*, Basel 2011.

Hans Schäppi (*1942), Historiker, pensionierter Gewerkschaftssekretär, Vorstand der Robert-Grimm-Gesellschaft. Verfasser von verschiedenen Artikeln vorab in der Zeitschrift *Widerspruch* und in den *Jahrbüchern* des Denknetzes.

Brigitte Studer (*1955), Prof. Dr., Ordinaria für Schweizer und neueste allgemeine Geschichte an der Universität Bern. Zuletzt erschienen: *1968 und die Formung des feministischen Subjekts*, Wien 2011; Hg. mit Sonja Matter: *Zwischen Aufsicht und Fürsorge. Die Geschichte der Bewährungshilfe im Kanton Bern*, Bern 2011.

Jakob Tanner (*1950), Prof. Dr., Ordinarius für die Geschichte der Neuzeit an der Forschungsstelle für Wirtschafts- und Sozialgeschichte sowie am Historischen Seminar der Universität Zürich. Zuletzt erschienen: Hg. mit Gisela Hürlimann: *Steuern und umverteilen. Effizienz versus Gerechtigkeit?*, Zürich 2012.

Andreas Thürer (*1948), Dr., Lehrer für Geschichte, Staatskunde, Recht und Italienisch an der Pädagogischen Maturitätsschule des Kantons Thurgau in Kreuzlingen. Zuletzt erschienen: *Der Schweizerische Vaterländische Verband 1919–1930/31*, Basel 2010 (Diss., Ms.).

Marc Vuilleumier (*1930), pensionierter Lehrbeauftragter an der Universität Genf. Demnächst erscheint: *Histoire et combats*, Lausanne.

Simon Wenger (*1981), lic. phil. hist., wissenschaftlicher Mitarbeiter. Zuletzt erschienen: Hg. mit Josef Mooser: *Armut und Fürsorge in Basel. Armutspolitik vom 13. Jahrhundert bis heute*, Basel 2011.

Adrian Zimmermann (*1974), Dr., freischaffender Historiker und Senior Visiting Research Associate am Modern European History Research Centre (University of Oxford), arbeitet zurzeit an einer Geschichte der Gewerkschaft des Verkehrspersonals seit 1970.